この本の特色としくみ

　本書は，中学３年のすべての内容を３段階のレベルに分けた，ハイレベルな問題集です。各単元は，Step A（標準問題）と Step B（応用問題）の順になっていて，まとまりごとに Step C（難関レベル問題）があります。巻頭は「１・２年の復習」，Step C の後には入試対策としての長文問題，また，巻末に「総合実力テスト」を設けているため，復習と入試対策の両方に使えます。

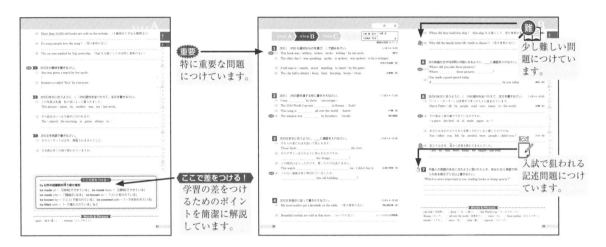

重要
特に重要な問題につけています。

難
少し難しい問題につけています。

ここで差をつける！
学習の差をつけるためのポイントを簡潔に解説しています。

記述
入試で狙われる記述問題につけています。

CONTENTS　目次

1 動　詞

●時　間 30分　●得　点
●合格点 70点　　　　　点

解答▶別冊 1 ページ

Step A ＞ Step B ＞ Step C

1 次の( )内から適切なものを選び, ○で囲みなさい。 （3点×4―12点）

(1) (Do, Does, Are, Have) she like reading books ?

(2) We (play, plays, playing, are playing) baseball every day.

(3) All of them (come, comes, coming, is coming) to school by bicycle.

(4) Tom and I (am, are, was, were) eating lunch now. 〔栃木〕

2 CとDの関係がAとBの関係と同じになるように, ＿＿に適語を入れなさい。（3点×4―12点）

	A	B	C	D
(1)	walk	walking	run	＿＿＿＿＿
(2)	he is	he's	they are	＿＿＿＿＿
(3)	hour	our	sea	＿＿＿＿＿
(4)	know	knows	study	＿＿＿＿＿

3 次の各組の文がほぼ同じ内容になるように, ＿＿に適語を入れなさい。 （5点×4―20点）

(1) I am a soccer fan.
I ＿＿＿＿＿＿ soccer. 〔駿台甲府高〕

(2) That man is our science teacher.
That man ＿＿＿＿＿＿ science at our school.

(3) Ken has a big bag.
＿＿＿＿＿＿ bag ＿＿＿＿＿＿ big.

(4) She is a good pianist.
She ＿＿＿＿＿＿ the piano ＿＿＿＿＿＿.

4 次の日本文に合うように, ( )内の語句を並べかえて, 全文を書きなさい。 （6点×4―24点）

(1) 英語の授業は木曜日です。
We (an, class, English, on, have) Thursday. 〔城北高一改〕

_____

(2) だれが海で泳いでいますか。
(the, in, swimming, who, sea, is)?

_____

(3) 彼は私を全然知りません。
(all, does, at, me, he, know, not).

(4) オーストラリアはたくさんの種類の動物がいることで有名です。
Australia (kinds, famous, many, is, of, for) animals.　〔青森一改〕

5 次の場合に英語で何と言いますか。2語以上の英文を書きなさい。　（8点×2—16点）
(1) 相手に出身地をたずねるとき。

(2) 相手に時刻をたずねるとき。

6 次の英文を読んで，下の質問の答えとして適するものを選び，記号で答えなさい。
〔島根〕（8点×2—16点）

(1) There are five people in my family. At dinner, my mother sits next to my father. My sister sits just in front of my mother. My grandmother sits between my mother and my sister.
（質問）　Where do I sit ?

ア A　イ B　ウ C　エ D　（　　）

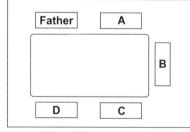

図中の A ～ D はいすの位置を示す。

(2) Emi is fourteen years old. She went to a zoo with her parents and her five-year-old sister.
（質問）　How much did Emi's family need to buy the tickets for the family ?

ア 1,900 yen.　イ 2,400 yen.
ウ 3,100 yen.　エ 3,600 yen.　（　　）

入場料金表

Adults	¥ 1,200
Students (under 18)	¥ 700
Children (under 10)	¥ 500
Children (under 6)	FREE

注　FREE　無料

Words & Phrases
□by bicycle「自転車で」　□well「上手に」

3

月　　　　日

② 助　動　詞

●時　間 30分
●合格点 70点
●得　点

点

解答▶別冊 1 ページ

Step A ▶ Step B ▶ Step C

1 次の日本文に合うように，＿＿に適語を入れなさい。 （4点×5—20点）

(1) ここで走ってはいけません。

You ＿＿＿＿＿＿ ＿＿＿＿＿＿ run here.

(2) 今夜は雪が降るかもしれない。

It ＿＿＿＿＿＿ snow tonight.

(3) フランスへ行く前にフランス語を覚えるべきだ。

You ＿＿＿＿＿＿ learn French before you visit France.

(4) 質問をしてもよろしいですか。

＿＿＿＿＿＿ I ask you a question ?

(5) 彼は具合が悪いにちがいない。

He ＿＿＿＿＿＿ be sick.

2 次の＿＿にあてはまる語句を選び，記号で答えなさい。 （5点×5—25点）

(1) ＿＿＿＿＿＿ you open the door, please ? （　　　）

ア Could 　　イ Should 　　ウ Must 　　エ May

(2) Must I go there ? No, you ＿＿＿＿＿＿. （　　　）

ア can't 　　イ don't have to 　ウ must not 　エ won't

(3) Can he play tennis ? ＿＿＿＿＿＿. He is a good tennis player. （　　　）

ア Yes, he can 　イ No, he can 　ウ Yes, he can't 　エ No, he can't

(4) ＿＿＿＿＿＿ I speak to Mary, please ? Sure. Just a minute. （　　　）

ア Do 　　イ Am 　　ウ May 　　エ Will

(5) ＿＿＿＿＿＿ go and help your mother ? （　　　）

ア May you 　イ Will I 　ウ Shall you 　エ Shall I 〔聖カピタニオ女子高〕

3 次の各組の文がほぼ同じ内容になるように，＿＿に適語を入れなさい。 （5点×3—15点）

(1) Finish the report by tomorrow.
You ＿＿＿＿＿＿ finish the report by tomorrow.

(2) Let's go to the park.
＿＿＿＿＿＿ we go to the park ?

(3) Ken can't play the piano.
Ken ＿＿＿＿＿＿ ＿＿＿＿＿＿ to play the piano.

4 意味が通る文になるように，次の（ ）内の語句を並べかえて，全文を書きなさい。

（5点×2—10点）

(1) Children (to, to bed, have, go) early.　　　　　　　　〔沖縄〕

_____

(2) Would (another, cup, like, of, you) coffee, Harry ?　　　〔千葉〕

_____

5 次の対話文で，（ ）内に日本語で示されていることを伝える場合，英語で何と言いますか。
①，②にあてはまる英文を書きなさい。　　　　　　　　〔静岡〕（7点×2—14点）

John　: Shall we go to the science museum on Saturday ?

Kaori: Saturday ? ①(残念だけどだめなの。)

John　: Then, how about Sunday ?

Kaori: That's fine with me. What time shall we meet ?

John　: At ten o'clock, in front of the station. Is that OK ?

Kaori: All right. ②(時間厳守ね。) See you then.

①_____

②_____

6 ① ～ ④ にあてはまる最も適切な単語を，下の〔 〕内からそれぞれ選びなさい。

〔群馬—改〕（4点×4—16点）

　Keiko is talking with Mr. Smith, her school's ALT. He is from Australia.

Keiko　　: It's cold today.

Mr. Smith: Yes. I don't like cold weather. Which season do you like the best ?

Keiko　　: I like spring. School starts in April and I can make new friends in my new class. I get excited in spring.

Mr. Smith: Oh, I see, but I have never felt ① that.

Keiko　　: I'm ② . I don't know what you mean.

Mr. Smith: School starts in February in my country.

Keiko　　: Really ? I didn't know that.

Mr. Smith: And we have summer vacation in January. In my country, it is very ③ in January.

Keiko　　: Oh, I heard about that. Things are different in each country. Let's look for more differences between our countries, ④ we ?

〔as, cold, will, fine, hot, like, shall, sorry〕

① _____　② _____　③ _____　④ _____

注　ALT　外国語指導助手　　what you mean　あなたの言う意味

月　　　日

③ 過 去 形

●時　間 30分
●合格点 70点
●得　点

点

解答▶別冊 2 ページ

Step **A** ▶ Step **B** ▶ Step **C**

1 次の（　）内から適切なものを選び，○で囲みなさい。 （2点×5—10点）

(1) Mr. Nakano（ is, are, was, were ）sick yesterday.

(2) Ken（ get, got, getting ）up at six this morning.

(3) （ Do, Does, Did ）you go to school last Sunday ?

(4) Mary didn't（ help, helps, helped ）her mother this morning.

(5) Jiro（ doesn't, didn't, isn't, wasn't ）in his room ten minutes ago.

2 次の（　）内の語を適する形に書きかえなさい。 （2点×7—14点）

(1) We ＿＿＿＿＿＿＿＿ together yesterday. （study）

(2) I ＿＿＿＿＿＿＿＿ the computer last Sunday. （use）

(3) Takao ＿＿＿＿＿＿＿＿ and looked around. （stop）

(4) I went to the zoo and ＿＿＿＿＿＿＿＿ many animals there. （see）

(5) Mr. Yoshida ＿＿＿＿＿＿＿＿ music last year. （teach）

(6) The train ＿＿＿＿＿＿＿＿ five minutes ago. （leave）

(7) Was Mike ＿＿＿＿＿＿＿＿ video games then ? （play）

3 次の文を指示に従って書きかえなさい。 （4点×5—20点）

(1) Masao was busy yesterday. （下線部を Masao and Ichiro にして）

(2) Judy can't eat *natto*. （過去の文に）

(3) Emi had a hamburger for lunch. （過去進行形の文に）

(4) She was in Hokkaido then. （疑問文に）

(5) John came to Japan two years ago. （下線部をたずねる文に）

4 次の対話文(1)～(3)を読んで，□に入る最も適するものを，それぞれア～エから選び，記号で答えなさい。 （5点×3—15点）

(1) *A :* Did you go out yesterday ?
〔徳島—改〕

　　B : □＿＿＿＿＿＿＿ I went fishing.

　　ア　Yes, I was.　　イ　No, I wasn't.

　　ウ　Yes, I did.　　エ　No, I didn't.

（　　）

(2) *A :* How was your walk around here ?　　　　　　　　　　〔宮崎一改〕

　　 B : ☐ I liked the mountain with snow.

　　　ア　Yes, it was.　　イ　No, it wasn't.

　　　ウ　It was nice.　　エ　It is nice.　　　　　　　　　　（　　）

(3) *A :* Where did you go last Saturday ?

　　 B : ☐

　　　ア　Yes, I did.　　イ　Yes, I was.

　　　ウ　I went to Nara with my family.

　　　エ　I go to school every day.　　　　　　　　　　　　（　　）

5 次の日本文に合うように，（　）内の語を並べかえて，全文を書きなさい。　（5点×2—10点）

(1) 私たちはバスの中で楽しく過ごしませんでした。

　　(did, good, have, a, we, time, not) on the bus.

_____

(2) マイクがあなたにこのバッグを買ってくれましたか。

　　(you, Mike, did, for, bag, buy, this) ?

_____

6 次の文を英語で書きなさい。ただし，（　）内の語を形をかえて使うこと。　（8点×2—16点）

(1) 私は今朝，私の犬を散歩に連れて行きました。　（take）

_____

(2) 私はそのとき，そのサッカーの試合をテレビで見ていました。　（watch）

_____

7 次の英文中の（　）に下の A，B，C の文を入れるとき，それらを並べる順番として適するものを選び，記号で答えなさい。　　　　　　　〔神奈川一改〕（15点×1—15点）

　I went to Kyoto last month. I visited many temples there. I liked Kinkaku Temple the best.
（　　）But I was able to answer him. I was very happy.

　注　temple　寺

A　I was surprised because he suddenly talked to me in English.

B　One of them asked me about Kinkaku Temple.

C　When I went there, I saw many foreign people. They were taking pictures.

　　ア　A→B→C　　イ　A→C→B　　ウ　B→A→C

　　エ　B→C→A　　オ　C→A→B　　カ　C→B→A　　　　　（　　）

▶▶▶▶▶▶▶▶▶▶▶▶▶▶▶ **Words & Phrases** ◀◀◀◀◀◀◀◀◀◀◀◀◀◀◀◀◀

□suddenly「突然」　　□foreign「外国の」

Step A 〉 Step B 〉 Step C 〉

●時　間 30分　●得　点
●合格点 70点　　　　　点

解答▶別冊 3 ページ

1 次の（　）内から適切なものを選び，○で囲みなさい。　　　　　　（3点×4—12点）

(1) Did Ken (enjoy, enjoys, enjoyed, enjoying) swimming in the river ?

(2) My uncle (give, gives, gave, giving) a nice present to me last Sunday.

(3) My sister (live, lives, lived, living) in Kyoto now.

(4) My brother (can't, couldn't, mustn't, won't) play the piano, but he can play it well now.

2 次の日本文に合うように，＿＿に適語を入れなさい。　　　　　　（4点×4—16点）

(1) 私は7時までに宿題を終えなければなりません。
I ＿＿＿＿＿ ＿＿＿＿＿ finish my homework by seven.

(2) あなたは上手にスキーをすることができますか。
＿＿＿＿＿ you ＿＿＿＿＿ well ?

(3) 入ってもいいですか。
＿＿＿＿＿ I ＿＿＿＿＿ ＿＿＿＿＿ ?

(4) ペンを使ってはいけません。
You ＿＿＿＿＿ use a pen.

3 次の日本文に合うように，（　）内の語句を並べかえて，全文を書きなさい。　　（5点×6—30点）

(1) 本の8ページを開きなさい。
(books, page, eight, your, to, open).

(2) 私はそのとき宿題をしているところでした。
(doing, at, I, my, was, that, homework) time.

(3) 誰がこのいすを教室に運んだのですか。
(who, this, chair, the classroom, carried, to) ?

(4) それをもう一度，言いましょうか。
(that, again, I, say, shall) ?

(5) 朝食に何を食べましたか。
(breakfast, what, for, did, have, you) ?

(6) 彼はその英語の本を読むことができたのですか。
(he, the English, able, was, book, read, to) ?

4 次の文を指示に従って書きかえなさい。　　　　　　　　　　　　　　（5点×4—20点）

(1)　They have a morning meeting.　（「～すべき」という意味の文に）

_____

(2)　He must go there <u>today</u>.　（下線部を three days ago にかえて）

_____

(3)　You stayed at the hotel <u>for a week</u>.　（下線部をたずねる文に）

_____

(4)　He teaches English in high school.　（last year をつけ加えて）

_____

5 次の対話文を読んで，下の(1)，(2)の英文が入る場所として適するものを選び，記号で答えなさい。　　　　　　　　　　　　　　　　　　　　　　　〔鹿児島〕（5点×2—10点）

Clerk: May I help you ?

Yuki : Yes, please. I like this T-shirt, but it's too big for me. （　ア　）

Clerk: （　イ　） How about this one ?

Yuki : This is nice. （　ウ　） How much is it ?

Clerk: It's 15 dollars. （　エ　）

注　dollar(s)　ドル

　(1)　I'll take it.　　　　　　　　　　　　　　　　　　　　　　（　　　）

　(2)　Shall I show you a smaller one ?　　　　　　　　　　　　（　　　）

6 次の英文は，高校生のマサルが英語の授業で書いた作文の一部です。あとの　　　　の中の日本文を参考にし，英文中の①，②の（　）の中にそれぞれ適する1語を英語で書きなさい。ただし，答えはそれぞれの（　）内に指示された文字で書き始め，1つの＿＿に1文字が入るものとします。　　　　　　　　　　　　　　　　　　　　　〔神奈川—改〕（6点×2—12点）

　Last month, I went to a kindergarten to take care of children. When I sang songs, the children ①(b ＿ ＿ ＿ ＿) to sing with me. Their smiles made me happy. These days, I often think about my future career. I like singing songs and playing the guitar, so I wanted to be a ②(m ＿ ＿ ＿ ＿ ＿ ＿). But now I want to work at a kindergarten and make children happy.

　先月，私は幼稚園へ行って子どもたちの世話をしました。私が歌を歌うと，子どもたちも一緒に歌い始めました。その笑顔を見て私はうれしくなりました。最近，私はよく将来の職業について考えます。私は歌を歌ったりギターを弾いたりするのが好きなので，音楽家になりたいと思っていました。でも今は，幼稚園で働いて子どもたちを幸せにしたいと思っています。

---

　①　b ＿ ＿ ＿ ＿　　　　　　②　m ＿ ＿ ＿ ＿ ＿ ＿

4 未来の表現

●時間 30分　●得点
●合格点 70点　　　　点

解答▶別冊 4 ページ

Step A ＞ Step B ＞ Step C

1 次の日本文に合うように，＿＿に適語を入れなさい。　（3点×4―12点）

(1) 私は次の日曜日に奈良を訪れるつもりです。

＿＿＿＿＿＿ ＿＿＿＿＿＿ to visit Nara next Sunday.

(2) あなたは明日の朝，野球を練習するつもりですか。

＿＿＿＿＿＿ ＿＿＿＿＿＿ ＿＿＿＿＿＿ to practice baseball tomorrow morning ?

(3) 兄は来月で18歳(さい)になります。

My brother ＿＿＿＿＿＿ be eighteen years old next month.

(4) 彼(かれ)らはこの部屋を使うでしょうか。— いいえ，使わないでしょう。

＿＿＿＿＿＿ they use this room ? — No, they ＿＿＿＿＿＿.

2 次の＿＿にあてはまる語句を選び，記号で答えなさい。　（3点×4―12点）

(1) ＿＿＿＿＿＿ will you do during the summer vacation ?

ア Who　　　イ What　　　ウ When　　　エ That　　　（　　）

(2) Natsumi and I ＿＿＿＿＿＿ going to stay at our friend's house.

ア am　　　イ are　　　ウ is　　　エ be　　　（　　）

(3) ＿＿＿＿＿＿ be rainy and cold tonight.

ア It　　　イ It is　　　ウ It'll　　　エ It was　　　（　　）

(4) My son will ＿＿＿＿＿＿ abroad.

ア work　　　イ is working　　　ウ works　　　エ worked　　　（　　）

3 次の日本文に合うように，（　）内の語句を並べかえて，全文を書きなさい。　（5点×4―20点）

(1) 彼女は時計を買うつもりですか。

(buy, going, is, she, to) a watch ?

_____

(2) その電車は3時に京都に着くでしょう。

The train (three, Kyoto, in, arrive, will, at).

_____

(3) 彼は日本には戻(もど)ってこないでしょう。

He (Japan, not, back, come, to, will).

_____

(4) 彼女は明日の朝，東京へ出発する予定です。

(for, is, tomorrow, Tokyo, leaving, she) morning.

_____

4 次の文を指示に従って書きかえなさい。 （5点×5—25点）

(1) He will be busy tomorrow. （否定文に）

_____

(2) My uncle gives me a birthday present. （tomorrow をつけ加えて）

_____

(3) She will stay at the hotel <u>for a week</u>. （下線部をたずねる文に）

_____

(4) Goro is going to meet Yoko <u>at the station</u>. （下線部をたずねる文に）

_____

(5) He's going to stay at the hotel. （疑問文にして，No で答える）

_____

1・2年の復習
1
2
3
Step B
4
5
Step B
6
7
Step B
8
9
Step B
Step C

5 次の対話文(1)，(2)を読んで，☐に入る最も適するものを，それぞれア～エから選び，記号
で答えなさい。 〔千葉—改〕（5点×2—10点）

(1) *Kenta:* Let's go outside, Ben. We have a lot of snow !

Ben : [　　　　　　　　]

Kenta: We'll have a snowball fight.

ア When do we go outside ?　　イ What are we going to do ?

ウ Where are we talking now ?　　エ How much snow do we have ?　　（　　　）

(2) *Kenta:* It is very cold in Germany in winter, so there is always a lot of ice.

Ben : That's right.

Kenta: [　　　　　　　　] If you hold one, you'll know Japanese snowball fights are
not dangerous.

ア I'll have a snowball fight with some other friends.

イ You'll find someone to go skiing with.

ウ I'll make you some snowballs.

エ You'll stay in the classroom with some friends.　　（　　　）

6 次の文を英語で書きなさい。ただし（　）内の語を使うこと。 （7点×3—21点）

(1) 明日雨なら，私たちは将棋をします。 （will）

_____

(2) 君の宿題を手伝うよ。 （will）

_____

(3) あなたは今日の放課後は何をするのですか。 （going）

_____

5 不 定 詞

●時 間 30分　●合格点 70点　●得 点　　点

解答▶別冊 5 ページ

Step A 〉 Step B 〉 Step C 〉

1 次の（ ）内から適切なものを選び，○で囲みなさい。 （3点×5—15点）

(1) I want (eat, eating, ate, to eat) something.

(2) He likes to (swam, swim, swimming, swims) in the sea.

(3) To speak English (be, am, are, is) not difficult.

(4) I went to the gym (play, playing, to play, played) basketball.

(5) Why did you go to the store ? — (Buy, Bought, Buying, To buy) a new watch.

2 次の日本文に合うように，＿＿に適語を入れなさい。 （4点×5—20点）

(1) 私の夢は世界一周旅行をすることです。

My dream ＿＿＿＿＿ ＿＿＿＿＿ ＿＿＿＿＿ around the world.

(2) 私にはする仕事がたくさんあります。

I have a lot of work ＿＿＿＿＿ ＿＿＿＿＿.

(3) 私は美術館で働きたいと思います。

I hope ＿＿＿＿＿ ＿＿＿＿＿ in a museum.

(4) 彼_{かれ}はそれを知って悲しみました。

He was ＿＿＿＿＿ ＿＿＿＿＿ ＿＿＿＿＿ that.

(5) 彼女は宇宙飛行士になるために一生けんめい勉強しています。

She studies hard ＿＿＿＿＿ ＿＿＿＿＿ an astronaut.

3 意味が通る文になるように，（ ）内の語句を並べかえて，全文を書きなさい。 （5点×5—25点）

(1) (started, two hours, rain, it, to) ago.

＿＿＿＿＿＿＿＿＿＿＿＿＿＿＿＿＿＿＿＿＿＿＿＿＿＿＿＿＿＿＿＿

(2) She (early, catch, up, to, got) the first train.

＿＿＿＿＿＿＿＿＿＿＿＿＿＿＿＿＿＿＿＿＿＿＿＿＿＿＿＿＿＿＿＿

(3) He (a book, in the train, bought, read, to).

＿＿＿＿＿＿＿＿＿＿＿＿＿＿＿＿＿＿＿＿＿＿＿＿＿＿＿＿＿＿＿＿.

(4) (were, win, glad, we, to) the game.

＿＿＿＿＿＿＿＿＿＿＿＿＿＿＿＿＿＿＿＿＿＿＿＿＿＿＿＿＿＿＿＿

(5) To (the piano, is, play, fun, a lot of).

＿＿＿＿＿＿＿＿＿＿＿＿＿＿＿＿＿＿＿＿＿＿＿＿＿＿＿＿＿＿＿＿

4 次の文を指示に従って書きかえなさい。 （4点×4—16点）

(1) She began run on the grass. （to を適切な位置に加えて正しい文に）

_____

(2) I want something to eat. （hot を適切な位置に加えて）

_____

(3) Mary went to the store and bought some cake.（下線部を to にかえてほぼ同じ意味の文に）

_____

(4) They want to see the pictures. （下線部をたずねる文に）

_____

5 次の文中の不定詞と同じ用法のものを下のア〜ウの中から選び，記号で答えなさい。

（3点×3—9点）

(1) I'd like to visit Canada again. （　　）

(2) Do you have anything to do today ? （　　）

(3) Lucy was surprised to hear the news. （　　）

　ア　He'll be happy to read the letter.
　イ　The baby started to cry.
　ウ　I have no time to watch TV.

6 次の対話文(1)〜(3)を読んで，□□に入る最も適するものを，それぞれア〜エから選び，記号で答えなさい。 〔北海道—改〕（5点×3—15点）

(1) *A :* Where are you from ?
　 B : □□□□□□□□□
　 A : Oh, I want to visit the country.
　 ア　I go to school.　　イ　I have a brother.
　 ウ　I'm happy.　　　エ　I'm from Australia. （　　）

(2) *A :* Did you go to see the basketball game yesterday ?
　 B : Yes. □□□□□□□□□
　 A : No, I didn't. But I heard it was exciting.
　 ア　How was it ?　　　イ　How about you ?
　 ウ　What did you see ?　エ　Why did you see it ? （　　）

(3) *A :* Would you like to have more salad ?
　 B : No. □□□□□□□□□
　 A : Here's some apple juice.
　 B : Thank you.
　 ア　I don't want to drink anything.　イ　I'm very hungry.
　 ウ　I'd like to eat more.　　　　　エ　I'd like something to drink. （　　）

1·2年の復習

1
2
3
Step B
4
5
Step B
6
7
Step B
8
9
Step B
Step C

Step A ＞ Step B ＞ Step C

●時　間　30分　●得　点
●合格点　70点　　　　　点

解答▶別冊6ページ

1 次の（　）内から適切なものを選び，○で囲みなさい。　　　　　　（3点×4—12点）

(1) He'll (pass, passes, passing, to pass) the exam.

(2) What language (is, do, does, will) they use in the meeting tomorrow ?

(3) We're happy (hear, hearing, to hear, heard) the news.

(4) I wish (study, studying, to study) French in college.

2 次の日本文に合うように，＿＿＿に適語を入れなさい。　　　　　　（3点×6—18点）

(1) マサオにはしなければならないことがたくさんあります。

Masao has a lot of ＿＿＿＿＿＿ ＿＿＿＿＿＿ ＿＿＿＿＿＿.

(2) 僕たちは昼食を食べにレストランへ行きました。

We went to the restaurant ＿＿＿＿＿＿ ＿＿＿＿＿＿ ＿＿＿＿＿＿.

(3) ケイコのために，あなたは何をするつもりですか。

＿＿＿＿＿＿ ＿＿＿＿＿＿ you ＿＿＿＿＿＿ for Keiko ?

(4) 明日は，暑くなるでしょう。

＿＿＿＿＿＿ be hot tomorrow.

(5) あなたの夢について話すつもりですか。

＿＿＿＿＿＿ you ＿＿＿＿＿＿ ＿＿＿＿＿＿ ＿＿＿＿＿＿ about your dream ?

(6) 本を読むことはためになります。

＿＿＿＿＿＿ ＿＿＿＿＿＿ books ＿＿＿＿＿＿ useful.

3 次の文を指示に従って書きかえなさい。　　　　　　（5点×5—25点）

(1) I study hard.　（「医者になるために」という意味の語句を加えて）

＿＿＿＿＿＿＿＿＿＿＿＿＿＿＿＿＿＿＿＿＿＿＿＿＿＿＿＿＿＿＿

(2) She will be busy tomorrow morning.　（否定文に）

＿＿＿＿＿＿＿＿＿＿＿＿＿＿＿＿＿＿＿＿＿＿＿＿＿＿＿＿＿＿＿

(3) I go shopping with my sister.　（next Sunday をつけ加えて）

＿＿＿＿＿＿＿＿＿＿＿＿＿＿＿＿＿＿＿＿＿＿＿＿＿＿＿＿＿＿＿

(4) Hiroshi is going to stay in Paris <u>for a week</u>.　（下線部をたずねる文に）

＿＿＿＿＿＿＿＿＿＿＿＿＿＿＿＿＿＿＿＿＿＿＿＿＿＿＿＿＿＿＿

(5) Akiko went abroad.　（decided to を適切な位置に加えて）

＿＿＿＿＿＿＿＿＿＿＿＿＿＿＿＿＿＿＿＿＿＿＿＿＿＿＿＿＿＿＿

4 次の対話文(1)〜(3)を読んで，□に入る最も適するものを，それぞれア〜エから選び，記号で答えなさい。 (5点×3―15点)

(1) A : Happy Birthday ! This is a present for you.
   B : Thank you. May I open it ?
   A : Sure. □
   ア I hope you'll like it.　　イ　I'll never buy it.
   ウ You don't have to.　　エ　You like to go shopping.　　(　　)

(2) A : I'm going to make salad. Can you help me ?
   B : Of course. □
   A : Well ... will you cut these tomatoes ?
   ア Whose cup is this ?　　イ　When did you come home ?
   ウ How can I help ?　　エ　Where will you have lunch ?　　(　　)

(3) A : Are you all right ? You have a lot of bags.
   B : Thank you, but I'm OK.
   A : □ I'm going to change trains at the next station.
   B : Thank you very much. You are very kind.
   ア You should take a bus.　　イ　Please check the ticket number.
   ウ I like to visit many places.　　エ　Please sit here.　　(　　)

5 次の（ ）内の語を並べかえて，意味の通る英文を完成しなさい。 (5点×3―15点)

(1) (to，do，do，what，want，you) in the city ?
   ＿＿＿＿＿＿＿＿＿＿＿＿＿＿＿＿＿＿＿＿＿ in the city ?

(2) She (going，come，not，is，here，to) tomorrow.
   She ＿＿＿＿＿＿＿＿＿＿＿＿＿＿＿＿＿＿ tomorrow.

(3) Can (cold，to，something，have，drink，I)，Mom ?
   Can ＿＿＿＿＿＿＿＿＿＿＿＿＿＿＿＿＿＿，Mom ?

6 次の文の意味を書きなさい。 (5点×3―15点)

(1) I will get home before it gets dark.
   ＿＿＿＿＿＿＿＿＿＿＿＿＿＿＿＿＿＿＿＿＿＿＿＿＿＿＿＿＿＿

(2) Saburo likes to fish in the river.
   ＿＿＿＿＿＿＿＿＿＿＿＿＿＿＿＿＿＿＿＿＿＿＿＿＿＿＿＿＿＿

(3) What is the best way to learn Japanese ?
   ＿＿＿＿＿＿＿＿＿＿＿＿＿＿＿＿＿＿＿＿＿＿＿＿＿＿＿＿＿＿

⑥ 動 名 詞

●時 間 30分　●得 点

●合格点 70点　　　　　点

解答▶別冊7ページ

Step A　Step B　Step C

1 次の動詞の ing 形を書きなさい。 （1点×6—6点）

(1) sing ＿＿＿＿＿＿＿＿＿＿

(2) write ＿＿＿＿＿＿＿＿＿＿

(3) ski ＿＿＿＿＿＿＿＿＿＿

(4) swim ＿＿＿＿＿＿＿＿＿＿

(5) fly ＿＿＿＿＿＿＿＿＿＿

(6) use ＿＿＿＿＿＿＿＿＿＿

2 次の（ ）内から適切なものを選び，○で囲みなさい。 （2点×5—10点）

(1) Thank you for (help, helping, to help) me.

(2) Bob enjoyed (learn, learning, to learn, learned) *shodo*.

(3) They give up (play, playing, to play) baseball.

(4) She finished (read, reads, to read, reading) the book.

(5) I hope (visit, visiting, to visit, visited) Hawaii in the future.

3 次の日本文に合うように，＿＿に適語を入れなさい。 （4点×5—20点）

(1) 私はあなたから便りがあることを楽しみにしています。

I'm looking forward to ＿＿＿＿＿＿ from you.

(2) 私の趣味は写真を撮ることです。

My hobby is ＿＿＿＿＿＿ ＿＿＿＿＿＿.

(3) 雪は2時間やまなかった。

It did not stop ＿＿＿＿＿＿ for two hours.

(4) 朝早く起きることは，私には容易ではありません。

＿＿＿＿＿＿ ＿＿＿＿＿＿ early in the morning is not easy for me.

(5) ケイトは何も言わないで去りました。

Kate left without ＿＿＿＿＿＿ ＿＿＿＿＿＿.

4 次の各組の文がほぼ同じ内容になるように，＿＿に適語を入れなさい。 （3点×4—12点）

(1) I like to play tennis.
I like ＿＿＿＿＿＿ tennis.

(2) Paul cooks very well.
Paul is very good ＿＿＿＿＿＿ ＿＿＿＿＿＿.

(3) Why don't we go for a walk in the park ?
＿＿＿＿＿＿ about ＿＿＿＿＿＿ for a walk in the park ?

(4) To see is to believe.
＿＿＿＿＿＿ is ＿＿＿＿＿＿.

5 次の日本文に合うように，（ ）内の語句を並べかえて，全文を書きなさい。　（4点×7—28点）

(1) テレビを見る前に宿題をしなさい。
(watching, do, before, your homework, TV).

_____

(2) 自動車を運転することが，彼_{かれ}の仕事です。
(a car, job, is, his, driving).

_____

(3) 冬はスケートの季節です。
Winter (for, skating, season, is, the).

_____

(4) 遅_{おく}れてごめんなさい。
(late, excuse, for, me, being).

_____

(5) 正午ごろ，雨が降り始めました。
(noon, raining, began, around, it).

_____

(6) 私はここへ来たのを覚えていません。
(here, I, coming, remember, don't).

_____

(7) 彼は外国語を学ぶことに興味があります。
(in, he's, foreign, interested, learning) languages.

_____

6 次の文の意味を書きなさい。　（4点×6—24点）

(1) I don't like going out at night.
(　　　　　　　　　　　　　　　　　　　　　　　　　　)

(2) She finished reading the newspaper.
(　　　　　　　　　　　　　　　　　　　　　　　　　　)

(3) I stopped to look at the stars.
(　　　　　　　　　　　　　　　　　　　　　　　　　　)

(4) Living together with a dog is fun.
(　　　　　　　　　　　　　　　　　　　　　　　　　　)

(5) The girl started jogging in the park.
(　　　　　　　　　　　　　　　　　　　　　　　　　　)

(6) We talked about going to a zoo.
(　　　　　　　　　　　　　　　　　　　　　　　　　　)

7 接 続 詞

●時 間 30分　●得 点
●合格点 70点　　　　点

解答▶別冊 8 ページ

Step A 　 Step B 　 Step C

1 次の日本文に合うように，____に適語を入れなさい。　　　（3点×4―12点）

(1) 私には兄が1人，姉が2人います。

I have a brother _____ two sisters.

(2) 私はテニスが好きですが，サッカーは嫌いです。

I like tennis, _____ I _____ like soccer.

(3) あなたは京都に住んでいるのですか，それとも滋賀に住んでいるのですか。

Do you live in Kyoto _____ in Shiga ?

(4) 彼女は日本語と英語の両方を話します。

She speaks _____ Japanese _____ English.

2 次の____にあてはまる語を下から選びなさい。ただし，同じ語を2度使わないこと。

（3点×4―12点）

(1) I was busy, _____ I didn't play video games.

(2) I'll stay home _____ it rains.

(3) He lived here _____ he was a boy.

(4) We missed the train _____ we woke up late.

〔 because, if, so, when 〕

3 次の日本文に合うように，（　）内の語句を並べかえて，全文を書きなさい。　　（4点×4―16点）

(1) 食事する前に手を洗いなさい。

(eat, before, you, hands, your, wash).

_____

(2) 私は宿題を終えた後，テレビを見ました。

I watched TV (my, did, I, homework, after).

_____

(3) 僕が料理をしている間，妹は本を読んでいました。

My sister was (cooking, while, was, a book, reading, I).

_____

(4) 彼女は英語だけでなくフランス語も話せます。

She can speak (only, but, French, also, English, not).

_____

4 次の文の意味を書きなさい。 （4点×5—20点）

(1) I have either bread or rice for breakfast.

　　(　　　　　　　　　　　　　　　　　　　　　　　　　　　　　)

(2) Go straight, and you will find the store.

　　(　　　　　　　　　　　　　　　　　　　　　　　　　　　　　)

(3) As soon as I got home, it began to rain.

　　(　　　　　　　　　　　　　　　　　　　　　　　　　　　　　)

(4) We must wait here until she comes.

　　(　　　　　　　　　　　　　　　　　　　　　　　　　　　　　)

(5) Let's go and see her in the hospital.

　　(　　　　　　　　　　　　　　　　　　　　　　　　　　　　　)

5 自然な意味になるように下から適するものを続けて，英文を完成させなさい。答えは記号で書きなさい。 （4点×5—20点）

(1) Come home 　　　　　　　　　　　　　　　　　　　　　　(　　)

(2) I will give you something to drink 　　　　　　　　　　　(　　)

(3) I am studying hard 　　　　　　　　　　　　　　　　　　(　　)

(4) I will bring you the picture 　　　　　　　　　　　　　　(　　)

(5) My brother is fifteen years old 　　　　　　　　　　　　　(　　)

> ア　because I have an exam tomorrow.
> イ　when I come next time.
> ウ　before it gets dark.
> エ　and I am thirteen.
> オ　if you are thirsty.

6 次の文を英語で書きなさい。 （5点×4—20点）

(1) 多くの少年少女がそこで歌を歌っていました。

(2) 若いとき，彼はフランスへ行きました。

(3) 急ぎなさい，さもないと電車に乗り遅れますよ。

(4) 彼はたいてい日の出前に起きます。

Step A 〉 Step B 〉 Step C

●時 間 30分　●得 点
●合格点 70点　　　　点

解答 ▶ 別冊 8 ページ

1 次の（　）内から適切なものを選び，○で囲みなさい。　　　　　　　（3 点×6─18 点）

(1) Learning languages (are, be, is, have) a lot of fun.

(2) She decided (buy, buying, to buy, bought) a new car.

(3) Helen has a dream of (become, to become, becomes, becoming) an astronaut.

(4) Either you (and, but, or) I have to do the work.

(5) All the guests at the party enjoyed (to sing, to be sung, singing, for singing) until midnight.　　　　　　〔中央大杉並高─改〕

(6) Ryo tried to use a computer, (but, if, because, or) his father was using it.　　〔秋田─改〕

2 次の日本文に合うように，＿＿に適語を入れなさい。　　　　　　　（3 点×6─18 点）

(1) 私たちが駅に着くとすぐに，電車が来ました。
＿＿＿＿＿＿ ＿＿＿＿＿＿ ＿＿＿＿＿＿ we got to the station, the train came.

(2) あの男性は金持ちだが，幸せではありません。
＿＿＿＿＿＿ that man is rich, he isn't happy.

(3) 彼^{かれ}はギターだけでなく，ピアノもひけます。
He can play ＿＿＿＿＿＿ ＿＿＿＿＿＿ the guitar but ＿＿＿＿＿＿ the piano.

(4) 海岸にいる生徒を見たとき，支配人はなぜ驚^{おどろ}いたのですか。
Why was the manager surprised ＿＿＿＿＿＿ he ＿＿＿＿＿＿ the students on the beach ?　　〔兵庫─改〕

(5) まちがえることをおそれないで。
Don't be afraid of ＿＿＿＿＿＿ ＿＿＿＿＿＿.　　〔島根─改〕

(6) お手伝いしていただいてありがとう。
Thank you ＿＿＿＿＿＿ ＿＿＿＿＿＿ me.

3 次の各組の文がほぼ同じ内容になるように，＿＿に適語を入れなさい。　　（6 点×3─18 点）

(1) { He didn't say anything and went out.
{ He went out ＿＿＿＿＿＿ saying anything.　　〔実践学園高〕

(2) { Study hard, or you'll fail the math test.
{ ＿＿＿＿＿＿ ＿＿＿＿＿＿ study hard, you'll fail the math test.　　〔慶應義塾高〕

(3) { Would you open the window ?
{ Would you ＿＿＿＿＿＿ ＿＿＿＿＿＿ the window ?

4 次の文の意味を書きなさい。 （4点×7—28点）

(1) It did not stop raining for an hour.

(　　　　　　　　　　　　　　　　　　　　　　　　　　　)

(2) You can learn a lot of things by reading books.

(　　　　　　　　　　　　　　　　　　　　　　　　　　　)

(3) Wash your hands before you start to eat.

(　　　　　　　　　　　　　　　　　　　　　　　　　　　)

(4) She is fond of taking pictures.

(　　　　　　　　　　　　　　　　　　　　　　　　　　　)

(5) Tom came while we were out.

(　　　　　　　　　　　　　　　　　　　　　　　　　　　)

(6) My uncle doesn't live in America but in Canada.

(　　　　　　　　　　　　　　　　　　　　　　　　　　　)

(7) We'll never forget visiting this country.

(　　　　　　　　　　　　　　　　　　　　　　　　　　　)

5 各問いに答えなさい。 〔長野〕（6点×3—18点）

(1) 次の英文の（　）にあてはまる最も適切な8文字の英語を1語で書きなさい。

We go to the (　　　　　　　　　　) to see a doctor when we feel sick.

(2) 対話の流れに合うように，（　）にあてはまる最も適切な英文を，下の**ア～エ**から1つ選び，記号を書きなさい。

Mary : Where are you going, Mother ?

Mother: I'm going shopping.

Mary : (　　　　　　　　　　)

Mother: OK, I'll buy them for you.

ア Can you buy three notebooks for me, please ?

イ Please come to my house after lunch.

ウ I bought three notebooks for you.

エ Could you tell me what you will buy ? （　　　）

(3) 次の英文は何のことを述べているか。最も適するものを下の**ア～エ**から選び，記号で答えなさい。

　　This is one of the most important school events. In our school we have this event every year. After we listen to our teachers carefully, we walk out of the school buildings and run to the school ground. Then teachers or people who help us at this event tell us about its importance. From them, we learn how to be safe when something suddenly happens.

注　people who help us at this event　この行事で私たちを手伝う人々　　how to be safe　安全でいる方法

ア 運動会　　**イ** 音楽会　　**ウ** 避難訓練　　**エ** 生徒会選挙 （　　　）

8 比 較 表 現

●時　間 30分　●得　点
●合格点 70点　　　　点

解答▶別冊 9 ページ

Step A　Step B　Step C

1 次の（　）内の語を適する形に書きかえなさい。ただし，2語になる場合もある。（2点×5―10点）

(1) The sun is _____ than the moon.　（large）

(2) Mt. Fuji is the _____ mountain in Japan.　（high）

(3) My dog is _____ than yours.　（big）

(4) English is _____ to me than math.　（interesting）

(5) This book is the _____ of the three.　（useful）

2 次の各組の文がほぼ同じ内容になるように，____に適語を入れなさい。　（4点×4―16点）

(1) { Question A is more difficult than Question B.
Question B is _____ than Question A.

(2) { No other student in this class is taller than Ken.
Ken is _____ _____ student in this class.

(3) { I like PE the best of all subjects.
I like PE _____ than _____ other subject.

(4) { Yoko can run faster than Miki.
Miki cannot run _____ _____ as Yoko.

3 次の日本文に合うように，（　）内の語を並べかえて，全文を書きなさい。　（4点×5―20点）

(1) コーヒーと紅茶ではどちらが好きですか。

(do, better, you, like, which), coffee or tea ?

_____

(2) 今日は昨日よりずっと寒い。

(colder, it, today, much, is) than yesterday.

_____

(3) 信濃川は日本で一番長い川です。

The Shinano River is (Japan, in, river, the, longest).

_____

(4) 彼女は彼女の姉よりゆっくり話しました。

She (than, slowly, spoke, more) her sister.

_____

(5) オーストラリアはアメリカと同じくらい大きい。

(Australia, America, as, as, large, is).

_____

4 次の文の答えとして最も適するものを下から選び，記号で答えなさい。 （2点×5—10点）

(1) Do you think that English is the most interesting of all ? （　　）

(2) Who went there the earliest ? （　　）

(3) Is soccer the most popular sport in this city ? （　　）

(4) Which bag is cheaper, this one or that one ? （　　）

(5) Which do you like the best, spring, summer, fall or winter ? （　　）

ア　No, it isn't.	イ　John did.	
ウ　Yes, I do.	エ　I like summer the best.	
オ　This one is.		

5 次の文の意味を書きなさい。 （4点×6—24点）

(1) Ann is my best friend.
（　　　　　　　　　　　　　　　　　　　　　　　　　　　）

(2) He is one of the greatest tennis players.
（　　　　　　　　　　　　　　　　　　　　　　　　　　　）

(3) This lake is twice as large as that one.
（　　　　　　　　　　　　　　　　　　　　　　　　　　　）

(4) They lived in New York for more than five years.
（　　　　　　　　　　　　　　　　　　　　　　　　　　　）

(5) Run as fast as you can.
（　　　　　　　　　　　　　　　　　　　　　　　　　　　）

(6) This dictionary has more words than that one.
（　　　　　　　　　　　　　　　　　　　　　　　　　　　）

6 次の文を英語で書きなさい。 （4点×5—20点）

(1) それは日本最古の寺の1つです。
_____

(2) 彼女(かの)はあなたよりずっと若いです。
_____

(3) 読書は勉強することと同じくらい重要です。
_____

(4) この自転車はあの自転車より高価です。
_____

(5) 姫路城(Himeji Castle)は日本で最も美しい城だと思います。
_____

月　　日

 there is, 文構造, 接続詞 that

●時　間 30分　●得　点
●合格点 70点　　　　点

解答▶別冊10ページ

Step A 〉 Step B 〉 Step C

1 次の（　）内から適切なものを選び，○で囲みなさい。　　（2点×5―10点）

(1) There (be, am, are, is) a guitar in the room.

(2) She (became, felt, looked) an English teacher.

(3) He (talked, told, said, spoke) me the truth.

(4) There (be, am, are, is) a lot of people in the park.

(5) I'm sure (because, if, that, when) you'll pass the exam.

2 次の文を指示に従って書きかえなさい。　　（3点×4―12点）

(1) He is very busy.　（「～に見える」という意味の文に）

_____

(2) There are some restaurants around here.　（否定文に）

_____

(3) My aunt gave a bag to me.　（下線部を bought にかえて）

_____

(4) There are five girls in the park.　（下線部をたずねる疑問文に）

_____

3 次の日本文に合うように，（　）内の語を並べかえて，全文を書きなさい。　　（4点×5―20点）

(1) 岡先生は私たちに日本史を教えています。

Mr. Oka (us, history, Japanese, teaches).

_____

(2) 彼女は正しいと思います。

I (she, right, is, that, think).

_____

(3) 私たちはその犬をジョンと呼びます。

(the, John, call, dog, we).

_____

(4) 昨日ここで事故がありました。

(was, here, accident, an, there) yesterday.

_____

(5) 彼は病気だということを知っていましたか。

Did you (he, sick, know, was)?

_____

4 次の文の意味を書きなさい。 (4点×4—16点)

(1) I hope it will be fine tomorrow.
( )

(2) My uncle bought me a watch.
( )

(3) The news made them surprised.
( )

(4) Is there a clock on the wall ? — Yes, there is.
( )

5 次の文の答えとして最も適するものを下から選び，記号で答えなさい。 (3点×5—15点)

(1) Who gave you the flowers ? ( )

(2) Do you think he is a good tennis player ? ( )

(3) Are there any temples in your city ? ( )

(4) What did you send to your friend ? ( )

(5) How many boys are there in the library ? ( )

ア Yes, I do.	イ No, you don't.
ウ Tom was.	エ No, there aren't.
オ My sister did.	カ There are fifteen.
キ Yes, they are.	ク A camera.

6 次の___にあてはまる語句を選び，記号で答えなさい。 (3点×3—9点)

(1) There are _____ months in one year.
ア four　　イ ten　　ウ twelve　　エ twenty ( )

(2) I know that Canada is _____ Japan.
ア larger than　イ smaller than　ウ as large as ( )

(3) I think that _____ is the hottest month in Japan.
ア January　イ August　ウ November ( )

7 次の文を英語で書きなさい。 (6点×3—18点)

(1) カズオは私たちに何枚かの写真を見せてくれました。

_____

(2) 机の上に3冊の本がありました。

_____

(3) 私は，彼はすぐに具合がよくなると思います。

_____

月　　日

Step A 〉 Step B 〉 Step C

●時 間　30分　　●得 点
●合格点　70点　　　　　　点

解答 ▶ 別冊 11 ページ

1 次の( )内から適切なものを選び，○で囲みなさい。 （3点×6—18点）

(1) You (look, see, show, watch) very tired.

(2) We understand that gestures (is, are, am) very useful. 〔山梨—改〕

(3) Which of the four seasons do you like (very much, better, the best), spring, summer, fall, or winter ? 〔大阪—改〕

(4) Will you tell (I, my, me, mine) more about the contest ? 〔兵庫—改〕

(5) There are a lot of hearing (dog, a dog, dogs) in Japan. 〔島根—改〕

(6) (Many, More, The Most) people will join the event this year than last year.

2 次の日本文に合うように，( )内の語句を並べかえて，全文を書きなさい。 （3点×3—9点）

(1) 彼はいつも私たちを幸せにしてくれます。

(always, happy, makes, he, us).

_____

(2) より大きいかばんをお見せしましょうか。

(bigger, show, bag, I, you, a, shall)?

_____

(3) みんなこの本が一番おもしろいと言っています。

Everyone says (this book, interesting, most, is, the, that).

_____

3 次の日本文に合うように，____に適語を入れなさい。 （3点×7—21点）

(1) 壁に 1 枚の絵があります。

_____ _____ a picture _____ the wall.

(2) この本は 5 冊のうちで，一番難しいです。

This book is _____ _____ _____ the five.

(3) その熊は雪と同じくらい白かったです。

The bear was _____ _____ _____ _____.

(4) 明日雨が降らないと思います。

I _____ _____ it will _____ tomorrow.

(5) 私は彼らに星の話をしました。

I _____ _____ the _____ of the stars.

(6) 彼はあなたより 3 つ年下です。

He is _____ _____ _____ than you.

(7) 私にあなたの自転車を貸してください。

Please _____ your bike _____ _____.

4 次の文の意味を書きなさい。　　　　　　　　　　　　　　　　　（4点×7—28点）

(1)　He thinks technology in America is as good as technology in Japan.　〔福島—改〕

　　（　　　　　　　　　　　　　　　　　　　　　　　　　　　　　）

(2)　The teacher did not know Satoshi was cleaning the beach.　〔茨城—改〕

　　（　　　　　　　　　　　　　　　　　　　　　　　　　　　　　）

(3)　There are many other good places in our city.

　　（　　　　　　　　　　　　　　　　　　　　　　　　　　　　　）

(4)　What is the nearest way to the Japanese garden ?

　　（　　　　　　　　　　　　　　　　　　　　　　　　　　　　　）

(5)　Ben runs faster than any other student in the class.

　　（　　　　　　　　　　　　　　　　　　　　　　　　　　　　　）

(6)　It's getting darker and darker outside.

　　（　　　　　　　　　　　　　　　　　　　　　　　　　　　　　）

(7)　I gave my sister a pretty doll.

　　（　　　　　　　　　　　　　　　　　　　　　　　　　　　　　）

5　次の対話文について，（　　）内の語を正しく並べかえて，英文を完成させなさい。

〔岐阜—改〕（8点）

（バス停で）

Woman: Excuse me. Could you tell me how to get to Midori Park ?

Maki ： Sure. The park is near Wakaba Museum. I think you should take a bus for Wakaba Museum.

Woman: Well,（ to / bus / the / goes / which ）museum ?

Maki ： Take the next bus. But please don't worry. I'm going to ride on the same bus.

Woman: Thank you very much.

Maki ： You're welcome.

　　注　how to get to ～　　～への行き方

　　Well,＿＿＿＿＿＿＿＿＿＿＿＿＿＿＿＿＿＿＿＿＿＿＿＿＿ museum ?

6　次の文を英語で書きなさい。ただし，（　　）内の語を使うこと。　　（4点×4—16点）

(1)　ジョンは富士山に登りたいと思いました。　　（thought, that）　〔静岡—改〕

＿＿＿＿＿＿＿＿＿＿＿＿＿＿＿＿＿＿＿＿＿＿＿＿＿＿＿＿＿＿＿＿＿＿

(2)　次回は，もっと多くの質問をします。　　（I, you）　〔滋賀—改〕

＿＿＿＿＿＿＿＿＿＿＿＿＿＿＿＿＿＿＿＿＿＿＿＿＿＿＿＿＿＿＿＿＿＿

(3)　日本には，5,000 校以上の高校があります。　　（than）　〔大阪—改〕

＿＿＿＿＿＿＿＿＿＿＿＿＿＿＿＿＿＿＿＿＿＿＿＿＿＿＿＿＿＿＿＿＿＿

(4)　彼らは自分たちの赤ちゃんをメアリーと名付けました。　　（Mary）

＿＿＿＿＿＿＿＿＿＿＿＿＿＿＿＿＿＿＿＿＿＿＿＿＿＿＿＿＿＿＿＿＿＿

1·2年の復習

1
2
3
Step B
4
5
Step B
6
7
Step B
8
9
Step B
Step C

Step A　Step B　Step C

●時 間 30分	●得 点
●合格点 70点	点

解答 ▶ 別冊 12 ページ

1 次の（　）内から適切なものを選び，記号で答えなさい。

（4点×3—12点）

(1) John and his brother (　　　) playing video games at that time.
　　ア　am　　　イ　are　　　ウ　was　　　エ　were

(2) You (　　　) to study math harder.
　　ア　able　　　イ　have　　　ウ　must　　　エ　won't

(3) The brother of my father is my (　　　).
　　ア　aunt　　　イ　uncle　　　ウ　cousin　　　エ　nephew

(1)	
(2)	
(3)	

（4点×4—16点）

2 次の日本文に合うように，（　）に適語を入れなさい。

(1) もしもし，ケンです。マイクにかわってもらえますか。
　　Hello, this is Ken. (　　　) I (　　　) to Mike, please ?

(2) あなたは書くペンを持っていますか。
　　Do you have a pen (　　　) write (　　　) ?

(3) 彼は何も言わずに出て行きました。
　　He went out (　　　) (　　　) anything.

(4) 彼女はいつも部屋をきれいにしています。
　　She always (　　　) her room (　　　).

(1)	
(2)	
(3)	
(4)	

3 次の日本文に合うように，（　）内の語句を並べかえて，全文を書きなさい。　（5点×4—20点）

(1) トムはクラスのどの生徒よりも速く走れます。
　　(faster, can, any, student, Tom, than, run, other) in the class.

(2) 今日は何曜日ですか。
　　(of, day, it, the week, what, today, is) ?

(3) 博物館への行き方を教えてもらえますか。
　　(would, me, to, tell, you, the way, the museum) ?

(4) あなたは今すぐ帰った方がいいです。
　　(once, had, come, you, at, better, home).

(1)	
(2)	
(3)	
(4)	

4 次の各組の文がほぼ同じ内容になるように，（ ）に適語を入れなさい。

（4点×3—12点）

(1)
A day has 24 hours.
（　　　）（　　　） 24 hours in a day.

(2)
Jack doesn't play tennis as well as Mike.
Mike plays tennis （　　　）（　　　） Jack.

(3)
We ran along the river. We enjoyed it very much.
We （　　　）（　　　） along the river very much.

(1)	
(2)	
(3)	

1・2年の復習
1
2
3
Step B
4
5
Step B
6
7
Step B
8
9
Step B
Step C

5 与えられた日本語の英訳となるように，下の空欄の（ ① ）〜（ ⑤ ）に適切な英語を書け。

〔ラ・サール高一改〕

A「先日屋久島についての本を読んだよ。樹齢7200年の縄文杉を見に行くことにしたんだ。屋久島は日本で五番目に大きい島なんだ。周囲は132キロで車なら3時間以内で1周できるんだって。小さくても見るべきものは多いんだ。」

B「そうか，それは行ってみたいな。鹿児島から屋久島までふつう船でどれくらいかかるの？」

A「フェリーなら4時間，ジェットフォイルなら2時間かな。」

B「一人で行くつもり？」

A : （　　①　　） Yakushima Island. I've decided to go to see the Jomon cedar. It is 7,200 years old. （　　②　　）. It is 132 kilometers around and you can drive all the way around it in less than three hours. It is small, but （　　③　　）.

B : Yeah ? I would love to go, too. （　　④　　） from Kagoshima to Yakushima Island by ship ?

A : Four hours by ferry, or two hours by jetfoil.

B : Are （　　⑤　　） ?

（8点×5—40点）

①	
②	
③	
④	
⑤	

1 受け身形 (1)

Step A 〉 Step B 〉 Step C 〉

解答▶別冊 13 ページ

1 次の動詞の過去形，過去分詞を書きなさい。

(1) find ＿＿＿＿＿＿ ＿＿＿＿＿＿ (2) know ＿＿＿＿＿＿ ＿＿＿＿＿＿

(3) put ＿＿＿＿＿＿ ＿＿＿＿＿＿ (4) see ＿＿＿＿＿＿ ＿＿＿＿＿＿

(5) eat ＿＿＿＿＿＿ ＿＿＿＿＿＿ (6) begin ＿＿＿＿＿＿ ＿＿＿＿＿＿

2 次の (　) 内から適切なものを選び，○で囲みなさい。

(1) The box was broken by (he, his, him).

(2) Music is (loves, loving, loved) by many people.

(3) These letters (are, were, was) sent to me yesterday.

(4) The work (wasn't, didn't, isn't) done by John last night.

(5) (Did, Were, Was) this picture painted by Picasso ?

3 次の文の答えとして最も適するものを下から選び，記号で答えなさい。

(1) Was that chair made by your brother ?　　　　　　　　　(　　)

(2) Are these books read by many children ?　　　　　　　　(　　)

(3) Who built this house ?　　　　　　　　　　　　　　　　(　　)

(4) Were these books written by Yasunari Kawabata ?　　　　(　　)

(5) What language is spoken in the country ?　　　　　　　　(　　)

ア My brother did.	イ He was my brother.
ウ Yes, it was.	エ Yes, they were.
オ It's Chinese.	カ No, they aren't.
キ Yes, there are.	ク English is.

4 次の文を指示に従って書きかえなさい。

(1) John was invited to Emi's birthday party. （疑問文に）

＿＿＿＿＿＿＿＿＿＿＿＿＿＿＿＿＿＿＿＿＿＿＿＿＿＿＿＿＿＿

(2) The temple is visited by many students. （否定文に）

＿＿＿＿＿＿＿＿＿＿＿＿＿＿＿＿＿＿＿＿＿＿＿＿＿＿＿＿＿＿

(3) <u>More than 10,000</u> old books are sold on the website. （下線部をたずねる疑問文に）

_____

(4) Do many people love the song？ （受け身形の文に）

_____

(5) The car was washed by Yuji yesterday. （Yuji を主語にしてほぼ同じ意味の文に）

_____

要 5 次の文の意味を書きなさい。

(1) Ann was given a watch by her uncle.
（　　　　　　　　　　　　　　　　　　　　　　）

(2) Kentaro is called "Ken" by everyone.
（　　　　　　　　　　　　　　　　　　　　　　）

6 次の日本文に合うように，（　）内の語句を並べかえて，全文を書きなさい。

(1) この写真は先週，私の母によって撮られました。
This picture (taken, by, mother, was, my) last week.

_____

(2) その試合はいつも午前中に行われます。
The (played, the morning, is, game, always, in).

_____

7 次の文を英語で書きなさい。

(1) そのコンサートは去年，開催されませんでした。

_____

(2) 日本語は多くの国で使われていますか。

_____

━━ ここで差をつける！ ━━

by 以外の前置詞を伴う受け身形

be **made** of ～「【材料】でできている」，be **made** from ～「【原料】でできている」
be **made** into ～「【製品】になる」，be **known** to ～「（人）に知られている」
be **known** for ～「（こと）で知られている」，be **covered** with ～「～でおおわれている」
be **filled** with ～「～で満たされている」 など

>>>>>>> **Words & Phrases** <<<<<<<

□paint「（絵を）描く」　□website「ウェブサイト」

Step A　Step B　Step C

解答▶別冊 14 ページ

1 次の（　）内から適切なものを選び，○で囲みなさい。　　　　　　　（2点×4—8点）

重要 (1)　This book was (written, writes, wrote, writing) by my uncle.　　〔栃木〕

(2)　The other day I (was speaking, spoke, is spoken, was spoken) to by a stranger.

〔中央大杉並高—改〕

(3)　A tall man is (stands, stood, standing, to stand) by the gates.

(4)　The city hall is always (keep, kept, keeping, keeps) clean.　　〔立教高—改〕

2 次の（　）内の語を適する形に書きかえなさい。　　　　　　　　　（3点×4—12点）

(1)　I was ＿＿＿＿＿＿＿ by them.　（encourage）

(2)　The 2018 World Cup was ＿＿＿＿＿＿＿ in Russia.　（hold）

(3)　This song is ＿＿＿＿＿＿＿ all over the world.　（know）　　〔千葉—改〕

重要 (4)　The window was ＿＿＿＿＿＿＿ by Kenshiro.　（break）　　〔郁文館高〕

3 次の日本文に合うように，＿＿に適語を入れなさい。　　　　　　　（4点×4—16点）

(1)　それらの鳥たちは川沿いで見られます。

Those birds ＿＿＿＿＿＿＿ ＿＿＿＿＿＿＿ ＿＿＿＿＿＿＿ the river.

(2)　そのデザインはどのように作られたのですか。

＿＿＿＿＿＿＿ ＿＿＿＿＿＿＿ the design ＿＿＿＿＿＿＿ ?

(3)　この時計はもらったのです。買ったのではありません。

This watch ＿＿＿＿＿＿＿ ＿＿＿＿＿＿＿ ＿＿＿＿＿＿＿ me. I didn't buy it.　〔広島大附高—改〕

重要 (4)　この古い建物は何と呼ばれていましたか。

＿＿＿＿＿＿＿ ＿＿＿＿＿＿＿ this old building ＿＿＿＿＿＿＿ ?

4 次の文を指示に従って書きかえなさい。　　　　　　　　　　　　　（5点×4—20点）

(1)　My host mother put a *furoshiki* on the table.　（受け身形の文に）　〔岡山朝日高—改〕

＿＿＿＿＿＿＿＿＿＿＿＿＿＿＿＿＿＿＿＿＿＿＿＿＿＿＿＿＿＿＿＿＿＿

(2)　Beautiful medals are sold at that store.　（ふつうの文に）　〔ノートルダム女学院高〕

＿＿＿＿＿＿＿＿＿＿＿＿＿＿＿＿＿＿＿＿＿＿＿＿＿＿＿＿＿＿＿＿＿＿

(3) When did they build this ship ? （this ship を主語にして，受け身形の文に） 〔天理高〕

_____

難 (4) Why did the family invite Mr. Smith to dinner ? （受け身形の文に） 〔高知学芸高〕

_____

5 次の各組の文がほぼ同じ内容になるように，____に適語を入れなさい。 （5点×2—10点）

重要 (1) ｛ Where did you take these pictures ?
｛ Where _____ these pictures _____ ? 〔土佐塾高〕

(2) ｛ You made a good speech today.
｛ A _____ _____ _____ _____ by you today. 〔埼玉一改〕

6 次の日本文に合うように，（　）内の語句を並べかえて，全文を書きなさい。 （6点×4—24点）

(1) 『ハリー・ポッター』は世界中で多くの人々に読まれています。
Harry Potter (all，by，people，read，over，many，is) the world. 〔沖縄一改〕

_____

重要 (2) その鳥は1枚の紙でできているのですか。
(a piece，the bird，of，of，made，paper，is)？

_____

(3) あなたはほかの人たちから必要とされていると感じたのですね。
You (other，you，felt，by，needed，were，people)，didn't you ? 〔大分一改〕

_____

難 (4) 私たちは去年，彼から音楽を教わりませんでした。
(not，by，him，were，music，we，taught) last year.

_____

7 外国人の英語の先生に次のように言われたとき，あなたなら英語で何と言いますか。まとまりのある英文で5文以上書きなさい。 （10点）〔石川〕
"Which is more important to you, reading books or doing sports ?"

_____

_____

_____

>>>>>>>>>>>>>>>> **Words & Phrases** <<<<<<<<<<<<<<<<

□city hall「市役所」　　□keep「～を…に保つ」　　□the World Cup「ワールドカップ」
□Russia「ロシア」　　□all over the world「世界中で」　　□river「川」　　□host mother「ホストマザー」
□medal「メダル」　　□store「店」　　□ship「船」　　□speech「スピーチ」

2 受け身形 (2)

Step A ▶ Step B ▶ Step C

解答▶別冊 15 ページ

重要 **1** 次の＿＿にあてはまる語を下から選びなさい。ただし，同じ語は 2 度使わないこと。

(1) I'm excited ＿＿＿＿＿＿ the news.

(2) The mountain is covered ＿＿＿＿＿＿ snow.

(3) We are interested ＿＿＿＿＿＿ studying wind power.

(4) That singer is known ＿＿＿＿＿＿ young people.

(5) *Sake* is made ＿＿＿＿＿＿ rice.

(6) The building is made ＿＿＿＿＿＿ wood.

[at, from, in, with, of, to]

2 次の（ ）内から適切なものを選び，○で囲みなさい。

(1) Two people were (kill, killing, killed) in the accident.

(2) We (were teaching, is taught, are taught) music by Mr. Wada.

(3) The wild animals can (be, are, were) seen in the park.

(4) The doctor must (sent for, be sent for, be sent) by the family.

(5) Which language (are, be, is) used in your house ?

(6) If the book is published tomorrow, it (was, is, will be) bought by many people.

3 次の文を指示に従って書きかえなさい。

(1) Himeji Castle was built in 1346. （下線部をたずねる文に）

_____

重要 (2) People usually call him Mike. （「彼」を主語にして受け身形の文に）

_____

(3) My birthday is July 5. （born を使って，ほぼ同じ内容の文に）

_____

(4) He's interested in Japanese culture. （下線部をたずねる文に）

_____

(5) The children looked after the dog. （受け身形の文に）

_____

(6) Horyu Temple is visited by a lot of people from all over the world. （ふつうの文に）

_____

3
年

1
2
3
4
Step
C
長文
問題(1)

5
6
7
Step
C
長文
問題(2)

8
9
10
Step
C
長文
問題(3)

11
12
13
14
Step
C
長文
問題(4)

15
16
17
18
19
Step
C
長文
問題(5)
実力
テスト(1)
実力
テスト(2)

4 次の文の意味を書きなさい。

(1) Your bag will be found soon.
（　　　　　　　　　　　　　　　　　　　　　）

(2) Two players were injured and taken to the nurse's office.
（　　　　　　　　　　　　　　　　　　　　　）

(3) The bridge is being built now.
（　　　　　　　　　　　　　　　　　　　　　）

5 次の日本文に合うように，（　）内の語句を並べかえて，全文を書きなさい。

(1) そのとき，台所は煙でいっぱいでしたか。
(smoke, with, was, filled, then, the kitchen)?

(2) 私たちはその知らせに驚きませんでした。
(not, the news, at, we, surprised, were).

(3) そこではたくさんの星を見ることができます。
A lot (there, stars, be, of, can, seen).

6 次の文を英語で書きなさい。

(1) その国ではすべてが英語で書かれています。

(2) 誰がそのパーティーに招かれたのですか。

ここで差をつける！

訳し方に注意する受け身形〈be ＋過去分詞〉

be **surprised** at ～「～に驚く」，be **interested** in ～「～に関心がある」
be **satisfied** with ～「～に満足する」，be **pleased** with ～「～に喜ぶ」
be **caught** in ～「(雨など)にあう」，be **killed** in ～「(事故など)で死ぬ」
be **moved** by ～「～に感動する」，be **born**「生まれる」など

Words & Phrases

□wind power「風力」　□accident「事故」　□wild animal「野生動物」　□publish「～を出版する」
□nurse's office「保健室」　□smoke「煙」

Step A 〉 Step B 〉 Step C

●時間 30分　●得点
●合格点 70点　　　　点

解答▶別冊 16 ページ

1 次の（　）内から適切なものを選び，○で囲みなさい。　　　　　　　　（2点×5—10点）

(1) The car has (uses，been using，been used，used) for a few years.

(2) Five books can (be，are，were，been) borrowed from the city library.

(3) Last Sunday, when I was going home, I was (speaking，spoken，speak，speaks) to by a woman.　　　　　　　　　　　　　　　　　　　　　　　　　　　〔鹿児島—改〕

(4) He was (laughs，laughed，laughed at，laugh) by his friends.

(5) The letter was written (by，in，on，at) beautiful gold ink.　　〔慶應義塾女子高—改〕

2 次の日本文に合うように，＿＿に適語を入れなさい。　　　　　　　　（3点×4—12点）

(1) 次のオリンピックの開催地はどこですか。
Where ＿＿＿＿＿＿ the next Olympic Games ＿＿＿＿＿＿ ＿＿＿＿＿＿ ？

(2) 私のおじはカナダ人の女性と結婚しています。
My uncle ＿＿＿＿＿＿ ＿＿＿＿＿＿ ＿＿＿＿＿＿ a Canadian woman.

重要 (3) 5 人の人がその事故で亡くなりました。
Five people ＿＿＿＿＿＿ ＿＿＿＿＿＿ ＿＿＿＿＿＿ the accident.

(4) メアリーはクラシック音楽に興味がありません。
Mary ＿＿＿＿＿＿ ＿＿＿＿＿＿ ＿＿＿＿＿＿ classical music.

3 次の文を指示に従って書きかえなさい。　　　　　　　　　　　　　　（4点×6—24点）

(1) A car ran over a dog. （受け身形の文に）

＿＿＿＿＿＿＿＿＿＿＿＿＿＿＿＿＿＿＿＿＿＿＿＿＿＿＿＿＿＿

(2) The guide will show you the way. （You を主語にしてほぼ同じ内容の文に）

＿＿＿＿＿＿＿＿＿＿＿＿＿＿＿＿＿＿＿＿＿＿＿＿＿＿＿＿＿＿

(3) You always keep your room clean. （受け身形の文に）

＿＿＿＿＿＿＿＿＿＿＿＿＿＿＿＿＿＿＿＿＿＿＿＿＿＿＿＿＿＿

(4) Tom was washing the car. （受け身形の文に）

＿＿＿＿＿＿＿＿＿＿＿＿＿＿＿＿＿＿＿＿＿＿＿＿＿＿＿＿＿＿

(5) The picture was painted by his father. （下線部をたずねる文に）

＿＿＿＿＿＿＿＿＿＿＿＿＿＿＿＿＿＿＿＿＿＿＿＿＿＿＿＿＿＿

(6) This work is done at any cost. （must を適切な位置に加えて）

＿＿＿＿＿＿＿＿＿＿＿＿＿＿＿＿＿＿＿＿＿＿＿＿＿＿＿＿＿＿

4 次の日本文に合うように，（　）内の語句を並べかえて，全文を書きなさい。　　（5点×4—20点）

(1) この公園でそのウサギが見つかるかもしれません。

（ be，park，in，found，may，the rabbit，this ）.

_____

(2) マイクは生まれも育ちもオーストラリアです。

（ and，Australia，Mike，raised，was，in，born ）.

_____

(3) 試合は延期されないでしょう。

（ put，will，off，not，the game，be ）.

_____

(4) そのとき，クラシック音楽が流れていましたか。

（ at，being，classical music，that，played，time，was ）?

_____

5 誤りのある部分の記号を○で囲み，その誤りを直して全文を書きなさい。　　（6点×3—18点）

(1) I was stolen my money in a crowded train, so I made a call to the police station.　〔愛光高一改〕
　　　　　ア　　　　　　　イ　　　　　　　　　ウ　　エ

_____

(2) Ken is so healthy that he has not been caught a cold this winter.　〔関西学院高等部〕
　　　　ア　　イ　　　　ウ　　　　　　　　　エ

_____

(3) He doesn't want anyone to be known that he is going to the place.　〔久留米大附高一改〕
　　　　　　　ア　　　　　　イ　　　　　　ウ　エ

_____

6 オーストラリアの中学生たちが，あなたの学校を訪問することになりました。あなたは，クラスの代表として歓迎(かんげい)のあいさつをすることになりました。どのようなことを話しますか。その内容を，次の "Hello, everyone." に続けて，◻の中に，5行以内の英文で書きなさい。

（16点）〔新潟〕

Hello, everyone.

_____
_____
_____
_____
_____

3年

1
2
3
4
Step C
長文問題(1)
5
6
7
Step C
長文問題(2)
8
9
10
Step C
長文問題(3)
11
12
13
14
Step C
長文問題(4)
15
16
17
18
19
Step C
長文問題(5)
実力テスト(1)
実力テスト(2)

▶▶▶▶▶▶▶▶▶▶▶▶▶▶▶▶▶▶▶▶▶▶▶▶▶▶▶ ◀ **Words & Phrases** ◀ ◀◀◀◀◀◀◀◀◀◀◀◀◀◀◀◀◀◀◀

□borrow「～を借りる」　　□city library「市立図書館」　　□run over「（車で）～をひく」　　□cost「代価」

□rabbit「ウサギ」　　□crowded「混雑した」　　□police station「交番」　　□healthy「健康的な」

3 現 在 分 詞

Step A 〉 Step B 〉 Step C

解答▶別冊 17 ページ

1 次の（　）内から適切なものを選び，○で囲みなさい。

(1) Are you (take, taking, taken) pictures of the flower ?

重要 (2) Look at the birds (sing, sings, singing) in the tree.

(3) Who are those boys (dance, danced, dancing) on the street ?

(4) She put spaghetti into (boil, boils, boiling) water.

(5) My friend (stays, stayed, staying) in London sent me a letter.

2 次の日本文に合うように，＿＿に適語を入れなさい。

(1) あの走っている生徒はローズです。
That ＿＿＿＿＿＿ ＿＿＿＿＿＿ is Rose.

重要 (2) 彼に話しかけている人は誰ですか。
Who is the ＿＿＿＿＿＿ ＿＿＿＿＿＿ ＿＿＿＿＿＿ him ?

(3) 私は空港へ彼らを迎えに行くつもりです。
I ＿＿＿＿＿＿ ＿＿＿＿＿＿ ＿＿＿＿＿＿ meet them at the airport.

(4) 今，何をしているのですか。
＿＿＿＿＿＿ are you ＿＿＿＿＿＿ now ?

(5) 私たちはこの前の週末，その湖へ釣りに行きました。
We ＿＿＿＿＿＿ ＿＿＿＿＿＿ at the lake last weekend.

3 次の日本文に合うように，（　）内の語句を並べかえて，全文を書きなさい。

(1) 赤ちゃんは一晩中，泣き続けました。
(night, crying, the, kept, all, baby).

＿＿＿＿＿＿＿＿＿＿＿＿＿＿＿＿＿＿＿＿＿＿＿＿＿＿＿

(2) 舞台でピアノを弾いている女の子は，僕の妹です。
The (the stage, girl, the piano, on, is, playing) my sister.

＿＿＿＿＿＿＿＿＿＿＿＿＿＿＿＿＿＿＿＿＿＿＿＿＿＿＿

(3) 自転車に乗っているその男の子を知っていますか。
(a bike, you, the, know, riding, do, boy) ?

＿＿＿＿＿＿＿＿＿＿＿＿＿＿＿＿＿＿＿＿＿＿＿＿＿＿＿

4 次の文の意味を書きなさい。

(1) No one was in that burning house.
　　(　　　　　　　　　　　　　　　　　　　　　　　　　　)

(2) He is a walking dictionary.
　　(　　　　　　　　　　　　　　　　　　　　　　　　　　)

(3) Let's go skating on the lake.
　　(　　　　　　　　　　　　　　　　　　　　　　　　　　)

(4) The largest animal living on earth is the elephant.
　　(　　　　　　　　　　　　　　　　　　　　　　　　　　)

(5) Who is the boy standing over there ?
　　(　　　　　　　　　　　　　　　　　　　　　　　　　　)

(6) She is drawing a picture of a sleeping cat.
　　(　　　　　　　　　　　　　　　　　　　　　　　　　　)

5 次の各組の文がほぼ同じ内容になるように，＿＿に適語を入れなさい。

(1) My dog is lying on the sofa.
　　The ＿＿＿＿＿ ＿＿＿＿＿ on the sofa is ＿＿＿＿＿.

(2) We went to the market yesterday to do shopping.
　　We ＿＿＿＿＿ ＿＿＿＿＿ in the market yesterday.

6 次の文を英語で書きなさい。ただし，（　）内の語句を使うこと。

(1) 駅前に立っている女の子を見てください。　（front）
＿＿＿＿＿＿＿＿＿＿＿＿＿＿＿＿＿＿＿＿＿＿＿＿＿＿＿

(2) 彼は2，3分前に，電話で話をしていました。　（on the phone）
＿＿＿＿＿＿＿＿＿＿＿＿＿＿＿＿＿＿＿＿＿＿＿＿＿＿＿

━━ ここで差をつける！ ━━

動名詞と現在分詞
・現在分詞：a sleeping baby「眠っている赤ちゃん」（= a baby who is sleeping）
・動名詞　：a sleeping bag「寝袋」（= a bag for sleeping）
　　　　　　a waiting room「待合室」（= a room for waiting）
　　　　　　drinking water「飲み水」（water for drinking）など

▶ **Words & Phrases** ◀
□airport「空港」　□on earth「地上で，世界中」　□elephant「象」　□lying　lie（横たわる）の ing 形

Step A 〉 Step B 〉 Step C

解答▶別冊 17 ページ

1 次の（ ）内から適切なものを選び，○で囲みなさい。　　　　　　（2点×5—10点）

(1) I'm (coming, enjoying, looking, going) forward to meeting you. 〔青雲高—改〕

(2) In (develop, develops, developing, to develop) countries, women produce more food than men do. 〔桐朋高—改〕

(3) I'm (leave, left, leaving, to leave) in thirty minutes. 〔豊島岡女子学園高—改〕

(4) The vehicle (to run, runs, ran, running) on that highway crashed into another car.

(5) We saw Jiro (lies, to lie, lying, to lying) under the tree in the garden. 〔郁文館高〕

2 次の（ ）内の語を適する形に書きかえなさい。ただし2語になる場合もある。　　（3点×2—6点）

(1) There were some friends ＿＿＿＿＿＿ as the restaurant staff. （work） 〔青森—改〕

(2) Where is a good place ＿＿＿＿＿＿ in Iwate ? （go） 〔岩手—改〕

3 次の会話の（ ① ），（ ② ）に入れるのに最も適切な英語を，1語ずつ書きなさい。

〔岐阜〕（3点×2—6点）

Teacher : There are two months beginning with 'M', March and May. What are the months beginning with 'A' ?

Student : They are (①) and (②).

Teacher : Good. Which do you like better, (①) or (②) ?

Student : I like (②) better. In Japan we have many summer festivals in this month.

①＿＿＿＿＿＿＿

②＿＿＿＿＿＿＿

4 次の各組の文がほぼ同じ内容になるように，＿＿に適語を入れなさい。　　（3点×4—12点）

(1) ［ That woman is speaking French. I have met her before.
　　　I have met that ＿＿＿＿＿＿ ＿＿＿＿＿＿ French before.

(2) ［ These people live in this area. They grow vegetables.
　　　These people ＿＿＿＿＿＿ ＿＿＿＿＿＿ this area grow vegetables. 〔関西学院高等部〕

(3) ［ When I saw the boy, he was crossing the street.
　　　I ＿＿＿＿＿＿ the boy ＿＿＿＿＿＿ the street.

(4) ［ Can you see the man wearing the heavy coat over there ?
　　　Can you see the man ＿＿＿＿＿＿ the heavy coat ＿＿＿＿＿＿ over there ? 〔愛光高〕

5 意味が通る文になるように，次の（　）内の語句を並べかえて，全文を書きなさい。

（6点×4—24点）

(1) （ turned, in, people, the building, off, working) the lights to see the stars. 〔北海道一改〕

_____

(2) （ before, time, we, have, reading, class) from 8:20 to 8:30. 〔宮城一改〕

_____

(3) This year, (go, a trip, planning, to, she's, on) in October. 〔秋田一改〕

_____

(4) （ must, running, leave, you, not, the water).

_____

要 6 次の文を英語で書きなさい。

（8点×3—24点）

(1) 私といっしょに買い物に行きませんか。 （why を使って）

_____

(2) バスを待っているあの女の子はだれですか。

_____

(3) 祖父はよく日の出を見て楽しみます。

_____

記述 7 休日に家の外にいたジャック (Jack) と弟のサム (Sam) と犬のロッキー (Rocky) のところへ，お父さん (Dad) がやってきました。この場面で，お父さんの言葉に対してジャックは何と答えるとあなたは思いますか。その言葉を英語で書きなさい。
ただし，語の数は 20 語程度(. , ? ! などの符号は語数に含まない。) とすること。 （18点）〔千葉〕

_____

_____

3 年
1
2
3
4
Step C
長文
問題(1)
5
6
7
Step C
長文
問題(2)
8
9
10
Step C
長文
問題(3)
11
12
13
14
Step C
長文
問題(4)
15
16
17
18
19
Step C
長文
問題(5)
実力
テスト(1)
実力
テスト(2)

>>>>>>>>>>>>>>>>>>>>>>>>>>> **Words & Phrases** <<<<<<<<<<<<<<<<<<<<<<<<<<<

□develop「発展する」　　□staff「職員，従業員」　　□vegetable「野菜」　　□cross「〜を横切る」
□heavy「重い」　　□coat「コート」　　□turn off「〜を消す」

4 過去分詞

Step A ＞ Step B ＞ Step C

解答▶別冊 18 ページ

1 次の（　）内から適切なものを選び，○で囲みなさい。

(1) Look at the man (walk, walked, walking) on the roof.

(2) Yuji took his (break, broken, breaking) bike to the repair shop.

(3) Sarah is (hold, held, holding) a cat in her arms.

(4) I want to read the book (publish, published, publishes) last week.

(5) I ate a (boil, boiled, boiling) egg for breakfast.

2 次の日本文に合うように，＿＿に適語を入れなさい。

(1) 『坊っちゃん』は漱石によって書かれた小説です。

   Botchan is a novel ＿＿＿＿＿＿ ＿＿＿＿＿＿ Soseki.

(2) あなたはクラシック音楽に興味はありますか。

   ＿＿＿＿＿＿ you ＿＿＿＿＿＿ ＿＿＿＿＿＿ classical music ?

重要 (3) オーストラリアで話されている言語は何ですか。

   What is the ＿＿＿＿＿＿ ＿＿＿＿＿＿ in Australia ?

(4) センターから送られてきた情報が最も重要でした。

   The information ＿＿＿＿＿＿ ＿＿＿＿＿＿ the center was the most important.

(5) これが川の中で発見されたかばんです。

   This is ＿＿＿＿＿＿ ＿＿＿＿＿＿ ＿＿＿＿＿＿ in the river.

3 次の文の意味を書きなさい。

(1) My father has a car made in England.

   (　　　　　　　　　　　　　　　　　　　　　　　　　　　　　　　）

(2) A man named Kevin called you ten minutes ago.

   (　　　　　　　　　　　　　　　　　　　　　　　　　　　　　　　）

(3) His brother bought a used car yesterday.

   (　　　　　　　　　　　　　　　　　　　　　　　　　　　　　　　）

(4) The vase broken by the child was expensive.

   (　　　　　　　　　　　　　　　　　　　　　　　　　　　　　　　）

(5) Rome was not built in a day.

   (　　　　　　　　　　　　　　　　　　　　　　　　　　　　　　　）

4 次の日本文に合うように，（ ）内の語句を並べかえて，全文を書きなさい。

(1) あの雪でおおわれた山は富士山です。

（ mountain, with, is, snow, that, covered ）Mt. Fuji.

_____

(2) この浴衣はおばがくれたものです。

This *yukata* (me, by, given, was, my aunt, to).

_____

(3) 空手は素手と素足で行われるスポーツです。

Karate is a (bare hands, feet, practiced, and, sport, with).

_____

(4) 祖父は村人全員に知られている名医です。

My grandfather is (known, a, everyone, great, to, doctor) in the village.

_____

5 次の文を英語で書きなさい。ただし，（ ）内の語を使うこと。

(1) これはピカソによって描かれた絵です。 （Picasso）

(2) 私たちはたくさんの落ち葉を集めました。 （fallen）

(3) ユミによって焼かれたケーキは売り切れました。 （cakes, baked）

(4) 父に植えられた野菜は立派に育っています。 （planted, well）

3年

1
2
3
4
Step
C
長文
問題(1)
5
6
7
Step
C
長文
問題(2)
8
9
10
Step
C
長文
問題(3)
11
12
13
14
Step
C
長文
問題(4)
15
16
17
18
19
Step
C
長文
問題(5)
実力
テスト(1)
実力
テスト(2)

◀ ここで差をつける！ ▶

単独でよく使う過去分詞

・used car「中古車」，boiled egg「ゆでたまご」，cooked meat「加熱肉」，
broken leg「骨折した脚」，fallen leaf〔leaves〕「落ち葉」 など

感情を示す分詞形容詞…現在分詞は「ことが〜」，過去分詞は「人が〜」の意味。

depressing「陰鬱な」― depressed「落胆した」

exciting「刺激的な」― excited「興奮した」

pleasing「愉快な」― pleased「喜んでいる」

surprising「驚くべき」― surprised「驚いている」 など

▶▶▶▶▶▶▶ **Words & Phrases** ◀◀◀◀◀◀◀

□repair「修理」 □boil「〜をゆでる」 □novel「小説」 □bare「むき出しの」 □village「村」

Step A ▶ Step B ▶ Step C

●時　間 30分	●得　点
●合格点 70点	点

解答▶別冊 19 ページ

1 次の（　）内から適切なものを選び，○で囲みなさい。　　　　　（2点×5—10点）

重要 (1) I saw a lot of (excite, excited, exciting) fans.

(2) This bridge (was building, has built, was built, builds) about 100 years ago.　〔岩手一改〕

(3) There are some people in the (wait, waiting, waited) room.

(4) Were the people (live, lived, to live, living) this simple lifestyle happy ?　〔市川高一改〕

(5) That is her favorite doll (to give, giving, given, gave) to her by Uncle Jim on her third birthday.　〔修道高〕

2 次の日本文に合うように，＿＿に適語を入れなさい。　　　　　（4点×5—20点）

重要 (1) トムはグリーン・ビレッジと呼ばれる公園の隣（となり）に住んでいました。　〔東京学芸大附高一改〕

Tom lived next to a ＿＿＿＿＿＿ ＿＿＿＿＿＿ the green village.

(2) 私たちは彼女（かの）の話に感動しました。

We ＿＿＿＿＿＿ ＿＿＿＿＿＿ by her story.

(3) これはあなたのお母さんが作ったケーキですか。

Is this the cake ＿＿＿＿＿＿ ＿＿＿＿＿＿ your mother ?　〔十文字高一改〕

(4) 秋山氏が合衆国に持っていった陶（とう）器は人気がある。

The pottery ＿＿＿＿＿＿ ＿＿＿＿＿＿ the United States ＿＿＿＿＿＿ Mr. Akiyama is popular.　〔青山学院高一改〕

(5) 夏は，氷がいっぱい入ったボトルを持参したほうがよい。

In summer you should bring a bottle ＿＿＿＿＿＿ ＿＿＿＿＿＿ ice.

3 次の各組の文がほぼ同じ内容になるように，＿＿に適語を入れなさい。　（4点×5—20点）

(1) { Ken took these pictures in England.
These are the pictures ＿＿＿＿＿＿ ＿＿＿＿＿＿ Ken in England.　〔愛知淑徳高〕

重要 (2) { Look at the iron bridge.
Look at the bridge ＿＿＿＿＿＿ of iron.　〔滝川高〕

(3) { Do you know the name of this vegetable ?
Do you know ＿＿＿＿＿＿ this vegetable ＿＿＿＿＿＿ ＿＿＿＿＿＿ ?　〔大阪教育大附高(平野)〕

重要 (4) { Masao drew these pictures of Yoko two years ago.
These pictures of Yoko ＿＿＿＿＿＿ ＿＿＿＿＿＿ by Masao two years ago.　〔法政二高〕

難 (5) { Her bag was stolen in the train.
She ＿＿＿＿＿＿ her bag ＿＿＿＿＿＿ in the train.

4 次の日本文に合うように，（ ）内の語句を並べかえて，全文を書きなさい。 （6点×4―24点）

(1) 昨日，ケイコはトムに和紙でできた花をあげた。

Keiko (Tom, Japanese paper, of, some flowers, gave, made) yesterday. 〔洛南高―改〕

_____

(2) 山頂から見える景色は時々刻々と変化しています。

The scenery (from, is, the mountain, of, seen, changing, the top) every hour.

_____

(3) その川でとれた魚は食べないほうがよい。

You had better (caught, not, fish, eat, in, the) the river. 〔(2), (3)桐蔭学園高―改〕

_____

(4) 私はアンと呼ばれたいです。

(Ann, I, called, want, be, to).

_____

5 次の文を英語で書きなさい。ただし，（ ）内の語を使うこと。 （8点×2―16点）

(1) この店はフランス製の自転車を販売することで有名です。 (famous, selling) 〔千葉―改〕

(2) 彼は脚を組んで座っていました。 (sitting, crossed)

6 次の英文は，"My treasure" をテーマにした英語の授業で，先生が生徒に話した内容です。これを読み，〔問〕に答えなさい。 （10点）〔和歌山〕

　Do you know the English word "treasure"? Let's find the word in the dictionary and write what it means in your notebook.

treasure
名 ① （集合的に）宝物，財産
② （個々の）貴重品，宝物
③ 大事な人，最愛の者

Now, you understand what the word "treasure" means.

I have a question for you. <u>What is your treasure?</u>

〔問〕 下線部の質問に対する返答を，理由や説明を含めて，3文以上の英語で書きなさい。ただし，説明は全部で20語以上とし，符号(., ?! など)は語数に含まないものとします。

_____

_____

_____

-------------------------------▶ **Words & Phrases** ◀-------------------------------

□excite「～を興奮させる」　□pottery「陶器」　□stolen　steal(～を盗む)の過去分詞
□scenery「景色」

月　　　日

Step **A** 〉 Step **B** 〉 Step **C**

●時 間 30分	●得 点
●合格点 70点	点

解答 ▶ 別冊 20 ページ

1 次の（ ）内から適切なものを選び，記号で答えなさい。 （3点×3—9点）

(1) Do you know that cheese is made（ **ア** from **イ** into **ウ** of **エ** for ）milk ? 〔高知学芸高一改〕

(2) *Kinkakuji* is a temple（ **ア** building **イ** to build **ウ** built **エ** builds ）in the 14th century. 〔中央大杉並高〕

(3) Ken was（ **ア** spoken by **イ** spoken to **ウ** spoken by to **エ** spoken to by ）an American girl. 〔函館ラ・サール高〕

(1)	
(2)	
(3)	

2 次の各組の文がほぼ同じ内容になるように，（ ）に適語を入れなさい。 （5点×3—15点）

(1) ｛ March 3 is my sister's birthday.
｛ My sister was（ 　　 ）（ 　　 ）March 3. 〔高知学芸高〕

(2) ｛ She must watch their baby very carefully.
｛ Great care must be（ 　　 ）of their baby. 〔青雲高一改〕

(3) ｛ Why did she cry so hard ?
｛ What's her（ 　　 ）（ 　　 ）crying so hard ? 〔早実高等部〕

(1)	
(2)	
(3)	

3 次の日本文に合うように，（ ）内の語句を並べかえて，全文を書きなさい。 （7点×3—21点）

(1) あそこで野球をしているあの男の子は誰ですか。
Who（ playing, that, baseball, boy, is ）over there ? 〔青森一改〕

(2) カナダで何語が話されているか知っていますか。
Do you know（ spoken, Canada, language, in, is, what ）? 〔実践学園高一改〕

(3) 富士山の頂上から見える日の出は美しい。
The（ the top, sun, rising, from, seen ）of Mt. Fuji is beautiful. 〔桐蔭学園高一改〕

(1)	
(2)	
(3)	

4 次の文を英語で書きなさい。 （9点×2—18点）

(1) フランスはドイツとスペインの間に位置している国です。 〔愛光高一改〕

(2) ケンは明日，出張で神戸に行くように言われました。 〔桐朋高一改〕

(1)	
(2)	

5 次の英文を読み，あとの問いに答えなさい。 〔大阪教育大附高（平野）—改〕

Long ago, there was an island called Mateveri. It was a small island in the ocean, and had little food. People ate fish, but that wasn't enough. They often fought one another to get more food. People were always thinking, "We A(eat / new / to / and / want / something) delicious !"

On Mateveri island, a woman lived in the cave near the sea. Her name was Rarona. She had an old skull. She always said, "I love this skull very much. I think this will bring people happiness someday."

One day, there was a great storm. Waves became higher and came into the cave. The skull went out into the sea. "Wait ! Don't go !" Rarona went into the sea, too. She tried to swim fast and catch it. She kept on swimming after the skull, but the skull also moved fast. After a long time, it reached the beach of a different island, Matirohiva. Rarona was so tired that she fell down on the beach just a few meters from the skull.

When she got up, she looked around to find the skull. But she only saw a tall man. He asked, "Who are you ? What are you doing here, in Matirohiva ?" "I am (B) my skull," she answered. He smiled and said, "I WAS the skull. I am Makemake, the god of this island. The storm yesterday brought me here, and I was able to get back to the god."

Makemake often went hunting around Matirohiva island. Makemake especially liked birds. He often shared his food with Rarona. One day Rarona said to Makemake, "There are no birds to eat on our island, Mateveri. People have little food, and they often fight." Makemake thought for a moment and said, "OK, I'll send some birds to Mateveri. The people will enjoy eating them."

Makemake sent a large flock of birds to Mateveri. The people became very happy and thanked him. They caught birds and ate them. After a year, they ate all the birds. Again, people had to eat only fish. C彼らはマケマケ（Makemake）に，食べるための鳥をもっと送ってほしかった。

A few years later, Makemake came to Mateveri to see (D) the birds were doing. He was surprised because there were no birds on the island. Makemake sent another large flock of birds to Mateveri. This time he said to the people, "I know you want to eat birds very much, but you have to wait. They will build nests and lay eggs. After some time, you can eat more birds." People were listening carefully, Ebut they didn't really understand. Soon the birds built nests, and laid many eggs. One day a man ate an egg a bird laid. It was good to eat ! The people thanked Makemake because he brought two wonderful things. Before long, they ate them all. FEvery (①) and every (②). Then they waited for Makemake again.

注 cave 洞窟 skull 頭がい骨 flock 群れ lay eggs 卵を産む laid lay の過去形

(1) 下線部 A の( )内の語を並べかえなさい。 （7点）
(2) 本文中の B にあてはまる 2 語の英語を書きなさい。 （3点）
(3) 下線部 C の文を 10 語以内の英語で書きなさい。 （9点）
(4) 本文中の D にあてはまる語を選び，記号で答えなさい。 （2点）
　　ア how　イ where　ウ when　エ why
(5) 下線部 E について，人々が理解していなかった内容を，20 字～35 字（句読点を含む）の日本語で書きなさい。 （10点）
(6) 下線部 F の(①)，(②)に，1 語の英語を本文中から探し，書きなさい。 （3点×2—6点）

(1)		(2)	
(3)		(4)	
(5)			
(6)	①	②	

長文問題 (1)

解答▶別冊 22 ページ

1 次は，高校生の智子(Tomoko)，留学生のルーシー(Lucy)，谷先生(Mr. Tani) の 3 人が交わした会話の一部です。会話文を読んで，あとの問いに答えなさい。　　〔大阪〕

Mr. Tani: Hello, Tomoko and Lucy. What are you talking about ?

Lucy : Hello, Mr. Tani. We are talking about a test about Osaka. The test is about the history and culture of Osaka. Tomoko is going to take the test this year.

Mr. Tani: Oh. I see. You are talking about *Osaka Kentei*, right ?

Tomoko : Yes.

Mr. Tani: One of my friends has taken the test. What kinds of questions are on the test ?

Tomoko : Well, questions about _____①_____ people in Osaka are often on the test. For example, some years ago, there was a question about Ogata Koan.

Tekijuku (適塾)

Lucy : Who is Ogata Koan ?

Tomoko : He was a doctor. He wrote some books. And in 1838, he opened a school in Osaka. The name of his school is *Tekijuku*. Many young people came there _____②_____ medicine. They read books written in Dutch and learned a lot from A them.

Lucy : I see. You know very well about him, Tomoko.

Tomoko : Thank you. I've read many books about Osaka for the test. But I have to study more. _____a_____

Mr. Tani: Sure. You should visit places in Osaka, and then you will find new and interesting things there.

Lucy : I would like to know more about Osaka, too. Tomoko, let's visit some places in Osaka together next Sunday.

Tomoko : Yes, let's. How about Osaka Castle ?

Lucy : Great !

(One week later)

Mr. Tani: Did you enjoy visiting Osaka Castle ?

Lucy : Yes. There is a museum in the castle, and I saw many interesting things there. There is a beautiful tea ceremony room in that museum.

Tomoko : Lucy liked the tea ceremony room very much.

Mr. Tani: That's good. And how about you, Tomoko ? _____b_____

Takoishi (蛸石)

Tomoko : Yes, I saw a very big stone in the wall near a gate of the castle. It's the biggest stone in Osaka Castle. Do you remember it ?

Lucy : Yes. I was really surprised to see it.

Mr. Tani: You are talking about *Takoishi*. I hear it weighs about 130 tons.

Lucy : How could people in the past carry such a big stone ? I want to know B that.

Mr. Tani: I'm not sure, but some people say a kind of sled was used to carry big stones.

Tomoko : A kind of sled ? Really ? I would like to know more about it.

Lucy : Tomoko, you have many things to study for the test !

Tomoko : Yes. I learned a lot by reading books. And after I visited the castle, I have become more interested in the history and culture of Osaka. I want to visit many other interesting places in Osaka.
　　　　　　③

Mr. Tani: That's right !

Tomoko : And I want to tell the things I have learned about Osaka to people who come to Osaka.

注　test　試験　history　歴史　take　(試験を)受ける　*Osaka Kentei*　大阪検定
　　Ogata Koan　緒方洪庵(おがたこうあん)　medicine　医学　Dutch　オランダ語
　　tea ceremony room　茶室　　stone　石　　wall　壁　　gate　門　　weigh ～　～の重さがある
　　ton　トン(重さの単位)　past　昔　　carry　運ぶ　　sled　そり

(1)　本文中の　①　には「有名な」という意味の英語1語が入ります。その語を書きなさい。

(10点)

(2)　次のうち，本文中の　②　に入れるのに最も適しているのはどれですか。1つ選び，記号を書きなさい。

　　ア　study　　　イ　studies
　　ウ　studied　　エ　to study

(15点)

(3)　本文中の A them の表している内容にあたるひとつづきの英語4語を本文中から抜き出して書きなさい。

(15点)

(4)　本文の内容から考えて，次のうち本文中の　a　，　b　に入れるのに最も適している英語はそれぞれどれですか。1つずつ選び，記号を書きなさい。

　　ア　Did you find it yesterday ?
　　イ　Did you want to visit Osaka ?
　　ウ　Did you find any interesting things ?
　　エ　Was it difficult to remember them ?
　　オ　Are there any good ways to study more about Osaka ?

(10点×2―20点)

a	b

(5)　本文中の B that の表している内容を述べたところが本文中にあります。その内容を日本語で書きなさい。

(20点)

(6)　本文中の　③　が，「それらの場所を訪れることもまた大切だと私は思います。」という内容になるように，英語で書きなさい。

(20点)

3 年
1
2
3
4
Step C
長文問題(1)
5
6
7
Step C
長文問題(2)
8
9
10
Step C
長文問題(3)
11
12
13
14
Step C
長文問題(4)
15
16
17
18
19
Step C
長文問題(5)
実力テスト(1)
実力テスト(2)

5 現在完了 (1)

Step A ▶ Step B ▶ Step C

解答▶別冊 23 ページ

重要 1 次の ( ) 内から適切なものを選び，○で囲みなさい。

(1) I have (lived, living, lives) in Nagoya since last year.

(2) My father (have, has, having) visited Australia several times.

(3) Have you studied English for three years ? — Yes, I (do, have, did).

(4) Tom and I have been good friends (for, since, from) we were children.

(5) How long (has, does, did) George stayed with his uncle in New York ?

2 次の日本文に合うように，＿＿に適語を入れなさい。

(1) 私は以前，この本を読んだことがあります。
I ＿＿＿＿＿＿ ＿＿＿＿＿＿ this book ＿＿＿＿＿＿.

(2) 私は 3 年間ずっとこの辞書を使っています。
＿＿＿＿＿＿ ＿＿＿＿＿＿ this dictionary ＿＿＿＿＿＿ three years.

(3) この町は当時から変わりません。
This town ＿＿＿＿＿＿ ＿＿＿＿＿＿ ＿＿＿＿＿＿ then.

(4) 彼女(かの)は 1 度も海で泳いだことがありません。
＿＿＿＿＿＿ ＿＿＿＿＿＿ swum in the sea.

(5) あなたたちはいつからバスを待っていますか。
How ＿＿＿＿＿＿ have you ＿＿＿＿＿＿ for the bus ?

重要 3 例にならって，次の文を現在完了の文に書きかえなさい。

〔例〕 I know Ken. （5 年間） I have known Ken for five years.

(1) She is in the hospital. （1 か月間）
＿＿＿＿＿＿＿＿＿＿＿＿＿＿＿＿＿＿＿＿＿＿＿＿＿＿＿＿＿＿＿＿

(2) They climb the mountain. （1 度）
＿＿＿＿＿＿＿＿＿＿＿＿＿＿＿＿＿＿＿＿＿＿＿＿＿＿＿＿＿＿＿＿

(3) I practice *karate*. （小学生の頃(ころ)から）
＿＿＿＿＿＿＿＿＿＿＿＿＿＿＿＿＿＿＿＿＿＿＿＿＿＿＿＿＿＿＿＿

(4) Do you play chess ? （何回）
＿＿＿＿＿＿＿＿＿＿＿＿＿＿＿＿＿＿＿＿＿＿＿＿＿＿＿＿＿＿＿＿

4 次の日本文に合うように，（ ）内の語句を並べかえて，全文を書きなさい。

(1) 私は昨日からずっと忙しい。

 (been, I, since, busy, yesterday, have).

_____

(2) あなたは看護師になってどれくらいたつのですか。

 (a nurse, long, you, have, how, been)?

_____

(3) 私たちはエミと2，3日会っていません。

 We (Emi, a few, not, have, for, seen, days).

_____

重要 (4) あなたは何回その公園に行ったことがありますか。

 (the park, have, been, how, to, you, often)?

_____

(5) マイクは1度も生魚を食べたことがありません。

 (never, fish, has, raw, Mike, eaten).

_____

5 次の文を英語で書きなさい。

(1) あなたは今までに車を運転したことがありますか。— いいえ，ありません。

_____

(2) 父は2回，カナダへ行ったことがあります。

_____

(3) おじは2019年からロンドンに住んでいます。

_____

(4) 彼は長い間ずっと日本文化に関心があるのですか。— はい，そうです。

_____

3
年

1
2
3
4
Step
C
長文
問題(1)
5
6
7
Step
C
長文
問題(2)
8
9
10
Step
C
長文
問題(3)
11
12
13
14
Step
C
長文
問題(4)
15
16
17
18
19
Step
C
長文
問題(5)
実力
テスト(1)
実力
テスト(2)

ここで差をつける！

「いつから〜していますか(継続)」と「何回〜したことがありますか(経験)」

・How long have you lived here?「いつからここに住んでいますか」

 「いつから」を直訳すると since when となるが，ふつう how long を用いる。

・How often have you been there?「何回そこに行ったことがありますか」

 「何回」の直訳 how many times もよく使う表現。

▶▶▶▶▶▶▶▶▶▶▶▶ Words & Phrases ◀◀◀◀◀◀◀◀◀◀◀◀

□several times「数回」　□climb「〜に登る」　□chess「チェス」　□raw「生の」

Step A ⟩ Step B ⟩ Step C ⟩

●時 間 30分　●得 点
●合格点 70点　　　　点

解答▶別冊 24 ページ

1 次の（　）内から適切なものを選び，○で囲みなさい。　（2点×5―10点）

重要 (1) Her grandmother has been (dies, died, death, dead) for ten years. 〔慶應義塾志木高〕

(2) Where have you (go, went, been, going) ? 〔広島〕

(3) A : (Do, Did, Have, Were) you ever visited Kyoto ? 〔新潟〕
　　 B : Yes, three times.

(4) My sister has been in London (for, during, at, since) the end of May. 〔駿台甲府高〕

(5) Last week I (find, found, have found, was finding) this bag in Kofu while I was shopping there. 〔駿合甲府高―改〕

2 次の対話文が成り立つように，＿＿に適語を入れなさい。　（4点×3―12点）

(1) A : Have you ever eaten *natto*, Mike ?
　　 B : No, ＿＿＿＿＿＿ ＿＿＿＿＿＿ have.

(2) A : Hi, I'm Yumi. I'm from Japan.
　　 B : Hi, I'm Bin. I'm from Korea. How ＿＿＿＿＿＿ days have you stayed here ?
　　 A : ＿＿＿＿＿＿ five days. This city is great.

(3) A : ＿＿＿＿＿＿ ＿＿＿＿＿＿ have they known each other ?
　　 B : Since they were at elementary school, I heard. 〔明治大付属中野高―改〕

重要 **3** 次の各組の文がほぼ同じ内容になるように，＿＿に適語を入れなさい。　（4点×4―16点）

(1) ⎰ He came to Japan ten years ago. He is still in Japan.
　　 ⎱ He ＿＿＿＿＿＿ ＿＿＿＿＿＿ in Japan for ten years.

(2) ⎰ Tom hasn't seen Nancy for ten years.
　　 ⎱ Ten years ＿＿＿＿＿＿ ＿＿＿＿＿＿ since Tom last saw Nancy. 〔郁文館高〕

(3) ⎰ She has never visited this museum before.
　　 ⎱ This is her ＿＿＿＿＿＿ ＿＿＿＿＿＿ to this museum. 〔大阪星光学院高〕

(4) ⎰ How many times have you played *shogi* ?
　　 ⎱ ＿＿＿＿＿＿ ＿＿＿＿＿＿ have you played *shogi* ?

4 次の文の意味を書きなさい。　（5点×2―10点）

(1) My grandparents have never traveled by plane.
　　 (　　　　　　　　　　　　　　　　　　　　　　　　　　　　)

(2) My father has studied computer science since he was a college student.
　　 (　　　　　　　　　　　　　　　　　　　　　　　　　　　　)

5 次の文を指示に従って書きかえなさい。 (4点×3―12点)

(1) Takao has met that woman <u>before</u>. （下線部を yesterday にかえて）

_____

(2) Did Mr. Kato work in Canada <u>in</u> 2018 ? （下線部を since にかえて）

_____

(3) How are you ? （for a long time をつけ加えて現在完了の文に）

_____

6 次の日本文に合うように，（ ）内の語を並べかえて，全文を書きなさい。 (5点×4―20点)

(1) 私はこんなに興奮する物語を今まで読んだことがありません。
（ read, exciting, have, such, story, an, I, never ）. 〔桐蔭学園高一改〕

_____

重要 (2) 彼は先週の土曜日からずっと病気で寝ています。
（ been, he, in, bed, last, has, since, Saturday, sick ）. 〔法政大第二高一改〕

_____

(3) あなたは外国へ行ったことがありますか。
（ a, to, you, been, ever, have, country, foreign ）? 〔立命館一改〕

_____

(4) あなたたちは何年間，この都市に住んでいますか。
（ many, have, in, lived, this, years, you, how, city ）? 〔千葉一改〕

_____

7 次の〔質問〕に対する答えを，下の〔指示〕に従って，30 語以上の英語で書きなさい。2 文以上になってもかまいません。ただし，コンマ(,)やピリオド(.)などは語数に含みません。
(20点) 〔佐賀〕

〔質問〕 あなたがこれまで継続して行っていることは何ですか。そして，そのことから何を学びましたか。

〔指示〕 ・「これまで継続して行っていること」の例を<u>1つ</u>書くこと。
・何を学んだかを書くこと。

_____

_____

_____

▶▶▶ **Words & Phrases** ◀◀◀
□last「最後に」 □computer science「コンピューター科学」

6 現在完了 ⑵

Step A 〉 Step B 〉 Step C

解答▶別冊 25 ページ

1 次の（　）内から適切なものを選び，○で囲みなさい。

(1) He has just (come, came, comes, coming) back from school.

(2) Have you (eat, ate, eaten, eating) lunch yet ?

(3) My brother (buy, bought, has bought) the book three days ago.

(4) They have already (clean, cleaned, cleaning, to clean) their room.

(5) When (did, have, were) you cut the tree in the garden ?

重要 2 次の日本文に合うように，＿＿に適語を入れなさい。

(1) 私はすでに宿題を終えました。

I have ＿＿＿＿＿＿ ＿＿＿＿＿＿ my homework.

(2) その犬はたった今逃げたばかりです。

The dog has ＿＿＿＿＿＿ ＿＿＿＿＿＿ away.

(3) ケンはもう学校へ行きましたか。— はい，行きました。

＿＿＿＿＿＿ Ken gone to school ＿＿＿＿＿＿ ? Yes, he ＿＿＿＿＿＿.

(4) 彼はまだハワイに出発していません。

He ＿＿＿＿＿＿ ＿＿＿＿＿＿ for Hawaii ＿＿＿＿＿＿.

3 次の文を指示に従って書きかえなさい。

(1) You have already washed the dishes. （疑問文に）

＿＿＿＿＿＿＿＿＿＿＿＿＿＿＿＿＿＿＿＿＿＿＿＿＿＿＿＿

(2) I have already seen that movie. （否定文に）

＿＿＿＿＿＿＿＿＿＿＿＿＿＿＿＿＿＿＿＿＿＿＿＿＿＿＿＿

4 次の文と同じ用法の現在完了を含む文を下から選び，記号で答えなさい。

(1) I haven't written to him yet. 　　　　　　　　　　　　　　　 (　　　)

　ア　I haven't heard from him for two years.

　イ　My son has never played baseball.

　ウ　The movie has just started, Bob.

(2) My grandmother has been dead for ten years. 　　　　　　　 (　　　)

　ア　Has your brother ever been to Europe ?

　イ　They have lived in Hokkaido since last year.

　ウ　I've lost my umbrella, so I have to buy a new one.

5 次の文の意味を書きなさい。

(1) She has grown up to be a doctor.
（　　　　　　　　　　　　　　　　　　　　　　　　　　　　　　　　）

(2) I haven't seen him lately.
（　　　　　　　　　　　　　　　　　　　　　　　　　　　　　　　　）

(3) They have already moved to Yokohama.
（　　　　　　　　　　　　　　　　　　　　　　　　　　　　　　　　）

(4) Has she left home yet ? — No, not yet.
（　　　　　　　　　　　　　　　　　　　　　　　　　　　　　　　　）

(5) Jiro has just been to the post office.
（　　　　　　　　　　　　　　　　　　　　　　　　　　　　　　　　）

6 次の日本文に合うように，（　）内の語句を並べかえて，全文を書きなさい。

(1) 弟はもう犬を散歩に連れて行きました。
(already, brother, the dog, walked, my, has).

重要 (2) アキのチームは今年になってまだ1試合も負けていません。
This year, (any, team, lost, games, hasn't, Aki's, yet).

(3) 私たちは知り合って3年になります。
We (other, known, three, for, have, years, each).

(4) あなたは留学することに決めたのですか。
(you, decided, to, did, abroad, have, study)?　（1語不要）

7 次の文を英語で書きなさい。

(1) ちょうどその本を読み終えたところです。
（　　　　　　　　　　　　　　　　　　　　　　　　　　　　　　　　）

(2) もうその馬の絵を描きましたか。— はい，描きました。
（　　　　　　　　　　　　　　　　　　　　　　　　　　　　　　　　）

◀ ここで差をつける！ ▶

疑問文の答え方
・**経験**：Have you ever seen the movie?　「あなたはその映画を見たことがありますか」
　　　　Yes, I have. / No, I haven't.　No, I never have. ← never の位置に注意！
・**完了**：Has he done the work yet?　「彼はもうその仕事をしましたか」
　　　　Yes, he has. / No, he hasn't.　No, not yet.

▶ **Words & Phrases** ◀

□walk「〜を散歩に連れていく」　□drawn　draw（描く）の過去分詞

Step A 　 Step B 　 Step C

●時 間 30分　●得 点
●合格点 70点　　　　　点

解答▶別冊 26 ページ

1 次の（ ）内から適切なものを選び，○で囲みなさい。　　　　（2点×6―12点）

(1) You have not (clean, cleaned, cleaning, to clean) your room, have you ?　　〔愛光高一改〕

(2) We have (are, were, be, been) good friends since then.　　〔島根一改〕

(3) More than 10,000 years ago people (need, needed, needs, have needed) no homes.

〔市川高一改〕

(4) Places have also (become, became, becomes, to become) family names.

〔東京学芸大附高一改〕

(5) A neighbor (see, saw, seeing, has seen) you when you were riding a bike.

(6) They've just (fly, flew, flown, flows) to Rome from Tokyo.

2 次の日本文に合うように， ＿＿に適語を入れなさい。　　　　（3点×6―18点）

重要 (1) 彼はアメリカに行ってしまいました。

He ＿＿＿＿＿＿＿ ＿＿＿＿＿＿＿ to America.

(2) 私はちょうど山形旅行から帰ってきたばかりです。

I've ＿＿＿＿＿＿＿ ＿＿＿＿＿＿＿ ＿＿＿＿＿＿＿ ＿＿＿＿＿＿＿ a trip to Yamagata.　　〔石川一改〕

(3) 彼はついさっき公園にいました。

＿＿＿＿＿＿＿ ＿＿＿＿＿＿＿ in the park just now.

(4) 彼女はもうお金を全部使ってしまいましたよね。

She has already spent all her money, ＿＿＿＿＿＿＿ ＿＿＿＿＿＿＿ ?

(5) 私はあなたがさらに新聞に興味を持つようになったと思います。

I think you have ＿＿＿＿＿＿＿ ＿＿＿＿＿＿＿ ＿＿＿＿＿＿＿ in newspapers.　　〔群馬一改〕

(6) ユミからまだ便りがありません。

I ＿＿＿＿＿＿＿ ＿＿＿＿＿＿＿ from Yumi ＿＿＿＿＿＿＿.

3 次の各組の文がほぼ同じ内容になるように， ＿＿に適語を入れなさい。　　　（4点×4―16点）

(1) {
I lost my book and I don't have it now.
I have ＿＿＿＿＿＿＿ my book.　　〔沖縄〕
}

(2) {
It has not rained here for a month.
We ＿＿＿＿＿＿＿ ＿＿＿＿＿＿＿ no rain here for a month.
}

(3) {
Taro left Japan, and he isn't in Japan now.
Taro ＿＿＿＿＿＿＿ ＿＿＿＿＿＿＿ abroad.　　〔帝塚山学院泉ヶ丘高〕
}

(4) {
He went to Osaka and just came back now.
He has just ＿＿＿＿＿＿＿ ＿＿＿＿＿＿＿ Osaka.
}

4 次の日本文に合うように，（ ）内の語句を並べかえて，全文を書きなさい。 （5点×4—20点）

(1) 彼はご飯を食べるのに，フォークを使ったことがありません。
（ a fork, used, to, has, he, eat, never, rice ）.

_____

(2) 私はそのときから英語を学習したいと思っていました。
I (learn, wanted, since, have, to, English, then). 〔日本大高一改〕

_____

(3) もう年賀状を書きましたか。
(already, New Year's, yet, you, written, cards, have)? （1語不要）

_____

(4) 私の母はあの新しい店に買い物に出かけてしまいました。 〔同志社高一改〕
My mother (shopping, has, at, gone, that, new store).

_____

5 次の文を英語で書きなさい。 （7点×2—14点）

(1) バスケットボールの試合はすでに終わりました。

_____

(2) あなたの好きな映画はまだ始まっていませんよ。

_____

6 ケンタは夏休みにオーストラリアでホームステイをする予定です。ケンタの立場で以下の①〜⑤の内容を含んだホストファミリーへのメールを英語で書きなさい。

（4点×5—20点）〔広島大附高〕

Dear Mr. and Mrs. White,

Hello. My name is Suzuki Kenta. I am a junior high school student in Japan.
I'd like to write about myself.

①5人家族であること
②学校のバスケットボール部に所属していること
③海外への渡航歴はないこと
④オーストラリアの歴史をずっと学びたいと思っていたこと
⑤あなた方に会えるのを楽しみにしていること

Sincerely,
Suzuki Kenta

_____

_____

_____

_____

7 現在完了進行形

Step A 〉 Step B 〉 Step C

解答▶別冊 27 ページ

1 次の（ ）内から適切なものを選び，〇で囲みなさい。

(1) Maki (is watching,　has been watching) TV for more than three hours.

(2) My mother (was cooking,　has been cooking) when I came home.

(3) I've been (study,　studying,　studied) since nine in the morning.

2 次の＿＿にあてはまる語を下から選び，適する形にかえて書きなさい。ただし，同じ語を 2 度使わないこと。

(1) He has been ＿＿＿＿＿＿ a computer for two hours.

(2) We have ＿＿＿＿＿＿ each other since we were children.

(3) Mr. Suzuki has already ＿＿＿＿＿＿ the work.

(4) They've ＿＿＿＿＿＿ the movie several times.

(5) The boys have been ＿＿＿＿＿＿ baseball since noon.

(6) Have you ever ＿＿＿＿＿＿ to Australia ?

〔 be　　do　　know　　play　　see　　use　　want 〕

3 次の日本文に合うように，＿＿に適語を入れなさい。

(1) ジャックは 3 時間音楽を聞き続けています。

Jack ＿＿＿＿＿＿ been ＿＿＿＿＿＿ to music for three hours.

(2) 私は自分の順番をずっと待っています。

I've ＿＿＿＿＿＿ ＿＿＿＿＿＿ for my turn.

(3) その猫はソファの上で 30 分ほど横になっています。

The cat ＿＿＿＿＿＿ ＿＿＿＿＿＿ ＿＿＿＿＿＿ on the sofa for about 30 minutes.

(4) この町は長年多くの外国人によって訪問されています。

This city has ＿＿＿＿＿＿ ＿＿＿＿＿＿ by many foreigners for many years.

4 次の文を（ ）内の指示に従って書きかえなさい。

(1) The girls have talked on the bench. （for two hours を加えて，現在完了進行形の文に）

＿＿＿＿＿＿＿＿＿＿＿＿＿＿＿＿＿＿＿＿＿＿＿＿＿＿＿＿

(2) He has been practicing the guitar since 3 o'clock. （下線部をたずねる文に）

＿＿＿＿＿＿＿＿＿＿＿＿＿＿＿＿＿＿＿＿＿＿＿＿＿＿＿＿

(3) Tom has finished the work. （受け身形の文に）

＿＿＿＿＿＿＿＿＿＿＿＿＿＿＿＿＿＿＿＿＿＿＿＿＿＿＿＿

3
年

1
2
3
4
Step
C
長文
問題(1)
5
6
7
Step
C
長文
問題(2)
8
9
10
Step
C
長文
問題(3)
11
12
13
14
Step
C
長文
問題(4)
15
16
17
18
19
Step
C
長文
問題(5)
実力
テスト(1)
実力
テスト(2)

5 次の各組の文がほぼ同じ内容になるように，＿＿に適語を入れなさい。

(1) It started to snow last night. It is still snowing now.
It ＿＿＿＿＿ been ＿＿＿＿＿ since last night.

(2) Has he had 10 years' experience as a bus driver?
Has he ＿＿＿＿＿ ＿＿＿＿＿ a bus for 10 years ?

6 次の日本文に合うように，（ ）内の語句を並べかえて，全文を書きなさい。

(1) その赤ちゃんは 10 分間泣きっぱなしです。
The baby (minutes, crying, has, ten, for, been).

_____

(2) いつから雨が降っているのですか。
(long, it, raining, how, been, has)?

_____

(3) 彼_{かれ}は昨日の夜からずっと働いています。
(since, has, last, he, been, night). （1語不足）

_____

(4) 私たちはレポートを書くためにずっと調査をしています。
(some, to, we've, doing, research) write a report. （1語不足）

_____

(5) その老木は切り倒_{たお}されてしまいました。
(tree, down, been, the old, cut, has).

_____

(6) 彼は先週からずっと病気で寝込_{ねこ}んでいるそうです。
I (sick, he's, since, bed, hear, in, been) last week.

_____

╭━━━━━━━━━━━━━ ここで差をつける！ ━━━━━━━━━━━━━╮

been を含_{ふく}む現在完了_{りょう}

・I have been busy since yesterday. 「私は昨日からずっと忙_{いそが}しい（継続_{けい}）」

・She has been to China once. 「彼女は１度中国に行ったことがある（経験）」

・He has been working for three hours. 「彼は３時間ずっと働いている（動作の継続）」

・The work has already been done. 「その仕事はもう終わりました（受け身形）」

╰━━━━━━━━━━━━━━━━━━━━━━━━━━━━━━━━━━━━╯

━━━━━━━━━━━━━▶ Words & Phrases ◀━━━━━━━━━━━

□several times「数回」　□turn「順番」　□experience「経験」　□research「調査」

Step A 〉 Step B 〉 Step C

●時 間 30分　●得 点
●合格点 70点　　　　点

解答▶別冊 27 ページ

1 次の（ ）内から適切なものを選び，記号で答えなさい。　　　　（4点×5―20点）

(1) How have you been（ ア live　イ lived　ウ living
　　エ to live）here in Canada ?　　　　〔青山学院高一改〕

(2) When（ ア did you take　イ have you taken
　　ウ are you seeing　エ will you look）these beautiful pictures ?
　　　　〔函館ラ・サール高〕

(3) （ ア Have　イ Has　ウ Does　エ Did）the girl sent a
　　present to him yet ?　　　　〔高知学芸高〕

(4) I haven't seen her（ ア since　イ for　ウ from　エ before）
　　1985.　　　　〔トキワ松学園高一改〕

(5) Mary and I（ ア know　イ knew　ウ have known
　　エ knowing）each other since we graduated from high school.
　　　　〔大阪星光学院高一改〕

(1)	
(2)	
(3)	
(4)	
(5)	

2 次の日本文に合うように，（ ）に適語を入れなさい。　　　　（4点×4―16点）

(1) おばが亡くなって 5 年になります。
　　My aunt has（　　　）（　　　）（　　　）five years.
　　　　〔函館ラ・サール高一改〕

(2) トムは朝からずっとテレビゲームをしています。
　　Tom has（　　　）（　　　）a video game since
　　this morning.

(3) 残念ですが，彼は出張中です。
　　I'm afraid he（　　　）（　　　）on a business trip.

(4) A : あなたはもうその本を買いましたか。
　　B : いいえ，まだです。
　　A : Have you（　　　）the book（　　　）?
　　B : No,（　　　）yet.

(1)		
(2)		
(3)		
(4)		

3 次の文を英語で書きなさい。

(1) 彼は 2 年前，アメリカに行ったことがある。　　　　〔城北高〕

(2) 私は以前に，バスケットボールの歴史についての本を読んだことがあります。　　　　〔青森一改〕

（8点×2―16点）

(1)	
(2)	

4 次の対話文が成り立つように，（　）内の語を与えられた順に使って，Ⓐ，Ⓑにあてはまる文を英語で書きなさい。　　　　　　　　　　　　　　　　　　　　　　　　　　　〔愛知—改〕

Nami: Hi, Billy ! You look happy today. What's up ?

Billy : Well, my host family will take me to Nagano next week.
　　　Ⓐ(never, been, before / .)

Nami: That's nice. You can enjoy a lot of things in Nagano. Ⓑ(would, like, enjoy / ?)

Billy : A hot spring ! My host parents like to take trips to hot springs around Japan.

Nami: And you can enjoy beautiful mountains, clean air, and delicious food, too.

Billy : I can't wait !

注　hot spring　温泉　　take trips to ~　~へ旅行する　　delicious　おいしい

（9点×2—18点）

Ⓐ
Ⓑ

5 次の各組の文がほぼ同じ内容になるように，（　）に適語を入れなさい。

(1) ⎰ Kenta saw the movie last month. Today, he saw it again.
　　⎱ Kenta has (　　　　) the movie (　　　　).　　　　　　　　〔日本大第三高〕

(2) ⎰ I lost my racket, and I don't have it now.
　　⎱ I (　　　　) (　　　　) my racket.

(3) ⎰ So many years have passed since I went abroad last.
　　⎱ I (　　　　) (　　　　) abroad for so many years.　　　　〔愛光高〕

（5点×3—15点）

(1)		(2)		(3)	

6 次の〔条件〕に従い，自分の行きたい場所について，自分の考えや気持ちなどを含め，まとまった内容の文章を5文以上の英文で書きなさい。　　　　　　　　　　　　　　〔埼玉〕

〔条件〕

① 1文目は if という語を使い，「もし日曜日が晴れたならば，~に行きたい。」という文を書きなさい。「~」の部分には自分の行きたい場所を書きます。

② 2文目は have という語を使い，①で書いた自分の行きたい場所に「行ったことがある」，または「行ったことがない」という内容の文を書きなさい。

③ 3文目以降は，なぜそこに行きたいのかが伝わるように，理由を書きなさい。

（5点×3—15点）

3 年

1
2
3
4
Step C
長文問題(1)
5
6
7
Step C
長文問題(2)
8
9
10
Step C
長文問題(3)
11
12
13
14
Step C
長文問題(4)
15
16
17
18
19
Step C
長文問題(5)
実力テスト(1)
実力テスト(2)

長文問題（2）

●時間 30分　●得点
●合格点 70点　　　　点

解答▶別冊 28 ページ

1 次の英文は，陸上部（track and field team）に所属する中学生の涼子（Ryoko）が，母親とのできごとについて書いたものである。この英文を読んで，⑴～⑹の問いに答えなさい。　〔静岡〕

I'm on the track and field team. I practice running after class every day because I will have my last athletic meet soon. I want to win the hundred-meter race.

One week before the athletic meet, I was very tired after a hard practice, and I didn't feel very happy because ＿＿＿＿＿＿＿＿＿＿＿＿＿＿. I thought, "Why doesn't my running time get better ? I practice very hard every day !" Then my mother came to my room and said, "It's time for dinner. After dinner, take a bath and finish your homework. I know you're tired, but keep ⓐ(practice) hard because this is your last athletic meet. I will go to it with your father. I can't wait to see your race. I hope you can win."

"You don't understand how I'm feeling now. I don't want you to come to the athletic meet," I told my mother. She looked surprised to hear that. I didn't want to say those bad things to her, but the words came out of my mouth. My mother said, "OK. I won't go, but please eat dinner before it becomes cold," and she left my room. That night, I went to bed early without dinner.

The next morning, my mother and I didn't say anything at breakfast. My father asked me, "Did you have a fight last night with your mother ?" I didn't answer him and just left home.

During my practice that day, my teacher came to me and said, "Your mother was ⓑ(bring) to the hospital just now. You should go to the hospital."

On the bus to the hospital, I could only think about my mother. It began to rain hard, and my eyes filled with tears at the same time. "Mother became sick because I told her bad things," I thought.

In the hospital, my mother was sleeping in her room, and my father was next to her. He said, "Your mother has been a little sick for a month. She didn't want me to tell you about this because you have an important athletic meet soon. Now she's OK." When I said, "I didn't know that," he told me about my mother's feelings. Before I came to the hospital, my mother said to my father, "I gave Ryoko a lot of pressure when I talked with her last night. I didn't understand how she felt. I cannot go to the athletic meet, but tell her I will cheer for her in the hospital." After my father told me this, I looked at my mother with tears in my eyes. Then my father said, "Your mother had a dream last night. In her dream, you were number one in the race." I looked at my mother's face for some time and then asked her, "Can I really win ?" She was still sleeping, but I felt she answered, "Of course, you can."

Then I looked out of the window. The sun was setting in the beautiful clear sky.

注　athletic meet 陸上大会　　win 勝つ　　race 競走　　fight けんか　　fill いっぱいになる(filled は過去形)
tears 涙　　feelings 気持ち　　pressure プレッシャー　　cheer for 応援する　　set 沈む
clear sky 晴れた空

⑴　ⓐ，ⓑの（　　）の中の語を適切な形に直しなさい。

(10点×2—20点)

ⓐ	ⓑ

⑵　本文中の＿＿＿の中に補う英語として，次のア～エの中から最も適切なものを1つ選び，記号で答えなさい。

ア　my running time that day was very good

イ　my last athletic meet already finished

3 年

1
2
3
4
Step C
長文問題(1)
5
6
7
Step C
長文問題(2)
8
9
10
Step C
長文問題(3)
11
12
13
14
Step C
長文問題(4)
15
16
17
18
19
Step C
長文問題(5)
実力テスト(1)
実力テスト(2)

ウ　I did not practice very hard that day

エ　I could not run very fast that day

(10 点)

(3)　次の質問に対して，英語で答えなさい。

①　Who told Ryoko that her mother was in the hospital ?

②　How did Ryoko go to the hospital to see her mother ?

(10 点×2―20 点)

①	②

(4)　下線部の中の bad things とは母親に対する涼子のどのような発言か。涼子が bad things と考えている，母親に対する涼子の発言の内容をすべて，日本語で書きなさい。

(10 点)

(5)　病院で，父親は，母親が涼子に知らせたくなかったある事柄と，母親がその事柄を知らせたくなかった理由を，涼子に伝えている。父親が涼子に伝えている，母親の知らせたくなかった事柄と理由を，それぞれ日本語で書きなさい。

(20 点)

事柄：

理由：

(6)　次の**ア**〜**オ**の中から，本文の内容と合うものを 2 つ選び，記号で答えなさい。

ア　In Ryoko's room, her mother said it was better for Ryoko to finish her homework before dinner.

イ　The morning after Ryoko said bad things to her mother, Ryoko didn't say anything to her mother at breakfast.

ウ　At the hospital, Ryoko's mother said to Ryoko's father that she was going to go to the athletic meet to cheer for Ryoko.

エ　In the dream Ryoko's mother had one week before the athletic meet, Ryoko was number one in the race.

オ　When Ryoko asked her mother at the hospital, "Can I really win ?" she answered with a smile, "Of course, you can."

(10 点×2―20 点)

8 不定詞を扱った表現 (1)

Step A 〉 Step B 〉 Step C

解答▶別冊 29 ページ

1 次の（　）内から適切なものを選び，○で囲みなさい。

(1) I'd like (visit, visiting, to visit) your house.

(2) My father gave up (smoke, smoking, to smoke) last year.

(3) (It, That) takes half an hour to go to the station.

重要 (4) It was hard (for, to) me to get up at six on Sunday morning.

(5) I have no pencil to (write, write by, write with).

2 次の日本文に合うように，＿＿に適語を入れなさい。

(1) 私に何か冷たい飲み物をください。
Give me ＿＿＿＿＿ ＿＿＿＿＿ ＿＿＿＿＿ ＿＿＿＿＿.

(2) 私たちはいつ出発したらよいか話しました。
We talked about ＿＿＿＿＿ ＿＿＿＿＿ leave.

(3) 彼はバスケットボールをするために体育館へ行きました。
He went to the ＿＿＿＿＿ ＿＿＿＿＿ ＿＿＿＿＿ basketball.

(4) たくさんの人が住む家を失いました。
Many people lost the houses ＿＿＿＿＿ ＿＿＿＿＿ ＿＿＿＿＿.

(5) 私はあなたに会えるのを楽しみにしています。
I'm looking forward ＿＿＿＿＿ ＿＿＿＿＿ you.

3 次の各組の文がほぼ同じ内容になるように，＿＿に適語を入れなさい。

(1) What should I buy for him ? I don't know.
I don't know ＿＿＿＿＿ to ＿＿＿＿＿ for him.

(2) The boy continued to talk with the girl.
The boy didn't ＿＿＿＿＿ ＿＿＿＿＿ with the girl.

(3) Could you tell me the way to the museum ?
Could you tell me ＿＿＿＿＿ ＿＿＿＿＿ get to the museum ?

重要 (4) We could not carry out the plan.
It was ＿＿＿＿＿ for us ＿＿＿＿＿ carry out the plan.

(5) To master French is difficult.
＿＿＿＿＿ is difficult ＿＿＿＿＿ ＿＿＿＿＿ French.

(6) To read a newspaper is useful for you.
＿＿＿＿＿ is useful ＿＿＿＿＿ you ＿＿＿＿＿ read a newspaper.

64

4 次の文の意味を書きなさい。

重要 (1) It is not easy for me to read this book without a dictionary.

( )

(2) I don't know how to get tickets.

( )

(3) We were surprised to hear he was the winner.

( )

5 次の日本文に合うように，（ ）内の語句を並べかえて，全文を書きなさい。

(1) タカコは遊び友だちをほしがっています。

(play，a friend，wants，with，Takako，to).

_____

(2) どのバスに乗ればよいか教えてください。

Could you (to，bus，tell，take，which，me)?

_____

(3) そんなことをするなんて，彼^{かれ}は馬鹿^{ばか}にちがいない。

He (a fool，such，be，do，must，to) a thing.

_____

6 次の文を英語で書きなさい。ただし，（ ）内の語を使うこと。

(1) 外国語を身につけるのは難しい。　　(it)

_____

(2) 説明する機会をもう一度私たちにください。　　(another，explain)

_____

3年
1
2
3
4
Step C
長文問題(1)
5
6
7
Step C
長文問題(2)
8
9
10
Step C
長文問題(3)
11
12
13
14
Step C
長文問題(4)
15
16
17
18
19
Step C
長文問題(5)
実力テスト(1)
実力テスト(2)

▷ここで差をつける！◁

形式主語の文でよく使う形容詞

・It is **impossible** for me to do the work.

　easy「やさしい」，difficult「難しい」，hard「困難な」，important「重要な」，
　interesting「おもしろい」，possible「可能な」，necessary「必要な」など

・It is **kind** of you to help me.

　careless「不注意な」clever「賢^{けん}明な」，foolish「愚^{おろ}かな」，kind〔nice〕「親切な」
　　　　　　　　　　　　　　　　　　　　　　　　　　　　　　　　　　　など

▷ **Words & Phrases** ◁

□half an hour「30分」　　□hard「厳しい，つらい」　　□museum「博物館，美術館」
□carry out「～を実行する」

Step A ▶ Step B ▶ Step C

●時　間 30分　●得　点
●合格点 70点　　　　　点

解答▶別冊 30 ページ

1 次の（　）内から適切なものを選び，○で囲みなさい。　　　　　（4点×3—12点）

(1) *A* : Would you tell me what (did,　doing,　to do,　has done) next ?

　　 B : You should clean the room.　　　　　　　　　　　　　　　〔岩手〕

(2) *A* : Oh, where's my purse ?

　　 B : Is this yours ?

　　 A : Oh, thank you. It's very kind (from,　for,　of,　to) you to help me.

(3) *A* : We have a baseball game tomorrow.

　　 B : Yes, but I don't know (how,　what time,　which game,　where) to meet.

　　 A : At the school gate of Midori Junior High School. Don't be late.　〔青雲高一改〕

2 次の各組の文がほぼ同じ内容になるように，＿＿に適語を入れなさい。　（4点×4—16点）

重要 (1)　Hiroshi can tell me the way to the station.

　　　　Hiroshi knows ＿＿＿＿＿＿ ＿＿＿＿＿＿ get to the station.　〔郁文館高〕

(2)　Walk for ten minutes, and you will be at the museum.

　　　 ＿＿＿＿＿＿ takes ten minutes ＿＿＿＿＿＿ walk to the museum.　〔関西学院高等部一改〕

難 (3)　I will be free tomorrow.

　　　I will have ＿＿＿＿＿＿ ＿＿＿＿＿＿ do tomorrow.　　　　〔愛光高〕

(4)　It's good for your health to get up early.

　　　 ＿＿＿＿＿＿ ＿＿＿＿＿＿ early is good for your health.　〔高知学芸高〕

3 次の日本文に合うように，（　）内の語句を並べかえて，全文を書きなさい。　（5点×4—20点）

(1) 私にはあなたに話すようなおもしろいことは何もありません。

　　 (have,　interesting,　you,　I,　tell,　to,　nothing).　〔人妻女子大中野女子高一改〕

＿＿＿＿＿＿＿＿＿＿＿＿＿＿＿＿＿＿＿＿＿＿＿＿＿＿＿＿＿＿＿

重要 (2) 長時間テレビを見るのは目によくありません。

　　 (to,　is,　your eyes,　it,　for,　watch,　not,　good) TV for a long time.　〔駒込高一改〕

＿＿＿＿＿＿＿＿＿＿＿＿＿＿＿＿＿＿＿＿＿＿＿＿＿＿＿＿＿＿＿

(3) 目的地を教えてもらえませんか。

　　 (tell,　to,　you,　go,　where,　could,　me) ?

＿＿＿＿＿＿＿＿＿＿＿＿＿＿＿＿＿＿＿＿＿＿＿＿＿＿＿＿＿＿＿

難 (4) あなたといっしょにいることはなんてすばらしいのでしょう。

　　 How (be,　wonderful,　is,　to,　with,　it) you !

＿＿＿＿＿＿＿＿＿＿＿＿＿＿＿＿＿＿＿＿＿＿＿＿＿＿＿＿＿＿＿

4 下線部の用法が最も文法的に近い英文を選択肢から１つ選び，記号を○で囲みなさい。

（5点）〔関西学院高等部―改〕

Last Sunday I had a chance to watch a football game.

    a. He went to Paris to study music.

    b. To get up early is hard for me.

    c. There are many places to visit in Kyoto.

5 次の対話文が成り立つように，（ ）内の語を並べかえて，全文を書きなさい。 （5点×3―15点）

(1) *A :* Did you enjoy the concert last night ?

    B : No, I didn't. I (go, time, had, no, to).   〔石川〕

    A : I am sorry to hear that.

(2) *A :* I (read, want, don't, to) this English story.

    B : Don't worry. This story is written in easy English.   〔大阪教育大附高（平野）―改〕

(3) *A :* This curry is delicious. (did, long, to, it, how, take) make it ?

    B : 3 hours.

6 次の文を英語で書きなさい。 （6点×2―12点）

(1) 駅へはどう行ったらよいのか教えていただけませんか。   〔神奈川―改〕

(2) 君にはこのコンピューターを使うのは難しいですか。(it)   〔修道高―改〕

7 英語の授業で手紙を書くことになり，ハルコは祖母へ手紙を書くことにしました。ハルコになったつもりで，次の内容を3文以上の英語で書きなさい。なお，「そのとき祖母と一緒にしたいこと」については，一緒にしたいことの内容を自由に考えて書きなさい。 （20点）〔宮城〕

〔手紙に書く内容〕

1.　すばらしいものを見せてもらったお礼

2.　今度は祖母に自分の家に来てもらうお誘い

3.　そのとき祖母と一緒にしたいこと

3 年

1
2
3
4
Step C
長文問題(1)
5
6
7
Step C
長文問題(2)
8
9
10
Step C
長文問題(3)
11
12
13
14
Step C
長文問題(4)
15
16
17
18
19
Step C
長文問題(5)
実力テスト(1)
実力テスト(2)

>>>>>>>>>>>>>>>>>>>> **Words & Phrases** <<<<<<<<<<<<<<<<<<<<

□purse「さいふ」　　□health「健康」　　□chance「機会」

9 不定詞を扱った表現 (2)

Step A 〉 Step B 〉 Step C

解答▶別冊 31 ページ

1 次の＿＿にあてはまる語句を下から選び，記号で答えなさい。ただし，同じものを 2 度使わないこと。

(1) She was happy ＿＿＿＿＿＿ the e-mail. （　　）

(2) The child tried ＿＿＿＿＿＿ the bird. （　　）

(3) This water is clean enough ＿＿＿＿＿. （　　）

(4) She came into the room ＿＿＿＿＿ the piano. （　　）

重要 (5) It rained a lot. It was too cold ＿＿＿＿＿ in the sea. （　　）

　　ア　to drink　　イ　to play　　ウ　to swim　　エ　to read　　オ　to catch

2 次の日本文に合うように，＿＿に適語を入れなさい。

(1) 彼は車を運転できる年齢です。

He is old ＿＿＿＿＿＿ ＿＿＿＿＿＿ drive a car.

(2) 英語を学ぶ一番よい方法は何ですか。

＿＿＿＿＿＿ is the best way ＿＿＿＿＿＿ ＿＿＿＿＿＿ English ?

重要 (3) この問題は難しすぎて解くことはできません。

This question is ＿＿＿＿＿＿ difficult ＿＿＿＿＿＿ solve.

(4) 彼女にここへ来るように言ってくださいませんか。

Could you tell ＿＿＿＿＿＿ ＿＿＿＿＿＿ ＿＿＿＿＿＿ here ?

(5) すき焼きの作り方を教えます。

I will ＿＿＿＿＿＿ you ＿＿＿＿＿＿ ＿＿＿＿＿＿ ＿＿＿＿＿＿ *sukiyaki.*

3 次の各組の文がほぼ同じ内容になるように，＿＿に適語を入れなさい。

(1) ｛ My mother said to me, "Study at once".
　　 My mother ＿＿＿＿＿＿ me ＿＿＿＿＿＿ study at once.

重要 (2) ｛ The box is too big to move.
　　 The box is ＿＿＿＿＿＿ big ＿＿＿＿＿＿ I cannot move it.

(3) ｛ It was so hot that we could swim in the river.
　　 It was hot ＿＿＿＿＿＿ ＿＿＿＿＿＿ swim in the river.

(4) ｛ The land is very dry, so plants cannot grow well.
　　 The land is ＿＿＿＿＿＿ dry for plants ＿＿＿＿＿＿ grow well.

4 次の文の意味を書きなさい。

(1) The painting is too expensive to buy.

(　　　　　　　　　　　　　　　　　　　　　　　　　　　　　　　)

(2) Do you want him to call you back?

(　　　　　　　　　　　　　　　　　　　　　　　　　　　　　　　)

(3) The house is large enough for three people to live in.

(　　　　　　　　　　　　　　　　　　　　　　　　　　　　　　　)

5 誤りのある部分の記号を○で囲み，その誤りを直して全文を書きなさい。

(1) He is <u>enough rich</u> <u>to buy</u> <u>a new car</u>.
　　　　　ア　　　　　　イ　　　　ウ

_____

(2) Please <u>remember</u> <u>calling</u> me as <u>soon</u> as you get to the station.
　　　　　ア　　　　　　イ　　　　　　ウ

_____

(3) <u>Those three books</u> <u>are difficult</u> <u>to read them</u>.
　　　ア　　　　　　　　イ　　　　　　ウ

_____

6 次の文を英語で書きなさい。ただし，（　）内の語を使うこと。

(1) 相撲を見に行くのはどうですか。　（how）

_____

(2) そのなべは熱すぎて，さわることができません。　（pot, too）

_____

(3) 私はあなたに私の英語をチェックしてほしい。　（would like）

_____

3 年
1
2
3
4
Step C
長文問題(1)
5
6
7
Step C
長文問題(2)
8
9
10
Step C
長文問題(3)
11
12
13
14
Step C
長文問題(4)
15
16
17
18
19
Step C
長文問題(5)
実力テスト(1)
実力テスト(2)

╢ ここで差をつける！ ╟

〜 enough to do, too 〜 to do の意味上の主語

・This book is easy **enough** for me **to read** it. ←意味上の主語は〈for＋目的格〉で表す

　= This book is **so** easy **that** I can read it. ←接続詞 that の後ろは完全な文にする

・This bag is **too** heavy for her **to carry** it.

　= This bag is **so** heavy **that** she can't carry it.

▶ **Words & Phrases** ◀

□solve「〜を解く」　□dry「乾燥した」　□painting「絵」　□expensive「高価な」

Step A ▶ Step B ▶ Step C

●時　間 30分	●得　点
●合格点 70点	点

解答▶別冊 32 ページ

重要 **1** 次の＿＿にあてはまる語を下から選び，記号で答えなさい。　　（2点×4—8点）

(1) She was ＿＿＿＿＿＿＿ hungry that she ate the whole cake.　　（　　　）

(2) I was ＿＿＿＿＿＿＿ sick to eat anything.　　（　　　）

(3) I got up so late ＿＿＿＿＿＿＿ I could not catch the first train.　　（　　　）

(4) Their son is old ＿＿＿＿＿＿＿ to make his own decision.　　（　　　）

　　ア　so　　イ　enough　　ウ　too　　エ　that

2 次の日本文に合うように，＿＿に適語を入れなさい。　　（4点×4—16点）

(1) 彼らの映画を理解するのは難しい。

　　Their movie is hard ＿＿＿＿＿＿＿ ＿＿＿＿＿＿＿.

(2) その公園は子どもたちが野球をするのに十分な広さです。

　　The park is large ＿＿＿＿＿＿＿ ＿＿＿＿＿＿＿ children to play baseball.

重要 (3) 寒すぎて外出できません。

　　It is ＿＿＿＿＿＿＿ cold ＿＿＿＿＿＿＿ go out.　　〔山手学院高〕

(4) 先生は私たちにそこへ行かないように言いました。

　　Our teacher told us ＿＿＿＿＿＿＿ ＿＿＿＿＿＿＿ ＿＿＿＿＿＿＿ there.

3 次の各組の文がほぼ同じ内容になるように，＿＿に適語を入れなさい。　　（4点×7—28点）

(1) {
I was surprised when I heard the news.
I was surprised ＿＿＿＿＿＿＿ ＿＿＿＿＿＿＿ the news.　　〔同志社高〕
}

(2) {
As he was very kind, he showed me around the city.
He was kind ＿＿＿＿＿＿＿ ＿＿＿＿＿＿＿ show me around the city.　　〔ノートルダム女学院高〕
}

(3) {
He saved money to buy a new computer.
He saved money ＿＿＿＿＿＿＿ that he ＿＿＿＿＿＿＿ buy a new computer.　　〔慶應義塾高〕
}

(4) {
He couldn't study for the test because he was very tired last night.
He was ＿＿＿＿＿＿＿ tired ＿＿＿＿＿＿＿ study for the test last night.　　〔関西学院高等部〕
}

重要 (5) {
Mary is too young to live abroad.
Mary is not ＿＿＿＿＿＿＿ ＿＿＿＿＿＿＿ to live abroad.　　〔大阪星光学院高〕
}

重要 (6) {
That hat was too small to wear.
That hat was so small ＿＿＿＿＿＿＿ I ＿＿＿＿＿＿＿ wear it.　　〔駒込高〕
}

(7) {
The old man said to me, "Would you mind shutting the door?"
The old man ＿＿＿＿＿＿＿ me ＿＿＿＿＿＿＿ shut the door.　　〔久留米大附設高〕
}

4 次の日本文に合うように，（ ）内の語を並べかえて，全文を書きなさい。 （5点×3—15点）

(1) 彼はすてきな車が買えるくらい一生懸命働きました。

（ to, a, enough, car, buy, he, hard, worked, nice ）. 〔郁文館高一改〕

_____

(2) 彼が1人で旅行するにはもう少し年がいってからのほうがよいと思います。

I think (should, travel, older, to, he, be, alone). 〔関西学院高等部一改〕

_____

重要 (3) 私は非常に忙しくて，夕食を作ることができませんでした。

(dinner, to, busy, have, cook, been, I, too).

_____

要 **5** 次の対話文が成り立つように，（ ）内の語を並べかえて，全文を書きなさい。 （5点）

A : Hello. This is Becky speaking. Can I speak to John ?

B : Sorry, he is out now. May I take a message ?

A : Yes. Please (him, to, call, tell) me later. 〔岩手〕

_____

6 次の文を英語で書きなさい。 （6点×2—12点）

(1) パーティーでは，私たちはコミュニケーションを図るためにベストを尽くしました。〔石川一改〕

_____

(2) 私の父は私に一緒に料理をしてもらいたかった。 〔関西学院高等部一改〕

_____

記述 **7** 「私の願い事」について，授業で英作文を書くことになりました。次の指示に従って書きなさい。 （16点）〔福井一改〕

・（　　　　）内に願い事を1つ書き，1文目を完成させる。

・2文目以降で，願い事について説明や理由などを書く。

・全体としてまとまりがあるように，30語程度の英語で書く。

・符号(, .?!など)は語数に含めない。

My wish is to (　　　　　　　　　　　　　　　　　　　　　　　　　　　）.

_____

_____

_____

▶▶▶▶▶▶▶▶▶▶▶▶▶▶▶▶▶▶▶▶ **Words & Phrases** ◀◀◀◀◀◀◀◀◀◀◀◀◀◀◀◀◀

□whole「全部の」　　□decision「決心，決定」　　□alone「1人で」

3年 1 2 3 4 Step C 長文問題(1) 5 6 7 Step C 長文問題(2) 8 9 10 Step C 長文問題(3) 11 12 13 14 Step C 長文問題(4) 15 16 17 18 19 Step C 長文問題(5) 実力テスト(1) 実力テスト(2)

10 原 形 不 定 詞

Step A　　Step B　　Step C

解答▶別冊 32 ページ

1 次の（　）内から適切なものを選び，○で囲みなさい。

(1) My father didn't let me (go,　to go) to the movies.

(2) We saw the marching band (move,　to move) forward.

(3) We'd like you (play,　to play,　playing) the piano for us.

(4) Our teacher made (we,　our,　us) write the report again.

2 次の日本文に合うように，＿＿に適語を入れなさい。

(1) マリは彼女の母が皿を洗うのを手伝いました。

Mari ＿＿＿＿＿＿ her mother ＿＿＿＿＿＿ the dishes.

(2) お待たせしてすみません。

I'm sorry to ＿＿＿＿＿＿ ＿＿＿＿＿＿ ＿＿＿＿＿＿.

(3) だれかがドアをノックするのが聞こえました。

I ＿＿＿＿＿＿ someone ＿＿＿＿＿＿ on the door.

(4) 私は彼にレポートを読んでもらいました。

I had ＿＿＿＿＿＿ ＿＿＿＿＿＿ my report.

3 次の対話文を読んで，（　）に入る最も適するものを，それぞれア～エから選び，記号で答えなさい。

(1) *A :* When can we meet ?

B : (　　　　) How about Wednesday ?

A : OK.

　ア　I don't know.　　　　　イ　Let me see.

　ウ　Help yourself.　　　　　エ　Here you are.　　　　　　　（　　　）

(2) *A :* Susie may not come to the party today.

B : (　　　　)

A : She said she had a headache this morning.

　ア　Take care of yourself.　　イ　You'd better see a doctor.

　ウ　The party was over.　　　エ　What made you think so ?　（　　　）

(3) *A :* You need to calm down.

B : (　　　　) I don't want to see you anymore.

　ア　Just leave me alone.　　　イ　What's wrong with you ?

　ウ　Watch your step.　　　　エ　I'm afraid I have to go.　　（　　　）

4 次の文の意味を書きなさい。

(1) Don't let the big dog come near me.

(　　　　　　　　　　　　　　　　　　　　　　　　　　　　　　　　　)

(2) I saw Bill lying on the sofa.

(　　　　　　　　　　　　　　　　　　　　　　　　　　　　　　　　　)

(3) The news made all of us surprised.

(　　　　　　　　　　　　　　　　　　　　　　　　　　　　　　　　　)

3
年

1
2
3
4
Step
C
長文
問題(1)
5
6
7
Step
C
長文
問題(2)
8
9
10
Step
C
長文
問題(3)
11
12
13
14
Step
C
長文
問題(4)
15
16
17
18
19
Step
C
長文
問題(5)
実力
テスト(1)
実力
テスト(2)

5 次の日本文に合うように，（　）内の語句を並べかえて，全文を書きなさい。

(1) 私は弟の宿題を手伝いました。

(do，helped，I，his homework，my brother).

_____

(2) 彼女は息子に部屋をそうじさせました。

(his room，she，her son，made，clean).

_____

(3) 台所で何かがこげている臭いがしました。

(burning，smelt，in，I，the kitchen，something).

_____

(4) 私たちは彼が教会から出るのを見ました。

(the church，him，out，we，come，of，saw).

_____

(5) 彼らは私が試合に勝つことを期待しています。

(me，they，win，the game，expect，to).

_____

┣ ここで差をつける！ ┫

知覚動詞の使い方〈知覚動詞＋目的語＋原形〔現在分詞，過去分詞〕〉

・I **saw** him enter the building. 「彼が建物に入るのを見た」

・I **felt** my heart beating. 「心臓が鼓動しているのを感じた」

・I **heard** my name called. 「名前が呼ばれるのを聞いた」

▶ Words & Phrases ◀

□marching band「マーチング・バンド」　□knock「ノックする」　□report「レポート」

□calm down「落ち着く」　□burn「焦げる，焼ける」　□expect「期待する」

Step **A** 〉 Step **B** 〉 Step **C** 〉

1 次の日本文に合うように，＿＿に適語を入れなさい。　　　（5点×4―20点）

(1) ちょっと考えさせて。

　　＿＿＿＿＿＿ me ＿＿＿＿＿＿ ＿＿＿＿＿＿ a while.　　〔巣鴨高〕

(2) 舟は霧のため出航できなかった。

　　The fog ＿＿＿＿＿＿ the ship from leaving the port.　　〔開成高〕

(3) 彼が無事に帰ってきてくれたので，私はほっとしました。

　　His ＿＿＿＿＿＿ return ＿＿＿＿＿＿ me feel relieved.　　〔灘高〕

(4) 羅針盤が発明されて，人々は安全に航海できるようになりました。

　　The ＿＿＿＿＿＿ of the compass ＿＿＿＿＿＿ people to sail safely.　　〔灘高〕

2 次の各組の文がほぼ同じ内容になるように，＿＿に適語を入れなさい。　（5点×4―20点）

(1) { Tom will make dinner tonight. I will help him.
　　{ I will ＿＿＿＿＿＿ Tom ＿＿＿＿＿＿ dinner tonight.

(2) { Mika's parents didn't let her study abroad.
　　{ Mika's parents didn't ＿＿＿＿＿＿ her to study abroad.

(3) { I had to go to bed early because my mother told me to.
　　{ My mother ＿＿＿＿＿＿ ＿＿＿＿＿＿ ＿＿＿＿＿＿ to bed early.　　〔慶應義塾高〕

(4) { The darkness kept us from seeing you.
　　{ We ＿＿＿＿＿＿ see you because ＿＿＿＿＿＿ was ＿＿＿＿＿＿.　　〔慶應義塾高〕

3 次の日本文に合うように，（　）内の語句を並べかえて，全文を書きなさい。　（5点×4―20点）

(1) あなたは家が揺れるのを感じましたか。

　　(shake, feel, house, you, did, your)?

　　_____

(2) お母さんはもっと一生懸命に英語を勉強しなさいと彼に言いました。　　〔郁文館高〕

　　(study, to, him, told, harder, mother, English, his).

　　_____

(3) どうしてあなたは考えを変えたのですか。

　　(you, your, made, idea, what, change)?

　　_____

(4) ジムはお母さんに髪を切ってもらうそうです。

　　(has, cut, I, his mother, hear, Jim, his hair).

　　_____

4 次の英文を読み，意味が通るように下線部の（　）内の語句を並べかえて，全文を書きなさい。

（6点）〔巣鴨高—改〕

"A rabbit with a pocket ?" Alice asked herself. "And a watch in it ?" She jumped up and ran after the White Rabbit. <u>She was just in time (a big rabbit hole, to, him, see, go down).</u> Alice went into the hole too. She didn't stop to wonder how she could get out again.

5 次の文を英語で書きなさい。

（6点×3—18点）

(1) 私はだれかが私の名前を呼ぶのを聞きました。

(2) 私にブラウン先生(Mr. Brown)を紹介させてください。

(3) トムがここに来たら，私に知らせてください。

6 あなたは，英語の授業で将来の夢(またはなりたい職業)について，発表することになりました。次の(1)，(2)の問いに答えなさい。なお，符号(,．?！など)は語数に含まないものとします。

（(1)6点，(2)10点—16点）〔茨城〕

(1) あなたの将来の夢(またはなりたい職業)について，英語6語以上，10語以内の1文で書きなさい。

(2) (1)で書いたことを実現させるために，あなたが今，努力していること，またはこれから努力しようと思うことを，その理由も含めて英語20語以上，30語以内で書きなさい。ただし，英文は4文までとします。

(1)

(2)

▶ **Words & Phrases** ◀

□relieved「ほっとした，安心した」　□compass「羅針盤」　□sail「航海する」　□safely「安全に」
□shake「揺れる」　□hole「穴」　□wonder「〜だろうかと思う」

75

Step A 〉 Step B 〉 Step C

●時 間 30分　●得 点
●合格点 70点　　　　　点

解答▶別冊 34 ページ

1 次の問い(1)〜(5)に続くものとして最も適するものを次のア〜ケから
1 つずつ選び，記号で答えなさい。　　　　　〔東工大附科技高〕　　（4 点×5—20 点）

(1)　This is the sweater ...
(2)　I'm looking forward ...
(3)　The problem was too difficult ...
(4)　My father wanted ...
(5)　My uncle learned how to drive a car ...

　ア　to see you when I go to Kyoto next month.
　イ　my grandmother bought for me.
　ウ　to having a chance to talk to you.
　エ　that I couldn't answer.　　　　オ　me to finish this work by the next day.
　カ　for me to solve.　　　　　　　キ　during his stay in America.
　ク　to go fishing if it is fine tomorrow.　ケ　while he is out of town.

(1)	
(2)	
(3)	
(4)	
(5)	

2 次の日本文に合うように，（　）に適語を入れなさい。　　　　　　　（6 点×3—18 点）

(1)　私に一杯おごらせてください。
　　（　　　）me（　　　）a drink.
(2)　彼は将来何をすべきかわからなかった。
　　He didn't know（　　　）（　　　）do in the future.
　　　　　　　　　　　　　　　　　　〔函館ラ・サール高—改〕
(3)　そのコーヒーは私には熱すぎて飲めませんでした。
　　The coffee was（　　　）hot（　　　）me（　　　）drink.
　　　　　　　　　　　　　　　　　　〔実践学園高—改〕

(1)	
(2)	
(3)	

3 次の各組の文がほぼ同じ内容になるように，（　）に適語を入れなさい。　（6 点×3—18 点）

(1)　{ She kindly showed me the way there.
　　　She was（　　　）（　　　）to show me the way there.　〔創価高—改〕

(2)　{ Nobody can do this work in a week.
　　　It is（　　　）（　　　）do this work in a week.　〔慶應義塾高〕

(3)　{ I have never seen such a wonderful picture before.
　　　This is the（　　　）time（　　　）me to see such a wonderful picture.　〔早実高等部〕

(1)	
(2)	
(3)	

4 次の下線部の内容を，あなたは英語でどのように言いますか。答えなさい。 〔島根—改〕

(1) 初めて来た海外の街で，通りかかった人に，駅に行く道を教えてくれませんか，と頼む場合。

(2) 外国人の先生から，「あなたは昨日の放課後に何をしたのか」とたずねられています。その先生に，写真を撮るために公園に行きましたと答える場合。 (12点×2—24点)

(1)	
(2)	

5 次の表は，中学生の浩(Hiroshi)さんの学級の時間割である。また，英文は，カナダから国際交流で浩さんの学校を訪れているスティーブ(Steve)さんと浩さんが，この時間割を見ながら交わしている対話の一部である。これらについて，(1)・(2)に答えなさい。 〔徳島〕

	月	火	水	木	金
1	国 語	社 会	数 学	理 科	英 語
2	保健体育	英 語	理 科	国 語	数 学
3	数 学	保健体育	社 会	社 会	音 楽
4	技術・家庭	理 科	英 語	道 徳	社 会
5	英 語	数 学	国 語	保健体育	総合的な
6	理 科	学級活動	美 術		学習の時間

Hiroshi: What's your favorite subject ?

Steve : Physical Education. I like sports very much.

Hiroshi: I like PE, too. We practice *kendo* now.

Steve : Oh, really ? I've never done *kendo*. I want to try it. When do you have PE classes ?

Hiroshi: We have three PE classes in a week. We will have it in the afternoon tomorrow. Our PE teacher is a great *kendo* player. Let's do it together.

Steve : That will be fun.

Hiroshi: And I like English the best. We have a special English class today.

Steve : Good.

Hiroshi: We are going to tell you about Japanese culture in English.

Steve : Wow ! I'm glad to hear that.

Hiroshi: After that, we will have lunch time for fifty minutes.

Steve : What will you study after lunch today ?

Hiroshi: Japanese and art. I will show you our club activities after school.

Steve : Great ! I can't wait.

(1) 次の①・②の問いに対する答えを，それぞれ(　　)に示された語数の英語で書きなさい。ただし，符号は語数に含めない。

① What day is it tomorrow ?（2語）

② Which subject does Hiroshi like better, PE or English ?（4語）

(2) スティーブさんは，下線部のように言っているが，何を聞いてうれしいのか，日本語で書きなさい。 ((1)5点×2，(2)10点—20点)

(1)	①	
	②	
(2)		

長文問題（3）

●時　間　30分　　●得　点
●合格点　70点　　　　　点

解答▶別冊 34 ページ

1 次の英文を読んで，あとの問いに答えなさい。　　　　　　　　〔鹿児島〕

　Mary was a junior high school student.　One Monday morning, she got up late.　Her mother said to her, "It's eight o'clock, Mary.　It's time to go school now."　"I know !" she answered and left home in a hurry.

　It was usually about twenty minutes from Mary's house to school by bike.　She pedaled very hard.　It was going to rain, so she began to pedal faster.　Just then, the bike chain came off.　She thought, "Oh, no ! What should I do ? I will be late for school." She tried to fix the chain, but she couldn't.

　After a few minutes, a blue car stopped.　An old man got out of the car and said to Mary, "What happened ?" Soon he understood her （　①　） and said, "I can fix the chain quickly." After he did, he said, "You're going to school, right ? Have a good day !" Mary was happy and said, "Thank you very much.　Could you please tell me your name and phone number ? I would like to thank you again later." The man smiled and said, "You don't have to do that.　I'm happy to help you.　It is natural to help someone who needs help.　When you see someone who needs help, help that person."

　Two days later, when Mary was going home from school, she saw an old woman who was carrying a lot of things.　She looked very tired.　Mary thought, "She needs some help," and got off her bike.　At first Mary was too shy to speak to the woman, but she remembered the man's words on that Monday morning.　She said to herself, "It's my turn." Mary spoke to the woman, "　　②　　?" The woman answered, "Oh, thank you ! I bought too many things.　My house is near here." Mary put the woman's things on her bike.　Mary and the woman enjoyed talking and walked together to her house.　"We'll arrive soon.　Thank you for your help," said the woman.　Mary was glad to hear that.　She thought, ③"Now I know how the man felt on that morning."

　"This is my house.　I want to give you something, Mary," the woman said.　Mary answered, "No, thank you. It is natural to help someone who needs help."

　Just then, a blue car stopped in front of the house and a man got out of the car.　Mary looked at him and was surprised.　The woman said, "Hi, George ! This is Mary.　She was really kind and carried my things for me.　Mary, this is my husband, George." ④Mary was surprised again.　George said with a big smile, "It's nice to see you again ! Thank you for helping my wife." Mary said, "Nice to see you, too ! It's natural to help someone who needs help, right ?"

注　in a hurry　急いで　　　pedaled　ペダルをこいだ(pedal の過去形)
　　bike chain came off　自転車のチェーンがはずれた　　　fix the chain　チェーンをはめる　　　quickly　すぐに
　　natural　当たり前の　　　shy　恥ずかしがりの　　　said to herself　〜と心の中で思った

(1) 次の**ア**〜**ウ**の絵は，本文のある場面を表しています。話の展開に従って並べかえ，その記号を書きなさい。

ア

イ

ウ

(10 点)

□　→　□　→　□

(2) 次の⒜, ⒝の文を本文の内容と合うように完成するには, ▭の中に, それぞれ下のどれ
を入れるのがよいか。**ア**〜**エ**の中から1つ選び, その記号を書きなさい。

⒜ Mary's mother wanted Mary ▭.

    ア to listen to her teacher   **イ** to have lunch

    ウ to go to bed early   **エ** to go to school quickly

⒝ The old woman wanted to give Mary something because ▭.

    ア Mary bought many things for her   **イ** Mary gave a bike to her

    ウ Mary carried the woman's things   **エ** Mary was kind to George

(10 点×2—20 点)

⒜	⒝

(3) (①)に入る最も適当な語を下の**ア**〜**エ**の中から1つ選び, その記号を書きなさい。(10 点)

    ア homework   **イ** language

    ウ problem   **エ** mistake

(4) ▭② に4語以上の英語を書きなさい。(10 点)

(5) 下線部③に関して Mary はどのようなことがわかったか。その内容として最も適当なものを,
下の**ア**〜**エ**の中から1つ選び, その記号を書きなさい。(10 点)

    ア We are happy when we find useful things.

    イ We are happy when we help someone.

    ウ We are excited when we get good things.

    エ We are excited when we see our old friends.

(6) 下線部④に関して Mary はなぜ2回驚（おどろ）いたのか。その理由を日本語で書きなさい。(20 点)

(7) 次は, 本文の続きの対話です。Mary に代わって▭に10語以上の英文を書きなさい。
英文は2文以上になってもかまわない。

George: Yes！You're right！

Mary ：I remembered your words when I saw your wife. ▭

George: Oh, will you do that？That's a good idea！If many people do that, we will be able
         to see more kind actions around us.

(20 点)

11 関係代名詞 (1)

Step A 〉 Step B 〉 Step C 〉

解答▶別冊 35 ページ

1 次の（　）内から適切なものを選び，○で囲みなさい。

(1) I met a girl (which, who) has been to Australia.

(2) Look at the bird (which, who) is flying in the sky.

(3) The children who (are, were, was) swimming then were my friends.

(4) He is a musician (who, which) is loved by everyone.

(5) I use a dictionary (it, that, this) has a lot of pictures.

(6) The woman who is talking with her friends (am, are, is) my mother.

重要 2 次の日本文に合うように，＿＿に適語を入れなさい。

(1) 私にこのプレゼントをくれた女の子はケイトです。

The ＿＿＿＿＿＿ that ＿＿＿＿＿＿ me this present is Kate.

(2) 冬は秋の次に来る季節です。

＿＿＿＿＿＿ is the season ＿＿＿＿＿＿ ＿＿＿＿＿＿ after fall.

(3) 私に手紙を送ってくれた男の子はリチャードです。

The boy ＿＿＿＿＿＿ sent me the letter ＿＿＿＿＿＿ Richard.

3 次の文を，who または which を使って，1 つの文に書きかえなさい。

(1) The girl is cute. She is reading a book.

＿＿＿＿＿＿＿＿＿＿＿＿＿＿＿＿＿＿＿＿＿＿＿＿＿＿＿＿＿＿＿＿

(2) That is the bus. It leaves at twelve.

＿＿＿＿＿＿＿＿＿＿＿＿＿＿＿＿＿＿＿＿＿＿＿＿＿＿＿＿＿＿＿＿

(3) I know a boy. He can speak both English and Japanese well.

＿＿＿＿＿＿＿＿＿＿＿＿＿＿＿＿＿＿＿＿＿＿＿＿＿＿＿＿＿＿＿＿

(4) This is the book. It tells us about America.

＿＿＿＿＿＿＿＿＿＿＿＿＿＿＿＿＿＿＿＿＿＿＿＿＿＿＿＿＿＿＿＿

4 次の文の意味を書きなさい。

(1) Do you know the boy who broke the window ?

（　　　　　　　　　　　　　　　　　　　　　　　　　　　　）

(2) Bob had a dog which was called Max.

（　　　　　　　　　　　　　　　　　　　　　　　　　　　　）

(3) This is a drama that makes people happy.

（　　　　　　　　　　　　　　　　　　　　　　　　　　　　）

(4) He was the first student that answered the question.

(   )

(5) Is this the bus which goes to the zoo ?

(   )

(6) I want a bag that is much bigger than this.

(   )

5 次の日本文に合うように, ( )内の語句を並べかえて, 全文を書きなさい。

(1) オーストラリアで話されている言語は何ですか。

What is the language (Australia, in, spoken, which, is)?

_____

(2) 公園の向かいにある病院はとても有名です。

The hospital (stands, that, the park, across from) is very famous.

_____

(3) 私はその子どもを助けた男性を見たことがあります。

I've (who, the child, helped, the man, seen).

_____

(4) 図書館には, 私にとっておもしろい本がたくさんあります。

The library (interesting, are, has, books, a lot of, that) to me.

_____

(5) 隣(となり)に住んでいる家族にはもう会いましたか。

Have you met (who, next, lives, door, the family)?

_____

(6) これは昨日届いたかばんです。

This (yesterday, arrived, that, the bag, is).

_____

3 年

1
2
3
4
Step C
長文問題(1)
5
6
7
Step C
長文問題(2)
8
9
10
Step C
長文問題(3)
11
12
13
14
Step C
長文問題(4)
15
16
17
18
19
Step C
長文問題(5)
実力テスト(1)
実力テスト(2)

━━━ **ここで差をつける！** ━━━

主格の関係代名詞と分詞を使った書きかえ

・I know **a boy** who is talking with Mari. = I know **a boy** talking with Mari.

「マリと話をしている少年」〈名詞＋関係代名詞＋進行形〉は〈名詞＋現在分詞〉で書き換えられる

・This is **a book** which is written in French. = This is **a book** written in French.

「フランス語で書かれている本」〈名詞＋関係代名詞＋受け身形〉は〈名詞＋過去分詞〉で書き換えられる

- - - - - - - - - - - - - - - - - - ▶ **Words & Phrases** ◀ - - - - - - - - - - - - - - - - - -

□both A and B「A も B も両方とも」　□across from ～「～の向かいに」

Step A ▶ Step B ▶ Step C

●時　間　30分　●得　点
●合格点　70点　　　　　点

解答▶別冊 36 ページ

1 次の（　）内から適切なものを選び，○で囲みなさい。　　　　　　　　　　（1点×4—4点）

(1) There are many famous people in the world today (which, what, who, as) are from Asian countries.　　　　　　　　　　〔実践学園高—改〕

(2) Mr. Hata loved the animals (which is, who lives, that were, who lived) in the forest.　　　　　　　　　　〔駒込高〕

(3) It may be difficult for someone (who aren't, who isn't, which aren't, which isn't) careful about appointments.　　　　　　　　　　〔渋谷教育学園幕張高—改〕

(4) Most Westerners (who live, who lives, which live, which lives) in Japan are very good Japanese speakers.　　　　　　　　　　〔城北高—改〕

2 次の文中の下線部と同じ用法の that を含む文を選び，記号で答えなさい。　　　（6点）

There was a sign <u>that</u> was advertising group trips.　　　　　　　　〔実践学園高—改〕

ア　I know the man who wrote <u>that</u> book.

イ　I believe <u>that</u> he is right.

ウ　The boy <u>that</u> stood there is my brother.

エ　This is much better than <u>that</u>.　　　　　　　　　　（　　　　）

重要 **3** 次の文を，関係代名詞を使って，1つの文に書きかえなさい。　　　（4点×3—12点）

(1) The little girl was crying. She couldn't find her mother.　　　　　　〔相愛高〕

_____

(2) Do you know that lady ? She is running along the river.　　　　　　〔滝高〕

_____

(3) This is a very good story. It makes everyone happy.　　　　　　〔高知学芸高〕

_____

難 **4** 次の説明に適する語を書きなさい。ただし，与えられた文字で書き始めること。（5点×4—20点）

(1) <u>h_____</u> = work that is given by the teachers to their students

(2) <u>f_____</u> = a large area of land that is covered with trees　　　〔(1), (2)郁文館高—改〕

(3) <u>m_____</u> = a building which shows historical, expensive or interesting things

(4) <u>p_____</u> = the study of things that happen naturally in the world, such as heat, light, movement and so on　　　　　　　　　　〔(3), (4)開成高〕

5 次の文の意味を書きなさい。 （7点×3—21点）

(1) The World Marathon Challenge is a children's running event which is held in many countries. 〔秋田—改〕

（　　　　　　　　　　　　　　　　　　　　　　　　　　　　　　　　）

(2) An American who speaks Japanese wants to see you.

（　　　　　　　　　　　　　　　　　　　　　　　　　　　　　　　　）

(3) The river that flows through Osaka is the Yodo River.

（　　　　　　　　　　　　　　　　　　　　　　　　　　　　　　　　）

6 次の日本文に合うように，（　）内の語句を並べかえて，全文を書きなさい。 （7点×3—21点）

(1) あなたは誰かギターが上手な人を知っていますか。

Do you know (the, who, guitar, plays, well, anyone)? 〔沖縄—改〕

_____

(2) 私たちの家の近所に住んでいる父の友人たちが私の世話をしてくれました。 〔成城学園高一改〕

My father's friends (who, our, care, near, took, lived, house) of me.

_____

(3) 公園には，幸せそうに見える人がたくさんいました。

There (happy, were, who, people, in, looked, many) the park. 〔青森—改〕

_____

7 英語の授業で "友だちに紹介したい「もの」や「こと」" というテーマでスピーチすることになりました。次の指示に従って，スピーチ原稿を書きなさい。 （16点）〔富山〕

・友だちに紹介したい「もの」や「こと」を（　　　）の中に英語またはローマ字で書く。
・5文以上の英語で書く。
・書き出しの文と，最後の Thank you. は5文に含めない。
・紹介したい「もの」や「こと」について，前後のつながりのある内容の文章にする。

I will tell you about （　　　　　　　　　　　　　　　　　　）.

_____
_____
_____
_____
_____

Thank you.

▶▶▶▶▶▶▶▶▶▶▶▶▶▶▶▶▶▶▶▶ **Words & Phrases** ◀◀◀◀◀◀◀◀◀◀◀◀◀◀◀◀◀

□advertising　advertise（～を宣伝する）の ing 形　　□naturally「自然に」　　□movement「運動」
□flow「流れる」

3年

1
2
3
4
Step C 長文問題(1)
5
6
7
Step C 長文問題(2)
8
9
10
Step C 長文問題(3)
11
12
13
14
Step C 長文問題(4)
15
16
17
18
19
Step C 長文問題(5)
実力テスト(1)
実力テスト(2)

12 関 係 代 名 詞 (2)

Step A 〉 Step B 〉 Step C 〉

解答▶別冊 37 ページ

1 次の（　）内から適切なものを選び，○で囲みなさい。

(1) I like the story (that, who) my mother told me.

(2) The girl (that, which) you were talking with is my daughter.

(3) This is the photo (took, I took, that took) when I went there.

(4) The boy (who, which) is running over there is Bill's son.

(5) The movies he makes (are, is, was) very exciting.

2 下線部の語を省略できる文を 3 つ選び，記号を書きなさい。

ア This is the bike <u>that</u> I use every day.

イ Kyoto is a city <u>that</u> has a lot of temples.

ウ Are the boys <u>that</u> are playing baseball over there your classmates ?

エ Is this the novel <u>that</u> your father wanted to read ?

オ This is the strange book <u>that</u> John found in the library.

カ There are a lot of people <u>that</u> need our help.　　　　　(　　　)(　　　)(　　　)

3 次の日本文に合うように，＿＿に適語を入れなさい。

(1) これが今，私が読んでいる恋愛物語です。

This is the love story ＿＿＿＿＿＿ ＿＿＿＿＿＿ ＿＿＿＿＿＿ reading now.

(2) あなたが昨夜，さがしていた時計はどこにありましたか。

＿＿＿＿＿＿ was the watch ＿＿＿＿＿＿ were ＿＿＿＿＿＿ ＿＿＿＿＿＿ last night ?

(3) 私はあなたが私にくれたカメラをなくしました。

I lost the camera ＿＿＿＿＿＿＿＿＿＿ ＿＿＿＿＿＿ ＿＿＿＿＿＿ to me.

(4) あなたは彼がそのとき話しかけていた先生を知っていますか。

Do you know the teacher ＿＿＿＿＿＿ ＿＿＿＿＿＿ ＿＿＿＿＿＿ to at that time ?

重要 4 次の文を，that を使って，1 つの文に書きかえなさい。

(1) This is the adventure story. I finished reading it yesterday.

＿＿＿＿＿＿＿＿＿＿＿＿＿＿＿＿＿＿＿＿＿＿＿＿＿＿＿＿＿＿＿＿

(2) The dogs are very cute. Mike has them in his house.

＿＿＿＿＿＿＿＿＿＿＿＿＿＿＿＿＿＿＿＿＿＿＿＿＿＿＿＿＿＿＿＿

(3) Picasso is a famous painter. Everyone knows him.

＿＿＿＿＿＿＿＿＿＿＿＿＿＿＿＿＿＿＿＿＿＿＿＿＿＿＿＿＿＿＿＿

要 **5** 次の文の意味を書きなさい。

(1) The hotel that we stayed at was very old.

(　　　　　　　　　　　　　　　　　　　　　　　　　　　)

(2) There is nothing I can do for you.

(　　　　　　　　　　　　　　　　　　　　　　　　　　　)

(3) The woman I saw just now is a pianist.

(　　　　　　　　　　　　　　　　　　　　　　　　　　　)

6 次の日本文に合うように，（ ）内の語句を並べかえて全文を書きなさい。ただし，不要なものが１つあります。

(1) これは彼_{かれ}らがずっと待っていた手紙です。

This is (waited, have, a letter, for, that, they, who).

_____

(2) 私たちが会った医師はとても好意的です。

The (which, saw, that, we, is, doctor) very friendly.

_____

(3) 今，使っているコンピュータはだれのものですか。

Whose (you're, is, the computer, it, using, now)?

_____

7 次の文を英語で書きなさい。ただし，（ ）内の語を使うこと。

(1) あれはあなたのお父さんが昨年買った絵ですか。 （the picture）

_____

(2) 彼は私たちがたいへん尊敬する研究者です。 （a researcher）

_____

(3) あなたが私に貸してくれたマンガ本はとてもおもしろかったです。 （the comic book）

_____

▶**ここで差をつける！**◀

前置詞の目的語に注意する

・The cats are cute. ＋ She takes care of them. …them ＝ the cats

⇒ The cats **that she takes care of** are cute. ←前置詞 of が残ったままになる！

「彼_{かの}女が世話をしているネコはかわいい」

▶▶▶ **Words & Phrases** ◀◀◀

□strange「変な，奇妙_{きみょう}な」　□love story「恋愛_{れん}物語」　□friendly「好意的な，親切な」

Step A　Step B　Step C

●時　間　30分　●得　点
●合格点　70点　　　　　　点

解答▶別冊 38 ページ

1 次の（　）内から適切なものを選び，○で囲みなさい。　　　（3点×3—9点）

(1) The bike (this, that, is, those) he uses is new.

(2) This is the house (where, what, that, when) my grandfather lived in.

(3) Do you remember the name of the girl (we met, that met, which we met, who met)
last month ?

2 次の各組の文がほぼ同じ内容になるように，＿＿に適語を入れなさい。　（5点×4—20点）

(1) {Is this a book that she likes ?
Is this her ＿＿＿＿＿＿ book ?　　　　　　　　　　　　　〔実践学園高〕

(2) {These are the pictures taken by her last month.
These are the pictures ＿＿＿＿＿＿ ＿＿＿＿＿＿ last month.　〔関西学院高等部〕

(3) {I wrote the report. Have you read it yet ?
Have you read the report ＿＿＿＿＿＿ ＿＿＿＿＿＿ yet ?

(難) (4) {*Keio Gijuku* is a school that Fukuzawa Yukichi founded.
Keio Gijuku is a school ＿＿＿＿＿＿ ＿＿＿＿＿＿ Fukuzawa Yukichi.　〔慶應義塾高一改〕

(重要) **3** 次の対話文が成り立つように，（　）内の語を並べかえて，全文を書きなさい。　（4点×2—8点）

(1) *A :* Look at this CD. You were talking about this one last week, right ?
B : Oh, yes. This is the (looking, for, CD, was, I).　　　　〔岩手一改〕

(2) *A :* Why are you sleepy ?
B : I watched a TV drama last night, and I couldn't sleep. The drama (was, I,
interesting, very, that, watched).

4 次の日本文に合うように，（　）内の語句を並べかえて，全文を書きなさい。　（6点×2—12点）

(難) (1) 先月，私が買った新しいカメラはすでに壊れています。
The new camera (broken, last month, bought, already, I, has).　〔関西学院高等部一改〕

(2) これは私の父がくれた本です。
(the book, my father, gave, this, that, is, me).　　　　　　〔函館ラ・サール高一改〕

5 次の文の意味を書きなさい。 （7点×2—14点）

(1) I will talk about some of the things I read in the book. 〔青森一改〕

(　　　　　　　　　　　　　　　　　　　　　　　　　　　）

(2) It was not as interesting as the movie we saw last month. 〔岩手一改〕

(　　　　　　　　　　　　　　　　　　　　　　　　　　　）

6 次の文を英語で書きなさい。 （7点×4—28点）

(1) 私には水について知らないことがたくさんあります。 〔青森一改〕

(2) 私が昨日送ったメールをもう読みましたか。 〔城北高〕

(3) 私はあなたが私たちに見せてくれた写真が好きです。 〔愛媛一改〕

(4) この山の高さは私たちがこの前登った山ほどではないです。 〔広島大附高一改〕

7 次のような状況において，あとの(1)〜(3)のとき，あなたならどのように言いますか。それぞれ4語以上の英文を書きなさい。ただし，I'mなどの短縮形は1語として数え，コンマ(,)，ピリオド(.)などは語数に入れません。 （3点×3—9点）〔三重一改〕

〔状況〕

> あなたは，修学旅行で東京に来ています。外国からの旅行者に写真撮影を頼まれ，その後，その旅行者と少しの間，会話を楽しんでいます。

(1) 出身地をたずねるとき。

(2) 好きな日本の食べ物をたずねるとき。

(3) 「あなたの町」には旅行者が訪れるべき場所がたくさんあることを伝えるとき。

(1)

(2)

(3)

◆ Words & Phrases ◆

□founded　found（〜を設立する）の過去形・過去分詞

13 関 係 代 名 詞 (3)

Step A 〉 Step B 〉 Step C

解答▶別冊 39 ページ

1 次の文を，（　）内の関係代名詞を使って，1つの文に書きかえなさい。

(1) They are the musicians. They are from India. （who）

_____

重要 (2) The bike is mine. It stands by the tree. （which）

_____

(3) This is the only prize. She won it in the past. （that）

_____

重要 (4) I know the boy and the dog. They are walking in the park. （that）

_____

2 次の英文のうち誤りのあるものについては，誤りを含む番号を答えなさい。誤りがないものについては，○で答えなさい。

(1) I'm ①looking for someone ②which will take care of my dog ③while I'm out.

(2) This is the bag ①gave to me ②by my aunt ③yesterday.

(3) This is ①the river many people ②swim in ③in summer.　　　　　〔(1)〜(3) 愛光高〕

(4) The students ①who want ②to join the activities ③has to come to the gym after school.

(5) Look ①at the girl and her cat ②who are playing ③over there.

(1) (　　　) (2) (　　　) (3) (　　　) (4) (　　　) (5) (　　　)

3 次の各組の文がほぼ同じ内容になるように，____ に適語を入れなさい。

(1) ⎰ Do you have any friends who live overseas ?
　　⎱ Do you have any friends _____ overseas ?

(2) ⎰ She has a doll which has long hair.
　　⎱ She has a doll _____ long hair.

(3) ⎰ This is one of the pictures that my uncle painted.
　　⎱ This is one of the pictures _____ _____ my uncle.

(4) ⎰ This is the most exciting movie I have ever seen.
　　⎱ I have _____ seen _____ an exciting movie as this.

4 次の文の意味を書きなさい。

(1) It's the best book that I've ever read.

( )

(2) He is the only person that can do the work.

( )

(3) All you have to do is to go there.

( )

5 次の日本文に合うように，（ ）内の語を並べかえて，全文を書きなさい。

(1) これは私がこれまで見たなかで一番大きな岩です。

This is the (I've, rock, ever, biggest, that) seen.

重要 (2) 彼女は最初にゴールインした女性でした。
かの

She was (crossed, first, the, that, woman) the finish line.

(3) ホテルの部屋を予約するには，クリックするだけでよい。

All (have, do, that, you, to) is to click to reserve a hotel room.

6 次の文を英語で書きなさい。ただし，（ ）内の語を使うこと。

(1) これは私が答えることのできたたった1つの問題でした。 （question）

(2) 私は毛の短い小型犬がほしいです。 （which）

(3) これは私が今までに聞いたなかで一番興味深い話です。 （ever）

3
年

1
2
3
4
Step
C
長文
問題(1)
5
6
7
Step
C
長文
問題(2)
8
9
10
Step
C
長文
問題(3)
11
12
13
14
Step
C
長文
問題(4)
15
16
17
18
19
Step
C
長文
問題(5)
実力
テスト(1)
実力
テスト(2)

◀ ここで差をつける！ ▶

「人」や「こと」を表す関係代名詞の特別な方法

those who ～ 「～する人々」 = people who ～

・**Those who are present** are all teachers. 「出席している人は全員教師です」

what ～ 「～すること」 = thing (s) that ～

・This is **what I want to say.** 「これが，私が言いたいことです」…what は先行詞を必要としない

▶▶▶▶▶▶▶▶▶▶▶▶▶▶▶▶▶ **Words & Phrases** ◀◀◀◀◀◀◀◀◀◀◀◀◀◀◀◀◀

□cross the finish line「ゴールインする」　□click「クリックする」　□reserve「～を予約する」

Step A ▶ Step B ▶ Step C

● 時　間 30分　　● 得　点
● 合格点 70点　　　　　　　　点

解答 ▶ 別冊 40 ページ

1 次の（　）内から適切なものを選び，○で囲みなさい。　　　　　（4点×3—12点）

(1)　Paris is one of the cities (that, where, what, to which) I've long wanted to visit.

〔久留米大附設高〕

(2)　This is the oldest building (who, whose, that, what) remains in this area.

(3)　There is a power station (what, which, whose, where) provides all the electricity for the station.　　　　　〔青山学院高等部—改〕

2 次の日本文に合うように，＿＿に適語を入れなさい。　　　　　（3点×4—12点）

(1)　ソニアは好きだった色を選びました。

Sonia chose the ＿＿＿＿＿＿ she ＿＿＿＿＿＿.　　　〔東京学芸大附高—改〕

(2)　演劇部に所属する男子はサムだけです。

The only boy ＿＿＿＿＿＿ ＿＿＿＿＿＿ to the drama club is Sam.

(3)　きみはここにいさえすればいい。

＿＿＿＿＿＿ you ＿＿＿＿＿＿ to do is to stay here.

(4)　彼女が言ったことはすべて本当です。

Everything ＿＿＿＿＿＿ she ＿＿＿＿＿＿ is true.

3 次の各組の文がほぼ同じ内容になるように，＿＿に適語を入れなさい。　（4点×5—20点）

(1)　The officer spoke to a man who was wearing a pink shirt.

The man ＿＿＿＿＿＿ ＿＿＿＿＿＿ ＿＿＿＿＿＿ the officer was wearing a pink shirt.

〔慶應義塾高〕

(2)　That is all I have to say.

I have ＿＿＿＿＿＿ ＿＿＿＿＿＿ to say.　　　〔早実高等部—改〕

(3)　I have never seen such a beautiful mountain as this.

This is the most beautiful mountain ＿＿＿＿＿＿ I have ＿＿＿＿＿＿ seen.　〔立正高〕

(4)　That boy is my brother. His sweater is green.

That boy ＿＿＿＿＿＿ sweater is green is my brother.　〔函館ラ・サール高〕

(5)　It is no use crying over spilt milk.

You can't undo ＿＿＿＿＿＿ has ＿＿＿＿＿＿ done.　〔早大高等学院—改〕

4 次の文の意味を書きなさい。　　　　　　　　　　　　　　　　　　　　（6点×3—18点）

(1)　Those who were present at the party had a wonderful time.

（　　　　　　　　　　　　　　　　　　　　　　　　　　　　　　　　　　）

(2)　Man is the only animal that can use fire.

（　　　　　　　　　　　　　　　　　　　　　　　　　　　　　　　　　　）

(3)　All that is heard is the sound of birds singing.

（　　　　　　　　　　　　　　　　　　　　　　　　　　　　　　　　　　）

5 次の日本文に合うように，（　）内の語句を並べかえて，全文を書きなさい。　（6点×3—18点）

(1)　このレストランは小さいお子さんを持つ人たちに向いています。

This restaurant is (who, small, for, children, have, those).

――――――――――――――――――――――――――――――――――――

(2)　彼^{かれ}らはじゃがいもを植えるだけでよかったのです。

(to, all, had, they, do, was) to plant the potatoes.　　　　　〔巣鴨高—改〕

――――――――――――――――――――――――――――――――――――

(3)　私はポケットに入っていたお金を全部彼に貸してあげました。

I (was, that, him, money, all the, lent) in my pocket.　　　　〔青雲高—改〕

――――――――――――――――――――――――――――――――――――

6 次の英文は「自由な時間に何をするのが好きか」についての先生とあなたの会話です。会話
文が完成するように（ a ），（ b ）にそれぞれふさわしい英語を書きなさい。ただし，（ a ）
は 5 語以上で 10 語以内，（ b ）は 15 語以上 25 語以内とします。（ a ），（ b ）ともに 2 文以
上になってもかまいません。　　　　　　　　　　　　　　　　　　　　　　　　（20点）

（. , ? ! などの記号は語数に含^{ふく}めない）　　　　　　　　　　　　　　　　〔島根〕

Teacher:　What do you like to do in your free time ?

You　　：（　　　　　　　　　a　　　　　　　　　）

Teacher:　Tell me more about it.

You　　：（　　　　　　　　　b　　　　　　　　　）

(a)＿＿＿＿＿＿＿＿＿＿＿＿＿＿＿＿＿＿＿＿＿＿＿＿＿＿＿＿＿＿＿＿＿＿＿＿＿＿＿

＿＿＿＿＿＿＿＿＿＿＿＿＿＿＿＿＿＿＿＿＿＿＿＿＿＿＿＿＿＿＿＿＿＿＿＿＿＿＿

(b)＿＿＿＿＿＿＿＿＿＿＿＿＿＿＿＿＿＿＿＿＿＿＿＿＿＿＿＿＿＿＿＿＿＿＿＿＿＿＿

＿＿＿＿＿＿＿＿＿＿＿＿＿＿＿＿＿＿＿＿＿＿＿＿＿＿＿＿＿＿＿＿＿＿＿＿＿＿＿

＿＿＿＿＿＿＿＿＿＿＿＿＿＿＿＿＿＿＿＿＿＿＿＿＿＿＿＿＿＿＿＿＿＿＿＿＿＿＿

3 年
1
2
3
4
Step C
長文問題(1)
5
6
7
Step C
長文問題(2)
8
9
10
Step C
長文問題(3)
11
12
13
14
Step C
長文問題(4)
15
16
17
18
19
Step C
長文問題(5)
実力テスト(1)
実力テスト(2)

―――――――――――――――― **Words & Phrases** ――――――――――――――――

□power station「発電所」　　□provide「～を供給する」　　□chose　choose（～を選ぶ）の過去形

□spilt　spill（～をこぼす）の過去分詞　　□undo「～を元通りにする」　　□lent　lend（～を貸す）の過去形

14 仮 定 法

Step A 〉 Step B 〉 Step C 〉

解答▶別冊 41 ページ

1 次の文を仮定法に書きかえるとき，____に適する語を書きなさい。

(1) As I don't have enough money, I can't buy the bag.

　　→ If I _____ enough money, I could buy the bag.

(2) She is sick, so she can't come to the party.

　　→ If she _____ not sick, she _____ come to the party.

(3) I'm sorry I can't speak English well.

　　→ I _____ I could speak English well.

(4) I'm sorry I have a lot of things to do.

　　→ I _____ I _____ nothing to do.

2 次の文の意味を書きなさい。

(1) If it were fine, we could go on a picnic.

　　(　　　　　　　　　　　　　　　　　　　　　　　　　　　　　　　　)

(2) If you had one million dollars, what would you do ?

　　(　　　　　　　　　　　　　　　　　　　　　　　　　　　　　　　　)

(3) I wish I could drive a racing car.

　　(　　　　　　　　　　　　　　　　　　　　　　　　　　　　　　　　)

(4) I wish I knew her phone number.

　　(　　　　　　　　　　　　　　　　　　　　　　　　　　　　　　　　)

3 次の日本文に合うように，____に適語を入れなさい。

(1) もし 10 歳若ければ，エベレスト登山に挑戦するだろうに。

　　If I _____ ten years younger, I _____ try to climb Mt. Everest.

(2) もし明日雨が降れば，私は家で宿題をするつもりです。

　　If it _____ tomorrow, I _____ do my homework at home.

(3) もっと明るいニュースがあればいいのに。

　　I wish there _____ more cheering news.

(4) 明日あなたが私たちと来てくれたらいいなあと思います。

　　I hope you _____ come with us tomorrow.

(5) あなたが翼を持っていたら，あなたはどうしますか。

　　What _____ you do if you _____ wings ?

4 次の（　）にあてはまるものを下から選び，記号で答えなさい。

(1) It is raining very hard. （　　　）.

(2) （　　　）if you need my help.

(3) If it were sunny, （　　　）.

(4) This is a present for you. （　　　）.

> ア　I would go fishing in the river
> イ　I wish I had an umbrella with me
> ウ　Please let me know
> エ　I hope you will like it

5 次の日本文に合うように，（　）内の語句を並べかえて，全文を書きなさい。

(1) 彼がここにいてくれたらなあ。
（ wish, were, he, I, here ）.

(2) あなたと同じくらいスキーが上手であればなあ。
（ well, ski, as, wish, I, I, could ）as you do.

(3) もし私があなたなら，そんなことはしないだろうに。
I (such, do, if, were, wouldn't, I, a thing) you.

(4) もし彼女がこれを知っていれば，何と言うだろうか。
What (say, she, she, would, if, knew) this?

▶ ここで差をつける！ ◀

仮定法過去：「もし～なら，…であろうに」と現在の事実と異なることを示す表現で，現在の内容でも過去時制を使う。

・**現在の事実**：As I am busy, I can't go to the party.（現在の事実なので時制は現在形）
　↓　「忙しいので，パーティーに行くことができない」
・**仮　定　法**：If I *were not busy, I could go to the party.
　　　　　　（現在の内容でも仮定法では過去形が使われる）
　　　「もし忙しくなければ，パーティーに行けるのに」
*be 動詞は人称に関係なく were を使うことが多い。口語では was も使われる。

Step **A** ▶ Step **B** ▶ Step **C**

1 次の（　）内の語を適切な形に直しなさい。　　　　　　　（3点×3—9点）

(1) If I (be) younger, I could run faster than you do.　　　_____

(2) If I (know) his e-mail address, I could send a message to him.　_____

(3) What will we do if it (snow) tomorrow ?　　　　　　　_____

2 次の（　）にあてはまるものを選び，記号で答えなさい。　　　（4点×2—8点）

(1) Maki is a good swimmer. I wish I (　　　　) like her.

　　ア　will swim　　イ　can swim　　ウ　swim　　　　エ　could swim

(2) What would you do if you (　　　) a lot of money on the street ?

　　ア　find　　　　イ　found　　　　ウ　were found　　エ　have found

3 次の各組の文がほぼ同じ内容になるように，＿＿に適語を入れなさい。　（4点×3—12点）

(1) { I don't have a driver's license, so I can't drive a car.

　　{ _____ I _____ a driver's license, I _____ drive a car.

(2) { I'm sorry Jack isn't here now.

　　{ I _____ Jack _____ here now.

(3) { If we had more time, we could finish the work.

　　{ _____ more time, we could finish the work.

4 次の文の意味を書きなさい。　　　　　　　　　　　　　　（4点×2—8点）

(1) She looks as if she saw a ghost.

　　(　　　　　　　　　　　　　　　　　　　　　　　　　　　　　)

(2) Without the sun, the earth would be a frozen planet.

　　(　　　　　　　　　　　　　　　　　　　　　　　　　　　　　)

5 次の日本文に合うように，＿＿に適語を入れなさい。　　　　（5点×3—15点）

(1) 雪が降っていなければ，家に帰れるのに。

　　If it _____ snowing, I _____ come home.

(2) 水がなくては，生き物は存在できないだろう。

　　_____ water, no living things _____ exist.

(3) あなたはまるですべてを知っているかのように話しますね。

　　You talk _____ if you _____ everything.

6 次の日本文に合うように，（　）内の語句を並べかえて，全文を書きなさい。　（6点×3—18点）

(1) あなたが私の立場なら，あなたはどうしますか。

（ if, would, do, in, were, what, you, you) my position ?

_____

(2) あなたがいなければ，私は一日も生きてはいけないだろう。

I (you, not, a single, without, day, could, live).

(3) ナオトはまるでアメリカ人のように英語を話します。

(English, he, an American, speaks, if, Naoto, were, as).

_____

7 次の文を英語で書きなさい。　（7点×2—14点）

(1) 彼くらい上手にスキーができればなあ。

_____

(2) もし私があなたなら，私は彼に真実を話すだろうに。

_____

8 あなたのクラスでは，英語の授業で，3年間の学習のまとめとして，英語の文集をつくることになりました。次のテーマについて英語で書きなさい。　（16点）〔山形一改〕

テーマ	**A** 今までで一番うれしかったこと　　**B** 将来ぜひやってみたいこと

・3文以上の英文で，まとまりのある内容になるように書くこと。
・人や社会とのかかわりの中で，「うれしかったこと」と「やってみたいこと」を書くこと。
・それぞれのテーマは次の書き出しで始めること。なお，書き出しの英語も記入すること。

A I was happiest when　　**B** I really want to

A _____

B _____

▶ Words & Phrases ◀

□message「メッセージ」　□license「免許証」　□ghost「幽霊」　□frozen「凍った」
□position「立場，地位」

Step A 〉 Step B 〉 Step C

●時間 30分	●得点
●合格点 70点	点

解答▶別冊 42 ページ

1 次の（　）にあてはまるものを選び，記号で答えなさい。　　　　　（6点×3―18点）

(1) The old man （　　　） yesterday was my best friend's grandfather.　　　　　　　　　　　　　〔関西学院高等部〕

　　ア　I saw him　　イ　I saw who　　ウ　who saw I　　エ　I saw

(2) If I （　　　） younger, I could run faster.

　　ア　am　　イ　were　　ウ　is　　エ　will be

(3) They are my good friends （　　　） the tennis club.

　　ア　who they are belonging to　　イ　who belong to

　　ウ　who they belong to　　エ　who is belonging to

　　　　　　　　　　　　　　　　　〔青山学院高等部―改〕

(1)	
(2)	
(3)	

2 次の(1)～(5)は，ある単語の定義とその例文です。それぞれの例文の（　）に適切な1語を入れなさい。　　　〔早実高等部〕　　（6点×5―30点）

(1) *a book that gives you a list of words and explains their meanings*

　　When you study English, you have to use a （　　　　）.

(2) *a person who does a job without receiving any money*

　　She went to Iwate to work as a （　　　　）.

(3) *a room or building which keeps a lot of books that you can usually borrow*

　　I cannot study hard at home, so I often go to the city （　　　　） and study there.

(4) *a page or series of pages showing the days, weeks and months of a year*

　　There is a （　　　　） which has beautiful mountain pictures on the wall.

(5) *a drawing of a town, a country or the world that shows things like mountains, rivers and roads*

　　I'm a stranger here.　Where am I on this （　　　　）?

(1)	
(2)	
(3)	
(4)	
(5)	

3 次の日本文に合うように，（　）内の語を並べかえて，全文を書きなさい。

(1) 私が待っているバスはもう 10 分遅（おく）れています。

　　The bus （ am, for, I, is, that, waiting ） now ten minutes late.　　〔桐蔭学園高―改〕

(2) 私は自分の意見を好んで言う日本人にほとんど会ったことがない。

　　I （ Japanese, of, met, are, expressing, few, who, have, fond ） their own opinions.

　　　　　　　　　　　　　　　　　　〔明治大付中野高〕

（8点×2―16点）

(1)	
(2)	

4 「時差ぼけ(jet lag)」について書かれた次の英文を読んで，あとの各問いに答えなさい。

〔鳥取〕

A　Some people feel tired after riding on a plane for a long time. They feel more tired if they fly from one time zone to another. This is called jet lag. They also sometimes feel (　　　　). They get headaches and sometimes have problems about eating and sleeping.

B　How much jet lag do you get ? There are many different cases. It is easier to get over jet lag after flying from east to west than from west to east. People who go to bed late can go back to their normal life more quickly than people who go to bed early. Older people feel jet lag more often than younger people.

C　If you don't want to have a hard time with jet lag, you should drink a lot of water on the plane and take comfortable clothes with you.

注　time zone　時間帯　　sleeping　睡眠　　case(s)　場合　　get over　克服する　　normal　通常の
　　hard　つらい　　comfortable clothes　着ごこちのよい衣服

(1)　(　)にあてはまる語として，最も適当なものを，次のア～エからひとつ選び，記号で答えなさい。

　　ア　happy　　イ　right　　ウ　sick　　エ　fine

(2)　時差ぼけが早く治る人について説明している文として，最も適当なものを，次のア～エからひとつ選び，記号で答えなさい。

　　ア　東から西へ飛行機で移動する人と早寝をする人
　　イ　東から西へ飛行機で移動する人と夜ふかしをする人
　　ウ　西から東へ飛行機で移動する人と早寝をする人
　　エ　西から東へ飛行機で移動する人と夜ふかしをする人

(3)　本文の内容に一致する英文として，最も適当なものを，次のア～エからひとつ選び，記号で答えなさい。

　　ア　If you drink a lot of water, you will sometimes get jet lag.
　　イ　If you ride on a plane at night, you will get jet lag.
　　ウ　If you are very old, you will not get jet lag.
　　エ　If you get jet lag, you sometimes don't want to eat.

(4)　段落A～Cの要旨の組み合わせとして，最も適当なものを次のア～エからひとつ選び，記号で答えなさい。

　　ア　A　時差ぼけの症状　　B　時差ぼけの程度　　C　時差ぼけの対策
　　イ　A　時差ぼけの症状　　B　時差ぼけの対策　　C　時差ぼけの程度
　　ウ　A　時差ぼけの程度　　B　時差ぼけの症状　　C　時差ぼけの研究
　　エ　A　時差ぼけの対策　　B　時差ぼけの程度　　C　時差ぼけの研究

（9点×4—36点）

(1)	(2)	(3)	(4)

長文問題（4）

解答▶別冊 43 ページ

1 次の英文を読んで，あとの問いに答えなさい。
〔鳥取〕

　　Tomoko likes her mother very much. ①But there was one thing about her she didn't like. It was her mother's purse. It was too old, but her mother liked it very much and always used it when she went out.

　　One day when her mother was about to go shopping with the old purse, Tomoko said to her, "I don't like your old purse." Tomoko's mother looked （ ② ） and said, "It is old but important to me. Have you already forgotten these flower patterns ?" Before Tomoko could answer, her mother got a phone call and she left.

　　The next day was Tomoko's fifteenth birthday. Her mother said, "Happy birthday, Tomoko," and gave her a present. "Thank you," said Tomoko. Then Tomoko remembered her mother's question and said, "Mom, can you tell me about your old purse ?" Her mother showed her the purse and said, "Do you remember your grandmother's favorite *kimono* ? ③When I found the *kimono*, it was too old to wear. But I really wanted to use something my mother loved. So, I went to a store that makes purses, and the people at the store made this purse from the *kimono*."

　　"Oh ... it's from grandmother's *kimono* ..." Tomoko remembered that her grandmother often wore the *kimono*. Tomoko said, "I'm sorry, Mom. I said I didn't like the purse yesterday, but I didn't understand." Then Tomoko's mother said, "④I have another birthday present for you. I will give you this purse. Please don't forget your grandmother." Tomoko thought for a while and said to her mother, "Thank you, Mom. Of course I want to remember her. But she was your mother and you loved her very much. I think the purse is more meaningful to you, so ⑤please keep the purse. But can I sometimes use it ?" Her mother looked happy and said with a smile, "（ ⑥ ）"

　　注　purse （女性用）ハンドバッグ　　was about to ～　今にも～しようとしていた　　forgotten　forget の過去分詞
　　　　pattern(s)　模様　　phone call　電話がなること　　*kimono*　（日本の）着物
　　　　too ～ to ...　とても～なので…できない　　wear　着ている　　wore　wear の過去形　　for a while　しばらく
　　　　smile　笑顔

(1)　下線部①について，友子(Tomoko)が好きではないものとして，最も適切なものを，次の**ア**〜**エ**から 1 つ選び，記号で答えなさい。
（10点）
　　ア　友子が持っている古いハンドバッグ
　　イ　友子がなくしてしまった新しいハンドバッグ
　　ウ　友子の母がなくしてしまった新しいハンドバッグ
　　エ　友子の母が持っている古いハンドバッグ

(2)　（ ② ）にあてはまる語として，最も適切なものを，次の**ア**〜**エ**から 1 つ選び，記号で答えなさい。
（10点）
　　ア　sad　　**イ**　happy
　　ウ　old　　**エ**　free

(3) 下線部③について，友子の母親は，着物をどこでどのようにしてもらいましたか。日本語で
説明しなさい。 (15点)

(4) 下線部④について母親が友子に「もう1つの誕生日プレゼント」を贈（おく）ろうとした理由を，日
本語で答えなさい。 (15点)

(5) 友子は，なぜ下線部⑤のように言いましたか。その理由を日本語で答えなさい。 (15点)

(6) （　⑥　）にあてはまる表現を，本文の内容から判断して，英語で答えなさい。 (15点)

(7) 本文の内容に一致（ち）する英文を，次の**ア〜カ**から2つ選び，記号で答えなさい。
　ア　Tomoko doesn't like going shopping with her mother who wears a *kimono*.
　イ　Tomoko likes the flowers that her mother gave her on her birthday.
　ウ　Tomoko's grandmother liked the *kimono* which had flower patterns on it.
　エ　Tomoko's grandmother used the old purse because she liked it very much.
　オ　Tomoko's mother told Tomoko about her old purse on Tomoko's birthday.
　カ　Tomoko wanted to give her mother a *kimono* as a birthday present for her.

(10点×2—20点)

15 文 構 造 (1)

Step A 〉 Step B 〉 Step C 〉

解答▶別冊 44 ページ

1 次の( )内から適切なものを選び，○で囲みなさい。

(1) Your plan sounds (fun, like fun).

(2) This flower smells (sweet, sweetly).

(3) I (hope, want) that you'll like the present.

重要 (4) Do you know where (do they come, they come) from ?

(5) We don't know when Ron (goes, will go) to Australia next year.

(6) Tom sings very (good, well).

2 次の日本文に合うように，＿＿に適語を入れなさい。

(1) あなたは今日，いつもとちがって見えます。

You ＿＿＿＿＿＿ ＿＿＿＿＿＿ today.

(2) 彼女^{かの}はていねいに返事をしました。

She ＿＿＿＿＿＿ ＿＿＿＿＿＿.

(3) あなたの夢はいつか実現するでしょう。

Your dream will ＿＿＿＿＿＿ ＿＿＿＿＿＿ someday.

(4) 私たちは，月が丸いということを知っています。

We ＿＿＿＿＿＿ ＿＿＿＿＿＿ the moon is round.

重要 (5) だれもどうしてスーザンが遅^{おく}れているのかわかりません。

＿＿＿＿＿＿ knows ＿＿＿＿＿＿ Susan is late.

重要 **3** 次の各組の文がほぼ同じ内容になるように，＿＿に適語を入れなさい。

(1) ｛ I didn't know what to do next.
　　 I didn't know ＿＿＿＿＿＿ I ＿＿＿＿＿＿ do next.

(2) ｛ Do you know his age?
　　 Do you know ＿＿＿＿＿＿ ＿＿＿＿＿＿ he is ?

(3) ｛ It was easy for me to solve the problem.
　　 I ＿＿＿＿＿＿ the problem ＿＿＿＿＿＿.

(4) ｛ We know the way to the post office.
　　 We know ＿＿＿＿＿＿ ＿＿＿＿＿＿ can get to the post office.

(5) ｛ He is proud of being a doctor.
　　 He is proud ＿＿＿＿＿＿ he ＿＿＿＿＿＿ a doctor.

4 下線部に注意して，次の文の意味を書きなさい。

(1) ① Mike <u>runs</u> before breakfast.

(　　　　　　　　　　　　　　　　　　　　　　　　　　　　　　　　　　)

② My mother <u>runs</u> a beauty salon.

(　　　　　　　　　　　　　　　　　　　　　　　　　　　　　　　　　　)

(2) ① My father <u>got</u> angry with me.

(　　　　　　　　　　　　　　　　　　　　　　　　　　　　　　　　　　)

② Kate <u>got</u> a bike on her birthday.

(　　　　　　　　　　　　　　　　　　　　　　　　　　　　　　　　　　)

5 次の日本文に合うように，（　）内の語句を並べかえて，全文を書きなさい。

(1) このスープはとてもおいしい。

(really, this, tastes, soup, good).

――――――――――――――――――――――――――――――――――

(2) パーティには何人来るか言えますか。

Can you (many, come, will, how, people, tell) to the party ?

(3) あなたたちはこのタワーがどれくらいの高さかわかりますか。

Do you (is, how, this, tower, know, tall) ?

――――――――――――――――――――――――――――――――――

(4) 彼_{かれ}はきっとまた来ると思います。

I am (he, sure, again, come, will).

――――――――――――――――――――――――――――――――――

6 次の文を英語で書きなさい。

(1) 彼女_{かの}がなぜそんなことを言ったのか理解できません。

――――――――――――――――――――――――――――――――――

(2) 私はだれがこの小説を書いたか知りたい。

――――――――――――――――――――――――――――――――――

3
年

1
2
3
4
Step
C
長文
問題(1)
5
6
7
Step
C
長文
問題(2)
8
9
10
Step
C
長文
問題(3)
11
12
13
14
Step
C
長文
問題(4)
15
16
17
18
19
Step
C
長文
問題(5)
実力
テスト(1)
実力
テスト(2)

▌ここで差をつける！▐

fun「楽しみ」は名詞なので使い方に注意する

・「とても楽しい」　　　　： ○ a lot of **fun**　　　　× very fun

・「(人が)楽しんでいる」： ○ You are having **fun**.　× You are fun.

・「(事が)楽しそうだ」　： ○ It looks like **fun**.　*△ It looks fun.

　*形容詞的に It looks fun. も使われることがあるが，英作文などでは名詞として扱_{あつか}うほうが好ましい。

➤➤➤➤➤➤➤➤➤➤➤➤ **Words & Phrases** ◄◄◄◄◄◄◄◄◄◄◄◄◄

□beauty salon「美容室」　　□tower「タワー，塔_{とう}」

Step A ▶ Step B ▶ Step C

●時 間 30分	●得 点
●合格点 70点	点

解答▶別冊 45 ページ

1 次の（　）にあてはまるものを選び，記号で答えなさい。　　　　　　　　　（2点×3—6点）

(1) （　　　）do you say *okozukai* in English ?　　　　　　　　〔駿台甲府高〕

　　ア　What　　イ　Why　　ウ　Who　　エ　How　　　　　　　（　　　）

重要 (2) I don't know （　　　）.　　　　　　　　　　　　　　　　〔東大寺学園高〕

　　ア　where he lives　　イ　where does he live

　　ウ　where lives he　　エ　does he live where　　　　　　　（　　　）

(3) My key was in my pocket, but I don't remember（　　　）it there.

　　ア　to put　　イ　putting　　ウ　put　　エ　to be put　　〔久留米大附設高〕

　　　　　　　　　　　　　　　　　　　　　　　　　　　　　　（　　　）

2 次の日本文に合うように，＿＿＿に適語を入れなさい。　　　　　　　　（4点×4—16点）

(1) 私は何を話したらよいかわかりませんでした。

　　I didn't know ＿＿＿＿＿＿ I ＿＿＿＿＿＿ talk about.　　〔滋賀—改〕

(2) どうして一郎はこんなに遅いのでしょう。

　　I'm just ＿＿＿＿＿＿ ＿＿＿＿＿＿ Ichiro is so late.　　〔早実高等部〕

(3) きっとあなたは試合に勝つでしょう。

　　＿＿＿＿＿＿ ＿＿＿＿＿＿ you ＿＿＿＿＿＿ win the game.

(4) あなたはフランスの首都はどこか知っていますか。

　　Do you know ＿＿＿＿＿＿ the capital of France is ?　　〔愛光高—改〕

3 次の各組の文がほぼ同じ内容になるように，＿＿＿に適語を入れなさい。　（5点×6—30点）

(1) {
I'm hoping for your safe return.
I'm hoping that you ＿＿＿＿＿＿ ＿＿＿＿＿＿ ＿＿＿＿＿＿.
}　　〔愛光高—改〕

重要 (2) {
We have a lot of rain here in June.
＿＿＿＿＿＿ ＿＿＿＿＿＿ a lot here in June.
}　　〔関西学院高等部〕

難 (3) {
I don't know which way I should go as I am a stranger here.
I have no ＿＿＿＿＿＿ which way ＿＿＿＿＿＿ go as I am a stranger here.
}　　〔青雲高〕

(4) {
I won't have to get up so early tomorrow.
＿＿＿＿＿＿ won't be necessary ＿＿＿＿＿＿ me to get up so early tomorrow.
}　　〔久留米大附設高〕

(5) {
My brother doesn't get up early in the morning.
My brother isn't an ＿＿＿＿＿＿ ＿＿＿＿＿＿.
}　　〔市川高〕

(6) {
John said, "I have a DVD in my bag."
John said that ＿＿＿＿＿＿ ＿＿＿＿＿＿ a DVD in ＿＿＿＿＿＿ bag.
}　　〔慶應義塾高—改〕

4 次の日本文に合うように，（　）内の語を並べかえて，全文を書きなさい。　　　　（6点×5—30点）

重要 (1) 私は野球がバスケットボールと同じくらいおもしろいと思います。

I (think, as, as, is, exciting, baseball) basketball.　　　〔神奈川—改〕

_____

(2) あなたは彼_{かれ}らが何について話しているかわかりますか。

Do you (are, about, what, talking, they, know) ?　　　〔沖縄—改〕

_____

(3) 残念ですがあなたには賛成できません。

I'm (don't, you, afraid, I, with, agree).

_____

(4) 彼女がどんなセーターを買ったかわかりません。

I don't know (sweater, kind, bought, what, she, of).　　　〔郁文館高—改〕

_____

難 (5) この学校にはたくさんのクラブがあることを聞いて驚きました。　　　〔成城学園高—改〕

I was (hear, that, clubs, surprised, to, many, were, there) in this school.

_____

5 あなたの学校を，アメリカの学校の生徒たちが，訪問することになっています。あなたは，活動リスト（Activity List）に示されているものの中から1つ選び，交流活動の計画を立てることにしました。次の英文は，あなたが ALT（外国語指導助手）とその計画について，話をしているときのものです。（①　　）～（③　　）に入る英語をそれぞれ1文または2文で書きなさい。ただし，それぞれの（　　）内に示されている英語で文を始めること。〔岐阜〕　（6点×3—18点）

Activity List

basketball　　Japanese language
school lunch　　Japanese song

ALT : When the students from America come to our school, what would you like to do ?

You : (①　I 　　　　　　　　　　　　　　　　　　　　　　　　　　　　　）

ALT : Why would you like to do it ?

You : (②　Because 　　　　　　　　　　　　　　　　　　　　　　　　　）

ALT : What will you do to make the activity more interesting ?

You : (③　I 　　　　　　　　　　　　　　　　　　　　　　　　　　　　　）

◆━━━━━━━━━━━━▶ **Words & Phrases** ◀━━━━━━━━━━━━◆

□capital「首都」　　□return「戻_{もど}ること」　　□stranger「不案内な人」　　□sweater「セーター」

3年

1
2
3
4
Step C
長文問題(1)
5
6
7
Step C
長文問題(2)
8
9
10
Step C
長文問題(3)
11
12
13
14
Step C
長文問題(4)
15
16
17
18
19
Step C
長文問題(5)
実力テスト(1)
実力テスト(2)

16 文 構 造 (2)

Step A 〉 Step B 〉 Step C

解答▶別冊 46 ページ

重要 1 次の ( )内から適切なものを選び，○で囲みなさい。

(1) Mother will buy (me, to me, for me) a new bag on Christmas.

(2) It's cold outside. Keep yourself (warm, warmly).

(3) I gave (him it, it to him).

(4) May I ask a favor (to, for, of) you ?

(5) What did you (like, feel, name) your cat ? — Sooty.

2 次の日本文に合うように，＿＿に適語を入れなさい。

(1) その本はとてもおもしろいとわかりますよ。

You will ＿＿＿＿＿＿ the book very ＿＿＿＿＿＿.

(2) 彼女(かの)は私に伝統的な韓国料理を作ってくれました。

She cooked traditional Korean dishes ＿＿＿＿＿＿ ＿＿＿＿＿＿.

(3) 彼(かれ)は私にその映画はつまらないと言いました。

He ＿＿＿＿＿＿ ＿＿＿＿＿＿ ＿＿＿＿＿＿ the movie was boring.

(4) マイクから電話をかけさせましょうか。

Do you ＿＿＿＿＿＿ Mike ＿＿＿＿＿＿ ＿＿＿＿＿＿ you back ?

重要 (5) ドアを開けたままにしておいてはいけません。

Don't ＿＿＿＿＿＿ the door ＿＿＿＿＿＿.

3 次の各組の文がほぼ同じ内容になるように，＿＿に適語を入れなさい。

(1) I like Japanese food.
I'm ＿＿＿＿＿＿ ＿＿＿＿＿＿ Japanese food.　　　　〔実践学園高〕

(2) I got a letter from her.
She ＿＿＿＿＿＿ ＿＿＿＿＿＿ a letter.

(3) I said to Bob, "Help me with my work, please."
I ＿＿＿＿＿＿ Bob ＿＿＿＿＿＿ help me with my work.

重要 (4) What is the name of the mountain ?
What do you ＿＿＿＿＿＿ the mountain ?　　　　〔実践学園高〕

(5) Why are you so angry?
＿＿＿＿＿＿ ＿＿＿＿＿＿ you so angry ?　　　　〔立教新座高〕

4 会話が成り立つように，＿＿内に適当な語を入れなさい。　〔関西学院高等部—改〕

(1) *Tom:* ＿＿＿＿＿ subject do you like best ?

　　John: English is my ＿＿＿＿＿ subject.

(2) *Shinji:* You know a lot of English vocabulary. ＿＿＿＿＿ did you learn those words ?

　　Miho : By ＿＿＿＿＿ books ＿＿＿＿＿ in English.

(3) *Ken :* Mt. Fuji is ＿＿＿＿＿ ＿＿＿＿＿ mountain in Japan.

　　Mike: That's right. But in the world, there are many mountains that are

　　　　＿＿＿＿＿ ＿＿＿＿＿ Mt. Fuji.

5 次の日本文に合うように，（　）内の語句を並べかえて，全文を書きなさい。

(1) 私は自転車を修理してもらうつもりです。

　　(have，bike，I'll，fixed，my)．

　　＿＿＿＿＿＿＿＿＿＿＿＿＿＿＿＿＿＿＿

(2) あなたは何になりたいか私に教えてください。

　　Tell (want，me，to，you，what，be)，please.

　　＿＿＿＿＿＿＿＿＿＿＿＿＿＿＿＿＿＿＿

(3) 私たちはこの海岸をきれいにしておかなければなりません。

　　We have (beach，clean，this，keep，to)．

　　＿＿＿＿＿＿＿＿＿＿＿＿＿＿＿＿＿＿＿

6 次の文を英語で書きなさい。

(1) あなたたちはこの食べ物を何と呼びますか。

　　＿＿＿＿＿＿＿＿＿＿＿＿＿＿＿＿＿＿＿

(2) まちがうことをこわがってはいけません。

　　＿＿＿＿＿＿＿＿＿＿＿＿＿＿＿＿＿＿＿

(3) 父は私に読み書きを教えてくれました。

　　＿＿＿＿＿＿＿＿＿＿＿＿＿＿＿＿＿＿＿

━━━ **ここで差をつける！** ━━━

主語が無生物で，目的語が人の場合の日本語：原因や理由と解釈する

・**The news made him sad.**　　「その知らせを聞いて，彼は悲しんだ」

　　　　　　　　　　　　　　直訳：その知らせが彼を悲しませた

　The book tells you how to cook.　「その本を読めば，料理の仕方がわかる」

　　　　　　　　　　　　　　直訳：その本があなたに料理の仕方を教える

━━━━━━━━━━ ▶ **Words & Phrases** ◀ ━━━━━━━━━━

□ask a favor「お願いする」　　□vocabulary「語い」

Step A ▶ Step B ▶ Step C

●時間 30分　●得点
●合格点 70点　　　点

解答▶別冊 46 ページ

1 次の日本文に合うように，____に適語を入れなさい。　　　（3点×4—12点）

難 (1) 何かお手伝いが必要であれば，私に知らせてください。

　　 If you need any help, please _____ me _____.

重要 (2) 彼(かれ)は娘(むすめ)をアンと名づけました。

　　 He _____ his _____ _____.

(3) 私はこの写真を見ると楽しかった学生時代を思い出します。

　　 This picture reminds _____ _____ my happy school days.　〔灘高〕

(4) 明日来ると私たちに約束してください。

　　 Promise _____ _____ you will come tomorrow.

2 次の各組の文がほぼ同じ内容になるように，____に適語を入れなさい。　（5点×4—20点）

(1) ｛ I won't play an online game after 10 p.m.

　　 I make _____ a _____ not to play an online game after 10 p.m. 〔慶應義塾高—改〕

(2) ｛ He has twice as many books as I have.

　　 I have _____ the _____ of his books.　〔大阪星光学院高〕

(3) ｛ Friendship is the most important for me.

　　 _____ is _____ _____ than friendship for me. 〔慶應義塾高—改〕

難 (4) ｛ Yesterday he said to me, "Are you going to do your homework tomorrow ?"

　　 Yesterday he asked me _____ I was going to do my homework _____.

〔久留米大附設高—改〕

3 次の各英文の（　）内に入る語句として，最も適切なものをそれぞれ1つずつア〜エの中から
選び，○で囲みなさい。　〔慶應義塾志木高—改〕（3点×5—15点）

(1) He can't get used （　　　） at night.

　　 ア　working　　イ　to working　　ウ　work　　エ　worked

(2) I （　　　） at the airport.

　　 ア　was stolen my passport　　イ　was my passport stolen

　　 ウ　had stolen my passport　　エ　had my passport stolen

(3) I should （　　　） to foreign countries when I was young.

　　 ア　be traveling　　イ　travel　　ウ　traveled　　エ　have traveled

(4) Would you like to have （　　　） cup of coffee ?

　　 ア　another　　イ　other　　ウ　more　　エ　much

(5) Nancy （　　　） the building yesterday.

　　 ア　is seen to have entered　　イ　was seen to enter

　　 ウ　was seen enter　　エ　was seen have entered

4 次の日本文に合うように，（　）内の語を並べかえて，全文を書きなさい。 （6点×4—24点）

(1) 彼のおかげで，私はとても幸せになりました。
（made, so, he, happy, me）.　　　　　　　　　　〔駒込高〕

_____

(2) 辞書を引けば単語の意味がわかります。
Your dictionary（ you, mean, tells, what, words ）.　　〔郁文館高一改〕

(3) 先生に何をしたらよいか聞いてみたらどうですか。
Why don't you（ should, ask, you, what, teacher, your ）do ?　〔高知学芸高一改〕

_____

(4) 数ページ読んだだけで，この小説はとても読み難いとわかった。　〔明治大付中野高〕
After reading only a few pages,（ this, difficult, I, read, novel, found, to, very ）.

5 次の会話文を完成させるために（　）に入る最も適切な表現を，それぞれの選択肢のア～エの中から1つ選び，その記号を○で囲みなさい。 （6点×2—12点）〔実践学園高一改〕

(1) *A :* What's the best way to get to the movie theater from here ?
　B :（　　　　　　　　　　　　　　　）
　ア　I like the movie theater best too.
　イ　It's the best to take a taxi.
　ウ　It's not far from here.
　エ　The best theater is the Royal on Talbot Street.

(2) *A :* This cake is delicious.　Can I have some ?
　B : Sure.（　　　　　　　　　　　　　）
　ア　It's not yours.　　　　イ　I'm ready to have them.
　ウ　Please help yourself.　エ　You look thirsty.

6 "Failure is the mother of success." Explain what this means. Use an example from your own experience. Write in English and use about 50 words.

（17点）〔慶應義塾女子高一改〕

_____
_____
_____
_____
_____
_____

1
2
3
4
Step C
長文問題(1)
5
6
7
Step C
長文問題(2)
8
9
10
Step C
長文問題(3)
11
12
13
14
Step C
長文問題(4)
15
16
17
18
19
Step C
長文問題(5)
実力テスト(1)
実力テスト(2)

>>>>>>>>>>>>>>>>>>>>>>>>>>>>>>　Words & Phrases　<<<<<<<<<<<<<<<<<<<<<<<<<<<<<<

□friendship「友情」　　□airport「空港」　　□passport「パスポート」　　□enter「入る」

17 名詞・冠詞・代名詞

Step A ⟩ Step B ⟩ Step C

解答▶別冊 47 ページ

1 CとDの関係がAとBの関係と同じになるように，＿＿に適語を入れなさい。　〔実践学園高〕

	A	B	C	D
(1)	woman	women	tooth	＿＿＿＿＿
(2)	write	writer	visit	＿＿＿＿＿
(3)	live	life	die	＿＿＿＿＿
(4)	beautiful	beauty	happy	＿＿＿＿＿
(5)	meat	meet	piece	＿＿＿＿＿

2 次の＿＿に a，an，the のうちから適語を入れなさい。

(1) There was ＿＿＿＿＿＿ uniform in my locker.

(2) Pass me ＿＿＿＿＿＿ salt, please.

(3) My father will stay home in ＿＿＿＿＿＿ morning.

(4) We can see ＿＿＿＿＿＿ full moon tonight.

(5) His school is in ＿＿＿＿＿＿ north of this city.

(6) The boy is ＿＿＿＿＿＿ 11-year-old student in Tokyo.

3 次の（　）内から適切なものを選び，○で囲みなさい。

(1) I like (one, either, both) of the two pictures. They are fantastic.

(2) Jim usually goes to school by (bus, a bus, buses).

(3) Will you give me (a few, a glass of, two) water ?

(4) My (family, families) lives in Yokohama.

(5) This cap is too small. Do you have a bigger (it, that, one) ?

(6) Whose pen is this? — It's (my, me, mine).

4 次の日本文に合うように，＿＿に適語を入れなさい。

(1) エミリーは最近，何をしていますか。

　　What's Emily doing ＿＿＿＿＿＿ ＿＿＿＿＿＿ ?

(重要) (2) 箱の中にケーキが2切れあります。

　　There are two ＿＿＿＿＿＿ of ＿＿＿＿＿＿ in the box.

(3) からだに気をつけてください。

　　Take care ＿＿＿＿＿＿ ＿＿＿＿＿＿.

(4) 私はいろいろな国の人と友だちになりたい。

　　I want to make ＿＿＿＿＿＿ with people from different ＿＿＿＿＿＿.

5 次の文の意味を書きなさい。

(1) It took me an hour to do my homework.

( )

(2) I met a friend of mine on the street.

( )

重要 (3) Please make yourself at home.

( )

(4) You have to change trains at the next stop.

( )

6 次の各組の文中の2つの( )に共通して入る1語を答えなさい。　〔豊島岡女子学園高〕

(1) ⌈ We always feel that ( ) flies when we are having fun.
  ⌊ It's ( ) to go to bed, but I haven't finished my homework yet.

_____

(2) ⌈ This box is ( ) enough for me to carry.
  ⌊ Please turn on the ( ).

_____

7 次の文を英語で書きなさい。

(1) その部屋には何人いましたか。

_____

(2) 私たちのほとんどはこの計画に賛成しています。

_____

(3) メアリーと私は長い間の知り合いです。

_____

3
年
1
2
3
4
Step C
長文
問題(1)
5
6
7
Step C
長文
問題(2)
8
9
10
Step C
長文
問題(3)
11
12
13
14
Step C
長文
問題(4)
15
16
17
18
19
Step C
長文
問題(5)
実力
テスト(1)
実力
テスト(2)

ここで差をつける！

物質名詞の数え方

・a cup of coffee「1杯のコーヒー」　a glass of water「1杯の水」
　a piece of cake「1切れのケーキ」　a piece〔sheet〕of paper「1枚の紙」
　a slice of bread「1切れのパン」　a spoonful of sugar「1さじの砂糖」など

複数形を使う表現

・make friends with「友達になる」　change trains〔buses〕「乗り換える」
　shake hands「握手する」

▶ **Words & Phrases** ◀

□full moon「満月」　　□fantastic「すばらしい」

Step A　Step B　Step C

●時　間 30分　●得　点
●合格点 70点　　　　点

解答▶別冊 48 ページ

1 次の(1)〜(4)の英文の下線部と同じ発音を含む単語を選択肢から選び，記号で答えなさい。

〔久留米大附設高一改〕（3 点×4—12 点）

(1) Eating p<u>ea</u>s can be difficult because they often roll off the plate.

ア disapp<u>ea</u>r　イ dis<u>ea</u>se　ウ dis<u>o</u>bey　エ incr<u>ea</u>se　　　（　　）

(2) Watching birds gives him great pl<u>ea</u>sure.

ア cr<u>ea</u>ture　イ inst<u>ea</u>d　ウ br<u>ea</u>the　エ imm<u>e</u>diately　　　（　　）

(3) The teacher all<u>ow</u>ed me to leave school early.

ア f<u>ou</u>l　イ l<u>o</u>se　ウ impr<u>o</u>ve　エ kn<u>ow</u>　　　（　　）

(4) They got married only r<u>e</u>cently.

ア compl<u>e</u>te　イ dr<u>i</u>ven　ウ de<u>ci</u>sion　エ h<u>ea</u>d　　　（　　）

2 次の（　）内から適切なものを選び，○で囲みなさい。

（3 点×8—24 点）

(1) Yesterday, we talked about (we, our, us, ours) families.

(2) (This, That, She, It) is difficult to find his house. 〔栃木〕

(3) Rick couldn't buy those CDs because he had (few, little, a few, many) money. 〔駒込高〕

(4) At first Meg and I were just friends and then we fell in love (each other, with each other, each one of us, with each one of us). 〔愛光高〕

重要 (5) Would you like (other, others, another, the others) cup of coffee ? 〔函館ラ・サール高一改〕

重要 (6) *A :* I bought this bag yesterday.

B : It looks good. I like (it, it's, its, it is) color. 〔千葉一改〕

重要 (7) *A :* Did you catch many fish in the river yesterday ?

B : No, I only caught (a few, much, too many, a lot of) fish. 〔福島〕

難 (8) Oliver is a good swimmer. He won today's (pool, race, lace, swim), and made a new school record in the 100-meter freestyle. 〔青雲高一改〕

3 次の日本文に合うように，＿＿＿に適語を入れなさい。

（4 点×4—16 点）

(1) ジョンとメアリーは学校へ行く途中で先生に会いました。

John and Mary met their teacher ＿＿＿＿＿＿ their ＿＿＿＿＿＿ to school. 〔駒込高〕

(2) 私は自分の時計が好きではありません。彼らのがいいです。

I don't like my watch. I like ＿＿＿＿＿＿ better.

(3) 5分後に戻ってきますね。

I will be back in five ＿＿＿＿＿＿. 〔(2), (3)法政大第二高〕

(4) 中古車のほうが新車よりもはるかによいと思います。

I think used cars are ＿＿＿＿＿＿ better than new ＿＿＿＿＿＿. 〔開成高〕

4 2つの対話文があります。それぞれの対話の状況を考え，最も適切な応答となるように □□□ に入るものを，下のア～エから選び，○で囲みなさい。 （6点×2—12点）〔富山〕

(1) *Maria:* Yuki, do you have a pen now ?

Yuki : Yes, I do.

Maria: [   ]

Yuki : Of course. Here you are.

　ア　Will you use your pen ?　　イ　Can I use your pen ?

　ウ　Do you use my pen ?　　エ　May I use my pen ?

(2) *Kazuo:* Tomorrow is Sunday.

Jack : Do you have any plans ?

Kazuo: Yes, I'm going to watch a baseball game. I have two tickets for it. Why don't you come with me ?

Jack : [   ]

　ア　OK, that's great !　　イ　Sorry, I didn't come.

　ウ　Oh, no! My ticket !　　エ　I know, it's Saturday today.

5 次の各組の文の空所に共通して入る単語を書きなさい。 （5点×4—20点）〔函館ラ・サール高〕

(1) { Please give me a (　　　　　　) tomorrow.
{ My friends usually (　　　　　　) me by my first name. 　　　_____

(2) { You have to (　　　　　　) trains at Sapporo.
{ I didn't have small (　　　　　　) when I took the bus. 　　　_____

(3) { It was (　　　　　　) to solve the math problem.
{ He practiced (　　　　　　) before the game. 　　　_____

重要 (4) { He cannot (　　　　　　) smoking.
{ Is there a bus (　　　　　　) around here ? 　　　_____

6 オーストラリアにいるマイク (Mike) から，次のような内容の電子メールが届きました。マイクの依頼にこたえる返事を，2文以上の英語で書きなさい。ただし，語数は全部で20語以上とし，符号 (. , ? ! など) は語数に含まないものとします。 （16点）〔和歌山〕

> I'll go to your school soon and study with you for two weeks. I want to know about your school. Can you tell me about it ? I'll talk about it with my family.

_____

_____

3年
1
2
3
4
Step C
長文問題(1)
5
6
7
Step C
長文問題(2)
8
9
10
Step C
長文問題(3)
11
12
13
14
Step C
長文問題(4)
15
16
17
18
19
Step C
長文問題(5)
実力テスト(1)
実力テスト(2)

▶━━━━━━━━━━━━━━━ **Words & Phrases** ◀━━━━━━━━━━━━━━━

□disappear「見えなくなる」　　□disease「病気」　　□disobey「服従しない」　　□increase「増える」

□pleasure「楽しみ，喜び」　　□creature「生き物」　　□instead「その代わりに」　　□breathe「呼吸する」

□immediately「すぐに」　　□allow「～を許す」　　□improve「～を改良する」　　□complete「完全な」

□freestyle「自由形」

18 時 制 の 一 致

解答▶別冊 49 ページ

1 次の（　）内から適切なものを選び，○で囲みなさい。

(1) I heard that John (speaks, spoke) Japanese when he stayed in Japan.

(2) Do you know where she (lives, lived) now ?

(3) I thought Tom (is, was) a good boy a short time ago.

(4) Linda said that she (will, would) go to France someday.

(5) What is the country you (visit, visited) last winter ?

2 次の___にあてはまる語を下から選びなさい。ただし，同じ語を 2 度使わないこと。

(1) ＿＿＿＿＿＿＿ I was very tired, I went to bed at once.

(2) ＿＿＿＿＿＿＿ it is fine tomorrow, we will go swimming.

(3) You must do your homework ＿＿＿＿＿＿＿ you go to bed.

(4) ＿＿＿＿＿＿＿ I saw him, he was writing a letter to his friend.

〔as, before, if, when〕

3 次の文の意味を書きなさい。

(1) I thought he was free.
 (　　　　　　　　　　　　　　　　　　　　　　　　　　　　）

(2) I don't think you have to do the work.
 (　　　　　　　　　　　　　　　　　　　　　　　　　　　　）

(3) I learned that the earth goes around the sun.
 (　　　　　　　　　　　　　　　　　　　　　　　　　　　　）

(4) You will get there before it gets dark.
 (　　　　　　　　　　　　　　　　　　　　　　　　　　　　）

(5) My teacher said he reads English books every day.
 (　　　　　　　　　　　　　　　　　　　　　　　　　　　　）

重要 4 例にならって，次の文を書きかえなさい。

〔例〕 He said, "I can run fast." → He said that he could run fast.

(1) She said, "I am washing dishes now."

(2) She said to me, "I'll wait for you here."

_____

(3) Ted said to me, "Do you know the song ?"

_____

5 次の各組の文がほぼ同じ内容になるように，____に適語を入れなさい。

重要 (1) ∫ If you get up early, you will catch the first train.
　　　 ∖ Get up early, _____ you will miss the first train.

(2) ∫ I said to her, "Please do it again."
　　 ∖ I _____ her to _____ it again.

(3) ∫ Did you know the size of this city in those days ?
　　 ∖ Did you know _____ large this city _____ in those days ?

重要 (4) ∫ Jiro says to me, "I want to see your guitar."
　　　 ∖ Jiro _____ me that _____ wants to see _____ guitar.

6 誤りのある部分の記号を○で囲み，その誤りを直して全文を書きなさい。

(1) If it <u>will rain</u> tomorrow, <u>I will stay</u> <u>at home</u>.
　　　　　　ア　　　　　　　　イ　　　　　　ウ

_____

(2) I knew <u>that</u> Mr. Kato <u>is</u> about <u>thirty years old</u> then.
　　　　　ア　　　　　　イ　　　　ウ

_____

(3) Three years <u>have passed</u> <u>since</u> my father <u>dies</u>.
　　　　　　　　　ア　　　　　イ　　　　　　　ウ

_____

3 年
1
2
3
4
Step C
長文問題(1)
5
6
7
Step C
長文問題(2)
8
9
10
Step C
長文問題(3)
11
12
13
14
Step C
長文問題(4)
15
16
17
18
19
Step C
長文問題(5)
実力テスト(1)
実力テスト(2)

━━ ここで差をつける！ ━━

話法の転換の際，動詞や人称代名詞以外にも「時」を表す副詞にも注意する

・Ben **said** to Jane, "Where did **you** go yesterday?" この **you** は Jane〔she〕のこと
　⇔ Ben **asked** Jane where **she** went the day before.
　　　　　　　　　　　　　　　　引用符内が疑問文なので，動詞は **ask** に変化

「時」を表す副詞

now ⇔ then　　ago ⇔ before　　today ⇔ that day　　tonight ⇔ that night

tomorrow ⇔ the next〔following〕day　　yesterday ⇔ the day before　　など

▶▶▶▶▶▶▶▶▶▶▶▶▶▶ **Words & Phrases** ◀◀◀◀◀◀◀◀◀◀◀◀◀◀

□in those days「当時の」

Step A ▶ Step B ▶ Step C

●時　間 30分　●得　点
●合格点 70点　　　　　点

解答▶別冊 50 ページ

1 次の（　）内から適切なものを選び，○で囲みなさい。 （2点×6—12点）

(1) What are you going to do when you (left, leave, will leave, leaving) school ?

(2) I did not know the news (either, until, by, while) I turned on the radio this morning.

〔(1), (2)青雲高〕

(3) Taro didn't study hard before the examination, (because, but, or, so) he couldn't do it very well. 〔駒込高〕

重要 (4) I will go on a picnic if it (will be, is, was, has been) fine tomorrow.

(5) She has been ill (before, till, for, since) she came to Yokohama. 〔(4), (5)山手学院高〕

(6) I knew that World War II (end, ends, ended) in 1945.

2 次の文を指示に従って書きかえなさい。 （3点×4—12点）

(1) I think that my brother can pass the test. （下線部を過去形にかえて）

_____

(2) I wonder when my mother is going to come back. （下線部を過去形にかえて） 〔新庄高〕

_____

重要 (3) They said to me, "What time do you leave ?" （asked を使ってほぼ同じ内容を表す文に）

_____

重要 (4) We told him to close the door right away. （引用符を使ってほぼ同じ内容を表す文に）

_____

重要 **3** 次の各組の文がほぼ同じ内容になるように，____に適語を入れなさい。 （5点×4—20点）

(1) { He said to me, "The bag is mine."
　　 He told me that the bag _____ _____.

(2) { Paul promised his father that he would not tell a lie again.
　　 Paul promised his father _____ _____ tell a lie again. 〔(1), (2)慶應義塾高〕

(3) { Our teacher said to us, "When will you leave Narita Airport ?"
　　 Our teacher _____ us _____ we would leave Narita Airport. 〔久留米大附設高一改〕

(4) { If you run, you won't miss the last bus.
　　 If you run, you will _____ the last bus. 〔法政大第二高〕

4 誤りのある部分の記号を○で囲み，その誤りを直して全文を書きなさい。　　　　（5点×2—10点）

(1) Why don't we start as soon as he will come ?
　　　　　　 ア　 イ　　　ウ　　　　 エ

_____

(2) They did not know this every person has basic human rights.
　　　　　　　　　　　　 ア　　　 イ　　　　　 ウ　　 エ

_____

5 次の日本文に合うように，（ ）内の語句を並べかえて，全文を書きなさい。　　　（5点×2—10点）

(1) 君はその老人がどのくらいこの公園に来るか，知っていますか。

Do you know (this, to, park, often, the old man, how, comes)?　　　〔高知学芸高一改〕

(2) イギリス滞在中に彼女に会うとは思ってもみませんでした。　　　　　　　〔開成高一改〕

She was the (person, had expected, see, to, last, I) during my stay in England.

_____

6 次の文を英語で書きなさい。　　　　　　　　　　　　　　　　　　　　　（8点×2—16点）

(1) 車はすばらしいもので欠かせないものだとたいていの人は考えています。　　　〔愛光高一改〕

_____

(2) 日本が世界で最も裕福な国の1つであることはわかっていました。　　　　　〔桐朋高一改〕

_____

7 次の英文は，英語の授業で出された課題です。あなたは，この課題に対してどのように答えますか。24語以上の英語で自由に書きなさい。ただし，英文は2文以上になってもよいものとします。　　　　　　　　　　　　　　　　　　　　　　　　　　（20点）〔北海道〕

> Which season is better for people who will visit Hokkaido, summer or winter? Please write about which season is better for them and the reason.

_____

_____

_____

_____

>>>>>>>>>>>>>>>>>>>>>>>> ◀ **Words & Phrases** ▶ <<<<<<<<<<<<<<<<<<<<<<<<<

☐World War II「第二次世界大戦」　　☐promise「～を約束する」　　☐human rights「人権」
☐expect「～を予報する，予期する」

19 重要表現・熟語

Step A ＞ Step B ＞ Step C

解答▶別冊 51 ページ

1 次の（　）内から適切なものを選び，○で囲みなさい。

(1)　He takes (lot of,　a lot of,　a lot,　lot) pictures.

(2)　There is (little,　few,　a few,　many) milk left.

(3)　Tom's got something wrong (to,　for,　with,　of) his foot.　　〔慶應義塾志木高〕

(4)　I'll (able to,　be able to,　be able,　able) go to Beijing next year.

(5)　Do you know *yukata* is (kind,　kinds,　a kind of,　many kinds of) *kimono* ?

(6)　We never heard from Jim (at,　during,　for,　while) the two month summer vacation.

〔灘高〕

(7)　He wrote not only music (and,　with,　but,　too) the lyrics.

(8)　I was afraid (to,　of,　at,　with) dogs when I was a child.　　〔愛光高〕

2 次の＿＿＿にあてはまる語を下から選びなさい。ただし，同じ語を 2 度使わないこと。

(1)　Mongolian wrestling is quite different ＿＿＿＿＿＿ Japanese *sumo*.

(2)　Tom came to Japan ＿＿＿＿＿＿ the first time.

(3)　Emi studies English ＿＿＿＿＿＿ least for thirty minutes every day.

(4)　He wants to be a pilot when he grows ＿＿＿＿＿＿.

(5)　The train stopped because ＿＿＿＿＿＿ the heavy snow.

(6)　There is a black car ＿＿＿＿＿＿ front of the gate.

(7)　Watching golf ＿＿＿＿＿＿ TV is fun for my father.

(8)　He is familiar ＿＿＿＿＿＿ this type of machine.

　　［ at,　for,　from,　in,　of,　on,　up,　with]

重要 3 次の文の答えとして最も適するものを右から選び，記号で答えなさい。ただし，同じものを 2 度使わないこと。

(1)　Is she fine ?　　　　　　　　　　　(　　　)

(2)　Nice to meet you.　　　　　　　　　(　　　)

(3)　Is coffee ready ?　　　　　　　　　 (　　　)

(4)　Would you like some more ?　　　　(　　　)

(5)　Thank you very much.　　　　　　　(　　　)

(6)　I have a bad cold.　　　　　　　　　(　　　)

(7)　May I make a phone call here ?　　　(　　　)

ア	Nice to meet you, too.
イ	Just a minute.
ウ	Yes, she's all right now.
エ	That's too bad.
オ	No, thank you.
カ	Of course you can.
キ	You're welcome.

116

4 次の日本文に合うように，＿＿に適語を入れなさい。

(1) 私はいくつかの都市を訪れたいです。例えば，ロンドンやパリです。

I want to visit some cities, ＿＿＿＿＿＿ ＿＿＿＿＿＿, London and Paris.

(2) 子どもたちはその庭の手入れをよくしています。

The children ＿＿＿＿＿＿ good ＿＿＿＿＿＿ of the garden.

(3) 医師の意見では，彼らは運動不足です。

＿＿＿＿＿＿ the doctor's ＿＿＿＿＿＿, they need more exercise to do.

(4) 彼らは本を読むのに飽きています。

They're ＿＿＿＿＿＿ ＿＿＿＿＿＿ reading books.

5 次の文の意味を書きなさい。

(1) What in the world are you saying ?

(）

(2) In short, he doesn't like me.

(）

6 次の場合に英語で何と言いますか。2語以上の英文を書きなさい。

(1) 他人に「すみませんが」と話しかけるとき。

＿＿＿＿＿＿＿＿＿＿＿＿＿＿＿＿＿＿＿＿＿＿＿＿＿＿＿＿＿＿＿

(2) 相手に「あなたはどうですか」と意見を求めるとき。

＿＿＿＿＿＿＿＿＿＿＿＿＿＿＿＿＿＿＿＿＿＿＿＿＿＿＿＿＿＿＿

(3) 「何とおっしゃいましたか」と聞き返すとき。

＿＿＿＿＿＿＿＿＿＿＿＿＿＿＿＿＿＿＿＿＿＿＿＿＿＿＿＿＿＿＿

(4) 店員が客に対して「いらっしゃいませ」と言うとき。

＿＿＿＿＿＿＿＿＿＿＿＿＿＿＿＿＿＿＿＿＿＿＿＿＿＿＿＿＿＿＿

(5) 申し出などに対して，「いいえ，けっこうです」とていねいに断るとき。

＿＿＿＿＿＿＿＿＿＿＿＿＿＿＿＿＿＿＿＿＿＿＿＿＿＿＿＿＿＿＿

3
年

1
2
3
4
Step
C
長文
問題(1)
5
6
7
Step
C
長文
問題(2)
8
9
10
Step
C
長文
問題(3)
11
12
13
14
Step
C
長文
問題(4)
15
16
17
18
19
Step
C
長文
問題(5)
実力
テスト(1)
実力
テスト(2)

▌**ここで差をつける！**▐

いろいろな〈be 動詞＋形容詞＋前置詞〉の表現

be afraid of ～「～を怖がってる」 **be different** from ～「～と異なっている」

be familiar with ～「～に精通している」 **be famous** for ～「～で有名である」

be fond of ～「～を好んでいる」 **be interested** in ～「～に興味がある」

be proud of ～「～を誇りに思っている」 **be tired** of ～「～に飽きている」 など

*p.31・p.35 の〈be ＋過去分詞＋前置詞〉も参照しよう。

▶ **Words & Phrases** ◀

□Beijing「北京」 □lyric「歌詞」 □Mongolian wrestling「モンゴル相撲」 □pilot「パイロット」
□exercise「運動」

Step A 〉 Step B 〉 Step C

●時　間　30分　●得　点
●合格点　70点　　　　　　　点

解答▶別冊 52 ページ

1 次の___にあてはまる語を下から選びなさい。ただし，同じ語を 2 度使わないこと。

（2 点×6―12 点）

(1) Please be careful when you walk _____ the street.　〔函館ラ・サール高一改〕

(2) My host family was very kind _____ me.

(3) They are waiting _____ the last train.

(4) Those people said nothing and ran _____.

(5) The book is full _____ good ideas.

(6) I stay _____ my uncle's family every summer.

［ across, away, for, of, to, with ］

2 次の（　）内から適切なものを選び，○で囲みなさい。　（3 点×3―9 点）

(1) I asked two people the way to the station, but (none, either, both, neither) of them could help me.　〔久留米大附設高〕

(2) The park is famous (for, to, as, with) beautiful cherry blossoms in spring.

(3) I have read (most, almost, much, every) of the books on the shelf.　〔中央大杉並高〕

重要 3 次の文の答えとして最も適するものを選び，記号で答えなさい。　（4 点×3―12 点）

(1) Goodbye.

　ア　See you.　　イ　I see.　　ウ　Nice to see you.　　エ　Let's see.　　（　　　）

(2) You look beautiful in that dress.　〔栃木〕

　ア　Me, too.　　　　　　イ　Oh, do you ?

　ウ　Thank you.　　　　　エ　You did.　　　　　　　　　　　　　　　　　　（　　　）

(3) Why don't we have a cup of coffee after lunch ?　〔駒込高一改〕

　ア　Because we want to.　　イ　What's up ?

　ウ　Take it easy.　　　　　エ　That sounds nice.　　　　　　　　　　　　（　　　）

重要 4 次の各組の文がほぼ同じ内容になるように，___に適語を入れなさい。　（4 点×4―16 点）

(1) ｛Shall I take a picture ?
　　Do you _____ _____ to take a picture ?　〔実践学園高〕

(2) ｛Jerry is better at playing tennis than Tom.
　　Tom cannot play tennis _____ _____ _____ Jerry.　〔愛光高〕

(3) ｛My mother takes care of the cats.
　　The cats are _____ _____ by my mother.　〔愛光高〕

(4) ｛May I sit next to you ?
　　Do you _____ me _____ next to you ?　〔慶應義塾高〕

5 次の場合に英語で何と言いますか。下から選び, 記号で答えなさい。(3点×7—21点)〔雲雀丘学園高〕

(1) 相手の言ったことが聞き取れないとき。 ( )
(2) 友だちが困った様子で考えこんでいるのを見たとき。 ( )
(3) 転校する親友に, さびしくなるという気持ちをこめるとき。 ( )
(4) 重い荷物を運ぶのに, だれかの助けが必要なとき。 ( )
(5) 話すのをためらっている相手をうながすとき。 ( )
(6) 目的地に到着したとき。 ( )
(7) 飛んできたボールが友だちに当たりそうなとき。 ( )

ア Here we are. イ Give me a hand. ウ What's the idea?
エ I'll miss you. オ Watch out! カ What's the matter?
キ Go ahead. ク Is that clear? ケ Long time no see.
コ Hold on. サ I beg your pardon?

6 次の対話文が完成するように, ＿＿内に適切な英語1語を書きなさい。(2点×4—8点)〔高知学芸高〕

(1) A : I've caught a cold. I have a headache.
   B : That's too _____ .
(2) A : _____ do you like this pen?
   B : I think it's good.
(3) A : Sorry to call so late.
   B : No _____ . What's up?
(4) A : She's from America.
   B : I'm _____ you're wrong. She is from Canada.

7 あなたは, 春休みにオーストラリアでホームステイをすることになりました。ホームステイ先へのプレゼントとして, 下の3つの日本の伝統的な品物の中から1つを選ぶなら, あなたは下のA〜Cのどれを選びますか。現地であなたがプレゼントを渡すとして, その品物について30語程度の英語で説明してください。ただし, 記号(, . ? !)は1語として数えません。なお, 説明には「①それは何なのか ②なぜそれを選んだのか ③それをどのような時に, もしくはどのようにして使うのか」の3つの要素を必ず含めることとします。また, 解答の末尾に使用した語数を記入してください。 (22点)〔関西学院高等部〕

A. an *uchiwa* B. a *yukata*

C. a *furoshiki*

◄ **Words & Phrases** ►

□cherry blossom「さくらの花」

119

Step A 〉 Step B 〉 Step C

●時　間　30分　　●得　点
●合格点　70点　　　　　　点

解答▶別冊 52 ページ

1 次のア〜コの単語の中で，第 2 音節を最も強く発音するものを 2 つ
選び，その記号を答えなさい。　　　　　　　　　　　〔実践学園高〕

（5 点×2—10 点）

ア　un-der-stand　　イ　news-pa-per　　ウ　Jap-a-nese
エ　en-joy　　　　　オ　class-room　　　カ　hol-i-day
キ　dif-fer-ent　　　ク　pop-u-la-tion　　ケ　some-one　　コ　gui-tar

2 次の(1)〜(5)にある単語を使った例文とその単語の定義がある。定義
に当てはまる 1 語を，例文の空所に合うように書きなさい。

〔駿台甲府高〕

（5 点×5—25 点）

(1)
(2)
(3)
(4)
(5)

(1)　Ms. Jones will（　　　　　）us English next year.
　　give students lessons in a particular subject

(2)　My bicycle is broken. Can I（　　　　　）yours ?
　　take and use something that you will give back later

(3)　Can I have some water ? I'm really（　　　　　）.
　　wanting or needing to drink something

(4)　In Japan school begins in（　　　　　）.
　　the fourth month of the year

(5)　She's making dinner in the（　　　　　）.
　　a room used for preparing and cooking food

3 次の各組の文の（　）に共通して当てはまる語を書きなさい。

（5 点×2—10 点）

(1)
(2)

(1)　He is（　　　　　）young to understand it.
　　I like his paintings. — Me,（　　　　　）.

(2)　What（　　　　　）is it now ?
　　He is in（　　　　　）for the meeting.　　　〔郁文館高〕

4 次の各組の文がほぼ同じ内容になるよう，（　）に当てはまる語を書
きなさい。

（5 点×2—10 点）

(1)　He asked her, "What time does your sister come home ?"
　　He asked her what time（　　　　　）sister（　　　　　）home.

〔慶應義塾高〕

(1)	
(2)	

(2)　Do you know how large that soccer stadium is ?
　　Do you know the（　　　　　）of that soccer stadium ?

〔早実高等部—改〕

5 次の日本文に合うように，（ ）内の語句を並べかえて，全文を書きなさい。

(1) 彼女はどちらの道を行ったと思いますか。

（ way, do, she, went, which, you, think ）？　〔開成高〕

(2) 大きな帽子をかぶっている少女が私たちの前に座りました。

A girl (sat, was, a big hat, who, in, wearing) front of us.　〔駒込高一改〕

(3) 私たちは彼らがしている試合をクリケットと呼びます。

We (are, call, game, the, they) playing cricket.　〔福島一改〕

(4) 彼が何を言っても彼女は怒る。

Everything (mad, makes, he, her, says).　〔青雲高〕

(5) 箱にはってあるラベルでは，このお茶がどんな種類のものかわかりません。

The label on the box doesn't (kind, tea, what, this, say, is, of).　〔海城高一改〕

（5点×5—25点）

(1)	
(2)	
(3)	
(4)	
(5)	

6 次の英文の空所に入る最も適切なことわざを下から選び，記号で答えなさい。ただし，同じ記号は一度しか使えないものとします。また，ことわざは文中に入る場合でも，大文字で始めてあります。　〔開成高〕

（5点×4—20点）

(1) (　　　　　　　　　　　　　). I was so sad when my husband died, but now only happy memories remain.

(2) First I lost my job. Then my wife caught *pneumonia and as I was going to visit her in the hospital, I fell down and broke my leg. Now I know what they mean when they say

(　　　　　　　　　　　　).　　　注 pneumonia 肺炎

(3) (　　　　　　　　　　　　　). I'll never understand why such an elegant woman as Maria reads books like that.

(4) There are several ways to get to the truth. It makes no difference which one you use.

(　　　　　　　　　　　　).

(1)	
(2)	
(3)	
(4)	

ア	All roads lead to Rome	イ	It never rains but it pours
ウ	The pen is mightier than the sword	エ	There's no accounting for taste
オ	Time is the great healer	カ	The early bird catches the worm

3年
1
2
3
4
Step C
長文問題(1)
5
6
7
Step C
長文問題(2)
8
9
10
Step C
長文問題(3)
11
12
13
14
Step C
長文問題(4)
15
16
17
18
19
Step C
長文問題(5)
実力テスト(1)
実力テスト(2)

長文問題（5）

解答▶別冊53ページ

1 次の文は中学生の由香（Yuka）さんが英語の授業でおこなったスピーチの原稿です。これを読んで，あとの各問いに答えなさい。　　〔石川〕

It sometimes difficult to go to sleep when we have a problem. But I found a good way to get out of the problem. Today I'd like to share it with you.

Last year our class sang two songs in the school festival. My best friend, Mayumi, played the piano for us. A week before the festival we had a problem. One of the songs was too difficult, and Mayumi always stopped at the same part. She said, "I can't do this. a Can anyone else play the piano ?" But Mayumi was the best player. "No one else can do it. You should work harder," I said. "I'm practicing hard!" cried Mayumi and began to play the piano again. No one enjoyed the practice after that.

On that night I couldn't sleep. I thought about Mayumi in bed. I said a bad thing when I should be kind to her. I didn't know what I should do.

I went to drink some water. Then my mother came up to me and said, "You can't go to sleep ?" I told her about the mistake I made on that day. I wanted to go back to that moment and shut my mouth.

My mother said to me, "The words you have said will never come back to your mouth. What can you do now to change the future ?"

I went back to bed and thought, "What can I do tomorrow ? First I will say 'I'm sorry,' to Mayumi. Next we should talk about the way to sing that song. Everyone practiced it very hard, so we want to sing it. But the best pianist in the class can't play b it." Then I had a good idea. If two players play the song together, it may be easier. This idea made me happy, and I went to sleep.

My idea worked well, and the chorus moved everyone in the hall. From this experience I learned an important thing about life. When I cannot sleep because of a problem, I always tell myself to think only about the future. If you know how to make a change the next morning, you will feel better. I believe this will help you too when you have a problem.

注　practice　練習（する）　　shut　閉じる　　pianist　ピアノ奏者　　chorus　合唱

(1) 下線部 a に対して，誰がどのように答えたかわかる部分を本文中から探し，その部分の最初と最後の1語を書きなさい。　(20点)

(2) 下線部 b の内容を示す語句を本文中から抜き出して書きなさい。　(10点)

(3) 母と話した後，由香さんは寝る前に次のようなメモを書きました。（　　）にそれぞれ適切な
日本語を書きなさい。

　　明日すること
　① 　まゆみさんに（　　　　　　　　　　）。
　② 　（　　　　　　　　　　）ことを提案する。

(10点×2―20点)

①
②

(4) 次の**ア**～**エ**のうち，このスピーチのタイトルとして最も適切なものを１つ選び，その符号を
書きなさい。

(15点)

　ア　How to Enjoy the School Festival
　イ　How to Feel Better When You Have a Problem
　ウ　How to Make Good Friends
　エ　How to Sing Difficult Songs

(5) このスピーチを聞いて，宏志(Hiroshi)さんが次のように内容をまとめました。次の①～③
に入る最も適切な語を，下の**ア**～**カ**からそれぞれ１つずつ選び，その符号を書きなさい。

　Yuka couldn't (　①　) because she said a bad thing to her friend, Mayumi. But
after she found how to make a (　②　), she felt better. From this experience she
has learned that it is important to think only about the (　③　) when we have a
problem.
　ア　change　　**イ**　future　　**ウ**　mistake
　エ　play　　　**オ**　sleep　　**カ**　stop

(5点×3―15点)

①	②	③

(6) このスピーチをした後，伊藤(Ito)先生がスピーチの内容について由香さんに質問しました。
それぞれの下線部にあてはまる適切な英語を書きなさい。

　①　*Ms. Ito*　　: ＿＿＿＿＿＿ did you sing in the school festival ?
　　　Yuka　　: We sang two.
　②　*Ms. Ito*　　: If you can go back to "that moment" of the day, what will you say to
　　　　　　　　　　Mayumi ?
　　　Yuka　　: I will say to her, "＿＿＿＿＿＿ practicing hard for us. Let's find
　　　　　　　　　another way."

(10点×2―20点)

①
②

123

総合実力テスト　第1回

解答▶別冊 54 ページ

1 次の（ ）内から適切なものを選び，記号で答えなさい。
（4点×3—12点）

(1) I have a （ア　every　イ　some　ウ　much　エ　few） friends in Australia.　　　　　　　　　　　　　　　　　　　〔神奈川一改〕

(2) When she heard the news, her face （ア　sounded　イ　began　ウ　turned　エ　played） red.　　　　　　　　　　〔秋田一改〕

(3) Yesterday, I lost my cap, but it （ア　will find　イ　was found　ウ　finds　エ　found） by someone this morning.　〔関西学院高等部一改〕

(1)	
(2)	
(3)	

2 次の(1)～(3)の英文を読むとき，それぞれ 1 か所区切るとすれば，どこで区切るのが最も適切ですか。ア～エの中から選びなさい。〔広島〕
（4点×3—12点）

(1) A lot of ァ people ィ were very excited ゥ to see ェ the famous singer.

(2) The hat ァ my grandmother ィ bought me ゥ last week ェ is very nice.

(3) My English teacher ァ has lived ィ in Hiroshima ゥ since he was ェ six years old.

(1)	
(2)	
(3)	

3 次の日本文に合うように，（ ）内の語句を並べかえて，全文を書きなさい。

(1) その本を読んだ感想をお聞かせください。　〔開成高一改〕（8点×5—40点）
(to / like / the book / you / think / hear / I'd / what / of).

(2) その映画に関してもっと言うことはないのですか。
(all / is / you / film / that / to / about / have / say / the)?

(3) どうして起業する気になったのですか。
(you / decide / start / what / your / business / to / made / own)?

(4) こんな問題は難しくて私には解けません。
(me / is / solve / too / for / problem / difficult / this / to).

(5) 中国の人口は日本のおよそ 10 倍です。
The population of China (ten / as / as / of / large / that / is / times / Japan / about).

(1)
(2)
(3)
(4)
(5)

4 次の文を英語で書きなさい。ただし，(2)は下線部のみ英語で書くこと。

〔青森高一改〕（8点×2—16点）

(1) 私たちは子どものころからの知り合いです。

(2) 　　母: ただいま。留守中に電話はなかった？

子ども: ああ，あったよ。でも，だれだったか思い出せないよ。

(1)	
(2)	

5 次の対話文中の（　）にあてはまるものを選び，記号で答えなさい。

〔岩手〕（4点×2—8点）

(1) *A :* Do you come to school by bike ?

B : No, I don't.

A : (　　　　) do you come to school ?

B : I walk to school every day.

ア　How　　　イ　Which　　　ウ　What　　　エ　Where

(2) *A :* Who carried this map to the classroom ?

B : (　　　　).

A : Thank you, Ryota. Now, let's begin the class.

ア　He was Ryota　　イ　Ryota has

ウ　Ryota was　　　エ　Ryota did

(1)	
(2)	

6 それぞれ英文を読んで，問いに答えなさい。

〔高知〕（6点×2—12点）

(1) 次の英文の表題として最も適切なものを選び，記号で答えなさい。

　People all over the world love music. Even people who don't play the guitar or the piano may like music. Even if you can't sing well, you may enjoy listening to music. Music is always with us and makes us happy. It is one of the most important things in our lives.

注　even if ~　たとえ~ても

ア　世界の音楽　　イ　音楽の力　　ウ　楽器の音色

エ　歌の楽しさ

(2) 次の英文の（　）に入る最も適切なものを選び，記号で答えなさい。

　The other day, I watched the news about Mt. Fuji on TV. It said, "Mt. Fuji has a big problem about trash. Some people leave so much trash there. They leave bikes, cars, machines like computers, and so on. This is a serious problem we should think about." When I watched the news, I was sad to know that

(　　). I thought I had to do something to save this beautiful mountain.

注　news　ニュース　　trash　ごみ　　~ and so on　~など　　serious　深刻な，重大な

ア　many people recycled many machines

イ　many people cleaned the mountain

ウ　some people left many things there

エ　some people saved the environment

3
年

1
2
3
4
Step
C
長文
問題(1)
5
6
7
Step
C
長文
問題(2)
8
9
10
Step
C
長文
問題(3)
11
12
13
14
Step
C
長文
問題(4)
15
16
17
18
19
Step
C
長文
問題(5)
実力
テスト(1)
実力
テスト(2)

総合実力テスト　第2回

解答▶別冊 55 ページ

1 次の(1)〜(3)の対話文を読んで，それぞれの下線部ア〜エの語のうち，最も強く発音する語を1つ選びなさい。〔広島〕

（2点×3―6点）

(1) *Mari:* What is the most popular sport in your country?

　　Tom: <u>Baseball</u> is the most <u>popular</u> <u>sport</u> in my <u>country</u>.
　　　　　　ア　　　　　　　　　イ　　　　ウ　　　　　エ

(2) *Mari:* How do you go to school?

　　Tom: <u>I</u> <u>usually</u> go there <u>by</u> <u>bike</u>.
　　　　　　ア　イ　　　　　　　　ウ　エ

(3) *Mari:* Why were you late yesterday?

　　Tom: <u>Because</u> I <u>felt</u> very <u>sick</u> <u>yesterday</u>.
　　　　　　ア　　　　　イ　　　　ウ　　　エ

(1)
(2)
(3)

2 CとDの関係がAとBの関係と同じになるように，＿＿に適語を入れなさい。〔実践学園高一改〕

（2点×5―10点）

	A	B		C	D
(1)	foot	feet		wife	＿＿＿
(2)	right	wrong		heavy	＿＿＿
(3)	clear	clearly		happy	＿＿＿
(4)	move	movement		choose	＿＿＿
(5)	pictures	museum		animals	＿＿＿

(1)
(2)
(3)
(4)
(5)

3 次の(1)，(2)の各組のAとBとの対話が成り立つように，□に最もよくあてはまるものをそれぞれのア〜エから一つ選びなさい。〔福岡〕

（3点×2―6点）

(1) *A :* I'll go to the fireworks festival with my family this evening. Will you join us?

　　B : ＿＿＿＿＿＿＿＿＿＿＿＿

　　A : Great. See you this evening.

　　ア　I'm sorry, but I can't.　イ　I have to stay at home.
　　ウ　Of course I will.　　　エ　No, thank you.

(2) *A :* We have only five minutes before the soccer game starts, but Kumi hasn't arrived yet.

　　B : Is she the girl standing at the gate now?

　　A : ＿＿＿＿＿＿＿＿＿＿＿＿ That's Mariko.

　　ア　That's right.　　　イ　I'm afraid she isn't.
　　ウ　I don't know her.　エ　I agree.

(1)
(2)

4 次の(1)～(6)の対話の(　　　)に入る適切な語を答えなさい。　　　　　〔広島大附高〕

(1) A : (　　　)(　　　) going fishing tomorrow ?

　　 B : Sounds good.

(2) A : Can we meet tomorrow afternoon ?

　　 B : I'm (　　　) not. I will have to finish my report.

(3) A : Excuse me, when is the next train for Shinjuku ?

　　 B : (　　　) five minutes.

(4) A : Why don't you have something (　　　)(　　　) ?

　　 B : No, thanks. I'm not thirsty.

(5) A : (　　　)(　　　) are you going to stay here ?

　　 B : I'm going to leave next month.

(6) A : I read a very interesting book yesterday.

　　 B : Oh, what was it (　　　) ?

(1)	
(2)	
(3)	
(4)	
(5)	
(6)	

5 次の日本文に合うように，(　)内の語句を並べかえて，全文を書きなさい。

(1) ジュディは私に日本語で書かれた手紙をくれました。

Judy gave (written, a, Japanese, letter, me, in).　　　　　〔京都―改〕

(2) 私が見つけた本の1冊に，北海道はおいしいスイーツで有名とありました。

One (I, of, found, showed, the books) that Hokkaido is famous for good sweets.

〔北海道―改〕

(1)	
(2)	

6 次の文を英語で書きなさい。

(1) インド(India)ではどれくらいの言語が話されているかご存知ですか。　〔西大和学園高〕

(2) 私は6年間ピアノを弾いていますが，あなたほど上手に弾けません。　〔西大和学園高〕

(3) 君が聞いている曲の名前を教えてください。　　　　　　　　　〔実践学園高―改〕

(4) 明日忘れずにこの手紙を投函してください。　　　　　　　　　　　〔城北高〕

(5) 料理ができる男の人は女の人にとても人気があります。　　　　　　〔愛光高〕

(1)
(2)
(3)
(4)
(5)

1
2
3
4
Step
C
長文
問題(1)
5
6
7
Step
C
長文
問題(2)
8
9
10
Step
C
長文
問題(3)
11
12
13
14
Step
C
長文
問題(4)
15
16
17
18
19
Step
C
長文
問題(5)
実力
テスト(1)
実力
テスト(2)

7 次の文章は，香川県の中学生の由紀(ゆき)が，英語の授業でおこなったスピーチである。これを読んで，あとの(1)～(9)の問いに答えなさい。 〔香川—改〕

I'm going to talk about my dream. I want to be a tour guide and introduce Kagawa to foreign people.

I have wanted to be a tour guide ①□□□□ last summer. Last August, I visited Naoshima to see an art festival with my friends. There were many foreign people in Naoshima. ②彼らは古い家の写真を撮っていました。 They ③□□□□ really happy. I wanted to show them some other places in Kagawa,too.

When we were coming back from Naoshima, we ④(meet) three foreign students on the ferry. They were speaking a language that I didn't know, but I asked them in English, "Where are you from?" One of them answered in English, "We are from France. We came to Japan ⑤for the □□□□ time. We went to Tokyo and Kyoto, and came to Naoshima today." Another student said, "Wow, look at the sunset and the shining sea. The islands and the bridge over there are beautiful. ⑥(is than sea beautiful this more) the sea in my country." I was happy because they liked our sea, and we enjoyed talking with them in English.

⑦I think English (to important study is because language an) people from different countries can share their ideas through English. ⑧□□□□ I study English hard. I also learn about the history and culture of Kagawa. ⑨In the future, (私は香川を世界中で有名にしたい) by working as a tour guide.

注 tour guide 観光ガイド　introduce 紹介する　Naoshima 直島(瀬戸内海東部にある香川県に属する島)
ferry フェリー　France フランス　sunset 夕焼け　shining 輝いている　island(s) 島

(1) ①の□□□□内にあてはまる語は，次のア～エのうちのどれか。その記号を書きなさい。
　ア for　イ in　ウ since　エ during
(2) 下線部②の日本文を英語で書きなさい。
(3) ③の□□□□内にあてはまる語は，次のア～エのうちのどれか。その記号を書きなさい。
　ア saw　イ looked　ウ watched　エ found
(4) ④(　　)の内の meet を，最も適当な形になおして1語で書きなさい。
(5) 下線部⑤が「はじめて」という意味になるように□□□□内に，適当な語を1つ書きなさい。
(6) 下線部⑥の(　)内のすべての語を，意味が通るように，正しく並べかえて書きなさい。
(7) 下線部⑦の(　)内のすべての語を，意味が通るように，正しく並べかえて書きなさい。
(8) ⑧の□□□□内にあてはまる語は，次のア～エのうちのどれか。その記号を書きなさい。
　ア But　イ When　ウ If　エ So
(9) 下線部⑨の(　　)内の日本文を英語で書きなさい。

((1)(3)(4)(5)(8)各2点，(2)(6)(7)(9)各5点—30点)

(1)	(2)		
(3)	(4)	(5)	
(6)			
(7)			
(8)	(9)		

1・2年の復習

1│動 詞

Step A　解答　　　　　本冊 ▶ pp. 2〜3

1 (1) Does　(2) play　(3) come　(4) are
2 (1) running　(2) they're　(3) see　(4) studies
3 (1) like〔love〕　(2) teaches　(3) Ken's, is
　　(4) plays, well
4 (1) We have an English class on Thursday.
　　(2) Who is swimming in the sea ?
　　(3) He does not know me at all.
　　(4) Australia is famous for many kinds of
　　　animals.
5 (1) Where are you from ?
　　〔Where do you come from ?〕
　　(2) What time is it (now) ?
　　〔Do you have the time ?〕
6 (1) エ　(2) ウ

解説

1 (1) 主語は3人称単数で一般動詞 like の疑問文なので，疑問文は Does を使う。
(2) every day とあるので一時的な行為を示す現在進行形ではなく，習慣を表す現在形にする。
(3) All は「みんな」という意味で複数扱い。
(4) 主語が Tom and I（複数）で，文末に now がついているので，現在進行形になる。
2 (1)〈短母音＋子音字〉で終わる語の ing 形は，子音字を重ねて ing をつける。他に begin(ning)，cut(ting)，hit(ting)，put(ting)，swim(ming)などがある。
(2) 代名詞と be 動詞の短縮形を答える。
(3) hour と our「私たちの」は発音が [auər] で同音。sea「海」と同音 [si:] の語を答える。
(4)〈子音字＋ y〉で終わる語の複数形は y を i にして es をつける。
3 (1)「私はサッカーのファンです」→「私はサッカーが好きです」
(2)「あちらの男性は私たちの理科の先生です」→「あちらの男性は私たちの学校で理科を教えています」

(3)「ケンは大きいかばんを持っています」→「ケンのかばんは大きいです」
(4)「彼女は上手なピアニストです」→「彼女は上手にピアノをひきます」

🛡 **ここに注意**　(4) good「上手な」は形容詞，well「上手に」は副詞である。配置する場所に注意する。

4 (1)「英語の授業が木曜日にある」と考える。
(2) 疑問詞の who が主語の現在進行形の文。
(3) 一般動詞の否定文。「まったく〜ない」= not 〜 at all
(4) be famous for 〜「〜で有名である」
5 (1)「〜出身である」は be 動詞でなら be from 〜，一般動詞でなら come from 〜で表すことができる。
(2) 時刻は一般動詞の have を使って Do you have the time ?「時間がわかりますか」とたずねることもできる。
6 (1) A が母，B が祖母，C が姉〔妹〕の座る位置。next to 〜「〜の隣に」，in front of 〜「〜の前に」，between A and B「A と B の間に」
(2) parents「両親」は大人なので1人につき1200円。エミは14歳なので700円。妹は5歳なので無料。
〔全訳〕 (1) 家族は5人です。夕食では母は父の隣に座ります。姉〔妹〕は母の真正面に座ります。祖母は母と姉〔妹〕の間に座ります。
(質問)私はどこに座りますか。
(2) エミは14歳です。両親と5歳の妹と動物園に行きました。
(質問)家族のチケットを買うのにいくら必要でしたか。

2│助 動 詞

Step A　解答　　　　　本冊 ▶ pp. 4〜5

1 (1) must, not　(2) may　(3) should
　　(4) May〔Can〕　(5) must
2 (1) ア　(2) イ　(3) ア
　　(4) ウ　(5) エ
3 (1) must　(2) Shall　(3) isn't, able

ひっぱると、はずして使えます。

4 (1) Children have to go to bed early.

　(2) Would you like another cup of coffee, Harry?

5 ① I'm sorry [I'm afraid] I can't.

　② Don't be late. [Come on time.]

6 ① like　② sorry　③ hot　④ shall

解説

1 (1)「～してはいけない」は must not で表す。

(2)「～かもしれない」は may で表す。

(3)「～すべき」は should で表す。

(4)「～してもよいか」と許可を求めるときは，May〔Can〕I ～? の形。

(5)「～にちがいない」は must で表す。

2 (1) Could〔Would〕you ～? で「～してもらえますか」と相手にていねいに頼む文になる。

(2) Must の疑問文に No で答えるときは，don't〔doesn't〕have to(不必要)を使う。

(3) Can でたずねられたときは can〔can't〕で答える。文意から Yes, he can. が適切。

(4)電話での表現。May I speak to ～?「～と話せますか〔～とかわってもらえますか〕」

(5) Shall I ～?「～しましょうか」

> **⚠ ここに注意**　(2) must not「～してはいけない」(禁止)と don't have to「～する必要がない」(不必要)の区別を思い出そう。

3 (1)「明日までにそのレポートを仕上げなさい」→「あなたは明日までにそのレポートを仕上げなければなりません」

(2) Let's ～.「～しましょう」の文を Shall we ～?「～しませんか」の文にする。

(3) can と be able to の書きかえ。

4 (1)「子どもたちは早く寝なければいけません」

(2)「ハリー，コーヒーをもう一杯いかがですか」

5 ①「だめなの」は「私はできません」と言いかえればよい。

②「時間厳守ね」を「遅れないでね」「時間通りに来てね」と言いかえると簡単な英語になる。助動詞の must を使って，You mustn't be late. や You must come on time. などでもよい。

6 ① like「～のように」

② I'm sorry.「すみません」

③ hot「暑い」

④ Let's の文の付加疑問は，shall we? を使う。

〔全訳〕 ケイコは，彼女(かのじょ)の学校の外国語指導助手のスミス先生と話をしています。彼はオーストラリア出身です。

ケイコ　　　：今日は寒いですね。

スミス先生：そうですね。私は寒い天気が好きではありません。あなたはどの季節がいちばん好きですか。

ケイコ　　　：私は春が好きです。学校が4月に始まって，新しいクラスで新しい友だちをつくることができます。私は春にわくわくします。

スミス先生：ああ，なるほど，でも私はそのように感じたことがありません。

ケイコ　　　：すみません。あなたの言う意味がわかりません。

スミス先生：私の国では学校が2月に始まります。

ケイコ　　　：本当ですか。それは知りませんでした。

スミス先生：それで1月に夏休みがあります。私の国では，1月はとても暑いです。

ケイコ　　　：ああ，それについては聞いたことがあります。ものごとはそれぞれの国でことなりますね。私たちの国の間で違(ちが)いをもっと探しましょうね。

3 | 過 去 形

Step A　　**解答**　　本冊 ▶ pp.6〜7

1 (1) was　(2) got　(3) Did　(4) help

　(5) wasn't

2 (1) studied　(2) used　(3) stopped　(4) saw

　(5) taught　(6) left　(7) playing

3 (1) Masao and Ichiro were busy yesterday.

　(2) Judy couldn't eat *natto*.

　(3) Emi was having a hamburger for lunch.

　(4) Was she in Hokkaido then?

　(5) When did John come to Japan?

4 (1) ウ　(2) ウ　(3) ウ

5 (1) We did not have a good time on the bus.

　(2) Did Mike buy this bag for you?

6 (1) I took my dog for a walk this morning.

　(2) I was watching the soccer game on TV then [at that time].

7 カ

解説

1 (1) 主語が 3 人称単数。yesterday「きのう」があるので，過去形の was が適切。

(2)「今朝，6 時に起きた」の文にする。get は不規則動詞で過去形は got になる。

(3) last Sunday「この前の日曜日」は過去を表す語。過去の疑問文は Did を用いる。

(4) didn't のあとの動詞は原形になる。

(5) be 動詞を選ぶと「部屋にいない」となり意味が通る。主語が 3 人称単数で ten minutes ago「10 分前」があるので wasn't(was not の短縮形)が適切。

2 (1) study(規則動詞)の過去形は y を i にかえて ed を付ける。

(2) use(規則動詞)の過去形は d だけを付ける。

(3) stop(規則動詞)の過去形は p を重ねて ed を付ける。

(4)～(6) 不規則動詞。

(7) 文頭に Was がある。過去進行形にすると意味が通る英文になる。「マイクはそのときテレビゲームをしていましたか」

3 (1) 主語が複数になるので，過去形の be 動詞は were を使う。

(2) 助動詞 can〔can't〕の過去形は could〔couldn't〕になる。

(3) 過去進行形は〈was〔were〕＋動詞の ing 形〉で表す。

(4) was を主語の前に置いて，疑問文をつくる。

(5) 下線部は時を表す語句なので When を用いた疑問文にする。

4 (1) 一般動詞のある疑問文には，did〔didn't〕を用いて答える。A「あなたは昨日，外に行きましたか」B「はい，行きました。私は釣りに行きました」

(2) 疑問詞のある疑問文にはふつう yes / no で答えない。A「このあたりの散歩はどうでしたか」B「すてきでした。私は雪山が好きでした」

(3) Where は場所をたずねる疑問詞。A「この前の土曜日，あなたはどこへ行きましたか」B「私は家族と奈良に行きました」

5 (1) 一般動詞の過去形の否定文は〈didn't〔did not〕＋動詞の原形〉で表す。

(2) 一般動詞の過去形の疑問文は，〈Did ＋主語＋動詞の原形～?〉で表す。

6 (1)「～を散歩に連れて行く」は take ～ for a walk で表す。take(不規則動詞)の過去形は took になる。

(2) 過去進行形は〈was〔were〕＋動詞の ing 形〉で表す。「テレビで」= on TV

> **⚠ ここに注意** (2)「(テレビで) 見る」は watch を使い，ふつう look at や see は用いない。

7 全訳を参照。

【全訳】 私は先月，京都へ行きました。私はそこでたくさんの寺を訪れました。私は金閣寺が一番気に入りました。C そこへ行ったとき，外国の人たちをたくさん見かけました。その人たちは写真を撮っていました。B その中の 1 人が私に金閣寺について質問しました。A 彼が私に突然，英語で話しかけてきたので驚きました。でも私は彼の質問に答えることができました。私はとてもうれしかったです。

Step B　解答　　本冊 ▶ pp. 8～9

1 (1) enjoy　(2) gave　(3) lives　(4) couldn't

2 (1) have，to　(2) Can，ski
(3) May〔Can〕，come，in　(4) mustn't

3 (1) Open your books to page eight.
(2) I was doing my homework at that time.
(3) Who carried this chair to the classroom?
(4) Shall I say that again?
(5) What did you have for breakfast?
(6) Was he able to read the English book?

4 (1) They should have a morning meeting.
(2) He had to go there three days ago.
(3) How long did you stay at the hotel?
(4) He taught English in high school last year.

5 (1) ウ　(2) イ

6 ① began　② musician

解説

1 (1) Did，Does，Do を用いる一般動詞の疑問文では動詞は原形にする。

(2) give(不規則動詞)の過去形は gave になる。

(3) 主語が 3 人称単数で now「今」とある。live は「住んでいる」という意味で，ふつう進行形にはしない。

(4) can't の過去形の couldn't だと意味が通る。「私の兄〔弟〕はピアノが弾けませんでしたが，いまは上手に弾けます」

2 (1)「～しなければならない」は must または have

to だが，空欄の数から後者が適切。

(2)「～することができる」は助動詞の can を使う。疑問文は can を文頭に出す。

(3)「～してもよいですか」は May〔Can〕I ～？で表す。

(4)「～してはいけない」は must not だが，空欄の数から短縮形の mustn't が適切。

3 (1) 命令文なので，動詞で文を始める。

(2) 過去進行形は〈was〔were〕＋動詞の ing 形〉の語順。「そのとき」＝ at that time

(3) Who が主語の一般動詞の疑問文（過去）。

(4)「～しましょうか」は Shall I ～？で表す。

(5) 疑問詞の後に，一般動詞の疑問文（過去）の語順をつづける。

(6)「彼は～できましたか」は Was he able to ～？で表す。

4 (1)「～すべき」は should を使う。助動詞の後の動詞は原形になる。

(2) 助動詞の must には過去形がないので，過去時制にするときは had to を使う。

(3) for a week「1週間」という期間をたずねるので疑問文は How long を用いる。

(4) last year は「昨年」という意味で過去のことだから，teaches を過去形にする。

5 (1)(2) 全訳を参照。

〔全訳〕店員：ご用はおありですか。

ユキ：はい，お願いします。このTシャツが気に入っているのですが，私には大きすぎます。

店員：小さいのをお見せしましょうか。こちらはいかがですか。

ユキ：これはすてきですね。それをもらいます。いくらですか。

店員：15 ドルです。

6 ①「始める〔た〕」は start〔started〕または begin〔began〕だが，b から始まる語なので後者が適切。

②「音楽家」＝ musician

4 | 未来の表現

Step A　解答　本冊 ▶ pp. 10〜11

1 (1) I'm, going　(2) Are, you, going

(3) will　(4) Will, won't

2 (1) イ　(2) イ　(3) ウ　(4) ア

3 (1) Is she going to buy a watch ?

(2) The train will arrive in Kyoto at three.

(3) He will not come back to Japan.

(4) She is leaving for Tokyo tomorrow morning.

4 (1) He will not〔won't〕be busy tomorrow.

(2) My uncle will〔is going to〕give me a birthday present tomorrow.

(3) How long will she stay at the hotel ?

(4) Where is Goro going to meet Yoko ?

(5) Is he going to stay at the hotel ? － No, he isn't.

5 (1) イ　(2) ウ

6 (1) We will play *shogi* if it rains tomorrow.
〔If it rains tomorrow, we will play *shogi*.〕

(2) I will help you with your homework.

(3) What are you going to do after school today ?

解説

1 (1) be going to の未来の文にする。空欄の数から短縮形の I'm を使う。

(2) be going to の疑問文は，be 動詞を主語の前に置く。

(3) 助動詞 will の未来の文にする。

(4) will の疑問文は will を主語の前に置き，答えるときは will / won't〔will not〕を使う。

2 (1)「夏休みの間，あなたは何をするつもりですか」

(2) 主語は複数（Natsumi and I）なので，be 動詞 are を選ぶ。「ナツミと私は私たちの友だちの家にとまるつもりです」

(3) 空欄の後ろが原形の be になっている。It'll(It will の短縮形)を入れると文が成り立つ。「今夜は雨が降り寒くなるでしょう」

(4) will などの助動詞のあとの動詞は原形になる。「私の息子は海外で働くでしょう」

3 (1) be going to の疑問文は be 動詞を主語の前に置く。

(2) will の後ろに arrive in ～「～に着く」を続ける。「～時に」＝〈at ＋時刻〉

(3) will の否定文は〈will not ＋動詞の原形〉の形。

(4) 現在進行形で近い未来の予定を表すことができる。

4 (1) 否定文にするには will not にする。He'll not または He won't のように短縮形を使うこともできる。

(2) tomorrow は「明日」という未来を表す語なので，

4

動詞の前に will または is going to をつける。

(3) 期間をたずねる How long の後に will の疑問文の語順をつづける。

(4) 場所をたずねる Where の後に be going to の疑問文の語順をつづける。

(5) be going to の疑問文には be 動詞を使って答える。

🛑 ここに注意 (2) 助動詞の will を使う場合は主語によって形が変わることがないが，be going to の場合は主語に応じて be 動詞を変化させなければならないことに注意する。

5 (1) ケンタ：外に出よう，ベン。大雪だよ。
ベン　：ぼくらは何をするんだい。
ケンタ：雪合戦をするんだよ。

(2) ケンタ：冬のドイツはとても寒いから，いつもたくさん氷があるね。
ベン　：そうだね。
ケンタ：君に雪玉をつくってあげるよ。ひとつ手にすれば，日本の雪合戦は危険じゃないことがわかるよ。

6 (1) 主節の「(明日)将棋をする」は will を使うが，従属節のほうは will を使わないことに注意。「明日雨なら」は if it is rainy tomorrow でもよい。

(2) 「人の〜を手伝う」＝〈help ＋人＋ with 〜〉

(3) 「放課後」＝ after school

🛑 ここに注意 (1) 時や条件を表す副詞節の中では未来のことも現在形で表す。
× if it will rain tomorrow
○ if it rains tomorrow

5│不 定 詞

Step A 　**解答**　　　　本冊 ▶ pp. 12〜13

1 (1) to eat　(2) swim　(3) is　(4) to play
(5) To buy

2 (1) is, to, travel　(2) to, do
(3) to, work　(4) sad, to, know
(5) to, be〔become〕

3 (1) It started to rain two hours ago.
(2) She got up early to catch the first train.
(3) He bought a book to read in the train.
(4) We were glad to win the game.
(5) To play the piano is a lot of fun.

4 (1) She began to run on the grass.
(2) I want something hot to eat.
(3) Mary went to the store to buy some cake.
(4) What do they want to see ?

5 (1) イ　(2) ウ　(3) ア

6 (1) エ　(2) イ　(3) エ

解説

1 (1) 〈want to ＋動詞の原形〉は「〜したい」という意味。

(2) 〈like to ＋動詞の原形〉は「〜するのが好きである」という意味。

(3) 不定詞が主語になるときは「〜すること」という意味で，単数扱い。

(4) 副詞的用法の不定詞(「〜するために」)にすると意味が通る。「私はバスケットボールをするために体育館に行きました」

(5) Why「なぜ」の疑問文には，目的を表す不定詞を使って答えることができる。「なぜあなたはその店に行ったのですか」「新しい腕時計を買うためです」

2 (1) 不定詞の名詞的用法を補語の位置で使う。

(2) 不定詞の形容詞的用法で a lot of work「たくさんの仕事」を修飾する。

(3) 「〜することを望む」＝〈hope to ＋動詞の原形〉

(4) 「〜して悲しい」＝〈be sad to ＋動詞の原形〉

(5) 「宇宙飛行士になるために」は目的を表す不定詞の副詞的用法で表す。

3 (1) 「雨が 2 時間前に降り始めました」

(2) 「彼女は始発電車に乗るために早起きしました」

(3) 「彼は電車で読むための本を買いました」

(4) 「私たちは試合に勝ってうれしかったです」

(5) 「ピアノをひくことはとてもおもしろいです」

4 (1) 〈begin to ＋動詞の原形〉「〜し始める」

(2) something hot to eat「何か熱い食べる物」

(3) 「その店に行ってケーキを買った」を不定詞の副詞的用法を使って「ケーキを買うためにその店に行った」に書きかえる。to の後は動詞の原形になることに注意する。

(4) ものをたずねるときは What を用いる。

🛑 ここに注意 (2) something〔anything, nothing〕を形容詞と不定詞が同時に修飾するときは，〈-thing ＋形容詞＋ to ＋動詞の原形〉の語順になる。

5 (1) 名詞的用法。　(2) 形容詞的用法。
(3) 副詞的用法。

6 (1) A「あなたはどこの出身ですか」B「私はオーストラリアの出身です」A「まあ，私はその国を訪れたいです」
(2) A「あなたは昨日野球の試合を見に行きましたか」B「はい。あなたはどうですか」A「いいえ，私は行きませんでした。でもおもしろかったと聞きました」
(3) A「サラダをもっといかがですか」B「いいえ。何か飲むものをもらいたいです」A「どうぞ，リンゴジュースです」B「ありがとうございます」

Step B 解答 本冊 ▶ pp. 14〜15

1 (1) pass　(2) will　(3) to hear　(4) to study
2 (1) things, to, do　(2) to, have〔eat〕, lunch
(3) What, will, do　(4) It'll
(5) Are, going, to, talk　(6) To, read, is
3 (1) I study hard to be〔become〕a doctor.
(2) She won't〔will not〕be busy tomorrow morning.
(3) I will〔I'm going to〕go shopping with my sister next Sunday.
(4) How long is Hiroshi going to stay in Paris ?
(5) Akiko decided to go abroad.
4 (1) ア　(2) ウ　(3) エ
5 (1) What do you want to do (in the city ?)
(2) (She) is not going to come here (tomorrow.)
(3) (Can) I have something cold to drink (, Mom ?)
6 (1) 暗くなる前に帰ります。
(2) サブロウは川で魚を釣るのが好きです。
(3) 日本語を学ぶ一番よい方法は何ですか。

解説

1 (1) he'll は he will の短縮形。助動詞の will の後には動詞の原形が続く。
(2) tomorrow「明日」があるので未来表現にする。
(3) 感情の原因を示す副詞的用法にすると意味が通る。「私たちはその知らせを聞いてうれしいです」
(4)〈wish to ＋動詞の原形〉「〜したい」
2 (1)「しなければならないこと」＝ things to do（形容詞的用法）

(2)「昼食を食べるために」＝ to have〔eat〕lunch（副詞的用法：目的）
(3) will の疑問文は will を主語の前に置く。
(4) 天気を表すとき，主語は It を用いる。tomorrow「明日」があるので未来の文だが，空欄の数から短縮形の It'll を用いる。
(5) be going to の疑問文は，be 動詞を主語の前に置く。
(6) 主語になる不定詞は 3 人称単数の扱いなので，be 動詞は is を使う。

> 🛡 **ここに注意**　(6) 主語は books「本」ではなく To read books「本を読むこと」である。books を意識して be 動詞を are にしないように注意。

3 (1)「医者になるために」＝ to be〔become〕a doctor（副詞的用法：目的）
(2) will の否定文は will not〔won't〕にする。
(3) next Sunday「次の日曜日」は未来のことなので，will または be going to の文にする。
(4) 期間をたずねる疑問詞の how long を文頭に置き，be going to の疑問文を続ける。
(5)〈decide to ＋動詞の原形〉で「〜することに決める」の意味。went を原形の go に直す必要がある。「アキコは海外に行くことに決めました」
4 (1) A「誕生日おめでとう。これはあなたへのプレゼントです」B「ありがとう。開けてもいいですか」A「もちろんです。気に入っていただけるとうれしいです」
(2) A「サラダをつくるつもりです。手伝ってもらえますか」B「もちろんです。どういうふうに手伝いましょうか」A「そうですね…これらのトマトを切ってもらえますか」
(3) A「大丈夫ですか。たくさんかばんをお持ちですね」B「ありがとうございます，でも大丈夫です」A「ここにすわってください。私は次の駅で電車を乗り換えます」B「どうもありがとうございます。とてもご親切ですね」
5 (1)「その町では何をしたいのですか」
(2)「彼女は明日，ここには来ないでしょう」
(3)「お母さん，何か冷たい飲みものをもらえますか」
6 (1) 主節の get (home) は「（家に）着く」，if 節の get (dark) は「（暗く）なる」の意味。
(2)〈like to ＋動詞の原形〉「〜することが好き」，本文

の fish は動詞で「(魚を)釣る」の意味。

(3) the best way「一番よい方法」を形容詞的用法の不定詞(to learn「学ぶための」)が修飾している。

6│動名詞

1 (1) singing　(2) writing　(3) skiing
(4) swimming　(5) flying　(6) using

2 (1) helping　(2) learning　(3) playing
(4) reading　(5) to visit

3 (1) hearing　(2) taking, pictures
(3) snowing　(4) Getting, up
(5) saying, anything

4 (1) playing　(2) at, cooking
(3) How, going　(4) Seeing, believing

5 (1) Do your homework before watching TV.
(2) Driving a car is his job.
(3) Winter is the season for skating.
(4) Excuse me for being late.
(5) It began raining around noon.
(6) I don't remember coming here.
(7) He's interested in learning foreign languages.

6 (1) 私は夜に外出することが好きではありません。
(2) 彼女は新聞を読み終わりました。
(3) 私は星を見るために立ち止まりました。
(4) 犬と一緒に生活するのはおもしろいです。
(5) その女の子は公園でジョギングを始めました。
(6) 私たちは動物園へ行くことについて話しました。

解説

1 (1)(3)(5) たいていの語は語尾に ing をつける。
(2)(6) 語尾が e のときは、その e をとって ing をつける。
(4)〈短母音＋子音〉で終わる語はその子音を重ねて ing をつける。

2 (1) 前置詞のあとに動詞が続くときは動名詞にする。「私を手伝ってくれてありがとう」
(2) enjoy 〜ing「〜することを楽しむ」
(3) give up 〜ing「〜することをあきらめる」

(4) finish 〜ing「〜し終える」
(5) hope to do「〜することを望む」

3 (1) look forward to 〜ing「〜することを楽しみにする」
(2) 動名詞が補語になる文。
(3) stop 〜ing「〜することをやめる」
(4) 動名詞が主語になる文。
(5) without 〜ing「〜しないで」

┌─ **❗ ここに注意** ─────────
│ (1) I look forward to your letter.「私はあなたの手紙を楽しみにする」のように名詞を続けることができるこの to は前置詞である。したがって、to のあとに動詞を続ける場合は動名詞になる。
│ × I'm looking forward to hear from you.
└──────────────────────

4 (1)「〜するのを好む」は like to do でも like 〜ing でも同じ意味になる。
(2) be good at 〜ing「〜することが得意である」
(3) Why don't we 〜 ?「〜しませんか」を How about 〜ing?「〜するのはどうですか」で書き換える。
(4) 主語や補語の位置で用いる不定詞は動名詞で書き換えられることが多い。Seeing is believing.「百聞は一見にしかず(見ることは信じること)」

5 (1) before 〜ing「〜する前に」
(2) 動名詞句(driving a car「運転すること」)を主語にする。
(3) for skating「スケートをするための」
(4) Excuse me for 〜ing.「〜して申し訳ありません」
(5) 天気のことを言うときの主語は It を使う。begin 〜ing「〜し始める」
(6) remember 〜ing「〜したのを覚えている」
(7) be interested in 〜ing「〜することに興味がある」

6 (1) like 〜ing「〜するのを好む」
(2) finish 〜ing「〜し終える」
(3) stop to do「〜するために立ち止まる」
(4) 動名詞句(Living together with a dog)が主語の文。
(5) start 〜ing「〜し始める」、jog「ジョギングをする」
(6) talk about 〜「〜について話す」

7｜接 続 詞

Step A　　解答　　　　　本冊 ▶ pp. 18〜19

1 (1) and　(2) but, don't　(3) or
　　(4) both, and
2 (1) so　(2) if　(3) when　(4) because
3 (1) Wash your hands before you eat.
　　(2) I watched TV after I did my homework.
　　(3) My sister was reading a book while I was
　　　cooking.
　　(4) She can speak not only English but also
　　　French.
4 (1) 私は朝食にパンかご飯〔米〕を食べます。
　　(2) まっすぐ行ってください，そうするとその
　　　店が見つかりますよ。
　　(3) 私が家に帰るとすぐに，雨が降り始めまし
　　　た。
　　(4) 彼女が来るまで，私たちはここで待ってい
　　　なければなりません。
　　(5) 病院にいる彼女を見舞いに行きましょう。
5 (1) ウ　(2) オ　(3) ア　(4) イ　(5) エ
6 (1) A lot of〔Many〕 boys and girls were
　　　singing a song there.
　　(2) He went to France when he was young.
　　(3) Hurry up, or you will miss the train.
　　(4) He usually gets up before the sun rises.

解説
1 (1)「AとB」= A and B
(2)「しかし」= but
(3)「それとも」= or
(4)「AとBの両方」= both A and B
2 (1)「私は忙しかったのです，だからテレビゲーム
をしませんでした」

(2)「もし雨が降れば，私は家にいるつもりです」
(3)「彼は少年だったとき，ここに住んでいました」
(4)「私たちは遅く起きたので，電車に乗り遅れました」

3 (1)「〜する前に」= before
(2)「〜した後に」= after
(3)「〜する間」= while
(4)「AだけでなくBも」= not only A but also B
4 (1) either A or B「AまたはB」
(2) 〈命令文, and ...〉「〜しなさい，そうすれば…」
(3) as soon as =「〜するとすぐに」
(4) until =「〜まで」　(5) go and see「会いに行く」
5 (1)「暗くなる前に，家に帰りなさい」
(2)「もしのどがかわいているなら，何か飲み物を差し
　　上げます」
(3)「明日試験があるので，私は一生けん命勉強してい
　　ます」
(4)「次に私が来るとき，あなたにその写真を持ってき
　　ます」
(5)「私の兄は15歳で，私は13歳です」
6 (1)「少年少女」を「少年と少女」と考える。
(2)「若いとき」を「若かったとき」と考える。
(3)「〜しなさい，さもないと…」=〈命令文, or ...〉，
　　「急ぐ」= hurry up
(4)「日の出前に」を「太陽が昇る前に」と考える。

Step B　　解答　　　　　本冊 ▶ pp. 20〜21

1 (1) is　(2) to buy　(3) becoming　(4) or
　　(5) singing　(6) but
2 (1) As, soon, as　(2) Although〔Though〕
　　(3) not, only, also　(4) when, saw
　　(5) making, mistakes　(6) for, helping
3 (1) without　(2) Unless, you
　　(3) mind, opening
4 (1) 1時間，雨はやみませんでした。
　　(2) あなたは本を読むことによってたくさんの
　　　ことを学ぶことができます。
　　(3) 食べ始める前に手を洗いなさい。
　　(4) 彼女は写真を撮ることが好きです。

(5) 私たちが外出している間に，トムは来ました。

(6) おじはアメリカではなく，カナダに住んでいます。

(7) 私たちはこの国を訪れたことを決して忘れないでしょう。

5 (1) hospital　(2) ア　(3) ウ

解説

1 (1) 動名詞句の Learning languages が主語になっている。動名詞は単数として扱うので，be 動詞は is が適切。

(2) decide は目的語に不定詞をとる。

(3) 前置詞のあとに動詞が続くときは動名詞にする。「ヘレンは宇宙飛行士になる夢を持っています」

(4) either A or B「A か B のどちらか」

(5) enjoy は目的語に動名詞をとる。

(6)「リョウはコンピューターを使おうとしましたが，父が使っていました」

2 (1)「〜するとすぐに」= as soon as 〜

(2)「〜だけれども」= although〔though〕

(3)「A だけでなく B も」= not only A but also B

(4)「〜するとき」= when

(5)「〜することをおそれる」= be afraid of 〜ing

(6)「〜してくれてありがとう」= Thank you for 〜ing

🛡 ここに注意　(2) 空欄の位置に注意する。

等位接続詞の but は文頭において従属節を導くことはできない。

× But that man is rich, he isn't happy.

○ That man is rich, but he isn't happy.

= Although〔Though〕that man is rich, he isn't happy.

3 (1) without 〜ing を使って「〜することなしに」の形にする。

(2)「〜しなければ」という意味の unless を用いる。

(3) mind 〜ing を用いる。元々は「〜すると気になりますか」という意味だが，Would you mind 〜ing？で「〜していただけませんか〔〜するのは嫌ですか〕」の意味になる。

4 (1) stop 〜ing「〜するのをやめる」

(2) by 〜ing「〜することによって」

(3) before「〜する前に」

(4) be fond of 〜ing「〜するのが好きだ」

(5) while「〜する間に」　(6) not A but B「A でなく B」

(7) forget 〜ing「〜したことを忘れる」

5 (1)「私たちは病気になったとき，医者に会うために病院(hospital)に行く」

(2) ア「ノートを 3 冊買ってきてくれませんか」

(3) 【全訳】 これは最も重要な学校行事の 1 つです。私たちの学校では，毎年，この行事を行います。先生方の話を注意深く聞いたあと，校舎を歩いて出て，そのあと運動場まで走って行きます。それから先生方や，この行事の手伝いをしてくれる人々が，その重要性について話してくれます。彼らから，何かが突然起こったときに，安全 ている方法を学びます。

8│比 較 表 現

Step A　**解答**　本冊 ▶ pp. 22〜23

1 (1) larger　(2) highest　(3) bigger
(4) more interesting　(5) most useful

2 (1) easier　(2) the, tallest
(3) better〔more〕, any　(4) as〔so〕, fast

3 (1) Which do you like better, coffee or tea?

(2) It is much colder today than yesterday.

(3) The Shinano River is the longest river in Japan.

(4) She spoke more slowly than her sister.

(5) Australia is as large as America.

4 (1) ウ　(2) イ　(3) ア　(4) オ　(5) エ

5 (1) アンは私の親友です。

(2) 彼は最も偉大なテニス選手のうちの一人です。

(3) この湖はあの湖の 2 倍の大きさです。

(4) 彼らは 5 年以上の間，ニューヨークに住んでいました。

(5) できる限り速く走りなさい。

(6) この辞書にはあの辞書より多くの語が含まれています。

6 (1) It is one of the oldest temples in Japan.

(2) She is much younger than you.

(3) Reading books is as important as studying.

(4) This bike is more expensive than that bike〔one〕.

(5) I think (that) Himeji Castle is the most beautiful castle in Japan.

解説

1 (1) e で終わる語は r / st をつける。

(2) たいていの語の比較級 / 最上級は語尾に er / est を つける。

(3) big は g を 2 つ続けて er / est をつける。

(4)(5) つづりの長い形容詞の比較級 / 最上級は，その 語の前に more / most をつける。

2 (1)「問題 A は問題 B より難しいです」⇔「問題 B は問題 A より簡単です」

(2)「このクラスのどの生徒もケンより背が高くありま せん」⇔「ケンはこのクラスでいちばん背が高い生徒 です」

(3)「私はすべての教科の中でいちばん体育が好きです」 ⇔「私は他のどの教科よりも体育が好きです」

(4)「ヨウコはミキより速く走ることができます」⇔「ミ キはヨウコほど速く走ることができません」

3 (1)「A と B では，どちらが好きですか」= Which do you like better, A or B ?

(2) 比較級を修飾する語句(much「ずっと」)は，比較 級の前に置く。

(3) 最上級の文。「いちばん長い川」= the longest river

(4) 比較級の文。slowly の比較級は more slowly にな る。

(5) 同等比較の文。「同じくらい～だ」は as ～ as で表 す。

⚠ ここに注意
(4) early「早く」は earlier － earliest の変化だが，たいていの ly で終わる 語は more － most 型になる。

4 (1)「英語はすべてのうちで一番おもしろいと思い ますか」「はい，そう思います」

(2)「誰が一番早く，そこへ行ったのですか」「ジョンで す」

(3)「サッカーはこの市で一番人気のあるスポーツです か」「いいえ，ちがいます」

(4)「これとあれとでは，どちらのかばんのほうが安い ですか」「このかばんです」

(5)「春，夏，秋，冬のうちどれが一番好きですか。」 「夏が一番好きです」

5 (1) one's best friend「～の親友」

(2)〈one of ＋ the ＋最上級＋複数名詞〉「最も～な… のひとり〔ひとつ〕」

(3) 倍数表現。twice〔three times〕as ～ as ...「…の 2 倍〔3 倍〕～だ」

(4) more than ～「～以上」

(5)〈as ～ as ＋主語＋ can〉「できる限り～」

(6) この more は many「多くの」の比較級で，This dictionary has many words.「この辞書は多くの語 が含まれています」という文が元にあると考えれば よい。

6 (1)「最も～な…の 1 つです」は〈one of the ＋最上 級＋複数名詞〉の形で表す。

(2) 比較級を修飾する語句(much「ずっと」)は比較級 の前に置く。

(3)「同じくらい～」= as ～ as

(4) expensive「高価な」は長い単語(「3 音節以上の単 語」)なので，比較級は前に more をつける。

(5) beautiful「美しい」の最上級は前に the most をつ ける。

9 │ there is, 文構造, 接続詞 that

Step A　　**解答**　　本冊 ▶ pp. 24～25

1 (1) is　(2) became　(3) told　(4) are　(5) that

2 (1) He looks very busy.

(2) There aren't any restaurants around here.

(3) My aunt bought a bag for me.

(4) How many girls are there in the park ?

3 (1) Mr. Oka teaches us Japanese history.

(2) I think that she is right.

(3) We call the dog John.

(4) There was an accident here yesterday.

(5) Did you know he was sick ?

4 (1) 明日はよい天気であればいいと思います。

(2) おじは私に腕時計を買ってくれました。

(3) その知らせは彼らを驚かせました。

(4) 壁に時計はありますか。－はい，あります。

5 (1) オ　(2) ア　(3) エ　(4) ク　(5) カ

6 (1) ウ　(2) ア　(3) イ

7 (1) Kazuo showed us some pictures.
〔Kazuo showed some pictures to us.〕

(2) There were three books on the desk.

(3) I think (that) he will get〔become〕well soon.

解説

1 (1) there is〔are〕の文は，直後の名詞に be 動詞を 合わせる。「部屋にギターがあります」

10

(2) SVC の文。補語に名詞をとる become〔became〕が適切。「彼女(かのじょ)は英語の先生になりました」

(3) SVOO の文。目的語を2つとれるのは tell〔told〕のみ。「彼は私に真実を話してくれました」

(4) a lot of people は複数の扱(あつ)い。「公園にたくさんの人がいます」

(5) I'm sure that ～で「～することを確信する」の意味。「きっとあなたは試験に合格するでしょう」

2 (1)「～に見える」=〈look +形容詞〉

(2) 否定文は be 動詞の後ろに not を置く。また,否定文では some ではなく any を使う。

(3)「(人)に～を与(あた)える」は〈give +もの+ to +人〉だが,「(人)に～を買う」は〈buy +もの+ for +人〉となる。前置詞(ちが)の違いに注意。

(4) 数を問うときは〈how many +名詞の複数形〉を使う。

3 (1)「(人)に～を教える」=〈teach +人+もの〉

(2)「私は～だと思う」= I think (that) ～.

(3)「A を B と呼ぶ」=〈call + A + B〉

(4)「～がありました」=〈there was〔were〕+名詞〉

(5) 接続詞の that は省略することができる。

4 (1) I hope (that) ～. は「～であることを望む」という意味。本文では that が省略されている。

(2) SVOO の文。〈buy +人+もの〉=「(人)に～を買う」

(3) SVOC の文。〈make + A + B〉=「A を B にする」

(4) on the wall「壁(かべ)に」

5 (1)「誰(だれ)があなたに花をあげたのですか」「私の姉〔妹〕です」

(2)「あなたは彼はテニスが上手な選手だと思いますか」「はい,思います」

(3)「あなたの市にはお寺がいくつかありますか」「いいえ,ありません」

(4)「あなたは友だちに何を送ったのですか」「カメラです」

(5)「図書館には男の子が何人いますか」「15 人います」

> **ここに注意** (2) Do you think ～？という問いなので,Yes, I do. または No, I don't. が答え。(3) there is〔are〕の疑問文には there を使って答える。

6 (1)「1 年は 12 か月あります」という意味の文にする。

(2)「カナダは日本より広いということを知っています」

という意味の文にする。

(3)「日本では 8 月は一番暑い月だと思います」という意味の文にする。

7 (1)「(人)に～を見せる」は〈show +人+もの〉または〈show +もの+ to +人〉の形になる。

(2)「(複数のものが)ありました」なので there were の文にする。

(3) 接続詞の that は省略可能。「よくなる」= get〔become〕well

Step B 解答　　　本冊 ▶ pp. 26～27

1 (1) look　(2) are　(3) the best　(4) me
(5) dogs　(6) More

2 (1) He always makes us happy.
(2) Shall I show you a bigger bag ?
(3) Everyone says that this book is the most interesting.

3 (1) There, is, on
(2) the, most, difficult, of
(3) as, white, as, snow
(4) don't, think, rain
(5) told, them, story
(6) three, years, younger　(7) lend, to, me

4 (1) アメリカの技術は日本の技術と同じくらいよいと彼は思っています。
(2) 先生はサトシが海岸を清掃(そう)しているとは知りませんでした。
(3) 私たちの市にはほかにも多くのよい場所があります。
(4) 日本庭園へはどの道を行くのが一番近いですか。
(5) ベンはクラスのほかのどの生徒よりも速く走ります。
(6) 外はだんだん暗くなってきています。
(7) 私は妹にかわいい人形をあげました。

5 (Well,) which bus goes to the (museum ?)

6 (1) John thought that he wanted to climb Mt. Fuji.
(2) I'll ask you more questions next time.
(3) There are more than 5,000 high schools in Japan.
(4) They named their baby Mary.

解説

1 (1) SVC の文型。look のみ形容詞の tired とつながる。「あなたはとても疲れているように見えます」

(2) that 節内の主語は複数形の gestures なので，be 動詞は are が適切。「私たちは身ぶりがとても有用だと理解しています」

(3)「いちばん好き」というときは like ～ the best となる。「あなたは春夏秋冬のうちでどれがいちばん好きですか」

(4) 目的格の代名詞 me が適切。「コンテストについてもっと私に話してくれませんか」

(5) are や a lot of から複数形の名詞が適切。「日本には聴導犬(hearing dogs)がたくさんいます」

(6) 離れた位置にあるが，文末の than last year から比較級が適切。「昨年よりも今年はもっと大勢の人がイベントに参加するでしょう」

2 (1)「A を B にする」＝〈make ＋ A ＋ B〉

(2)〈show ＋人＋もの〉＝「(人)に～を見せる」

(3) says の発言内容を that 節で続ける。

3 (1)「～がある」は There is〔are〕～ . の文で表す。「壁に」＝ on the wall

(2) most を用いる最上級の文。「5 冊」＝ the five (books)は複数を表す語句なので，前置詞は of を使う。

(3) as を用いる同等比較の文。

(4) 日本語で「～でないと思う」のような場合，ふつう英語では think を否定形にして，that 節内は肯定文にする。

(5)「(人)に～を話す」＝〈tell ＋人＋もの〉

(6) 具体的な差を示す語句は比較級の前に置く。

(7)「(人)に～を貸す」は〈lend ＋人＋もの〉または〈lend ＋もの＋ to ＋人〉の形。本問では後者を用いる。

4 (1) 接続詞の that が省略されている。technology in America が that 節内の主語になる。

(2) 接続詞 that が省略されている。時制の一致により，that 節内が過去形になっている。

(3) many other「ほかの多くの」

(4) nearest は near「近い」という形容詞の最上級。

(5)〈比較級＋ than any other ＋単数名詞〉「ほかのどの～よりも…」

(6) この get は補語に形容詞をとって「～になる」の意味。〈比較級＋ and ＋比較級〉で「ますます，だんだん」の意味。

(7)〈give ＋人＋もの〉「(人)に～を与える」

> **⚠ ここに注意** (2) 時制の一致が起きている that 節内を訳すときは，現在形で訳すと自然な日本語になる。

5 〔全訳〕

女性：すみません。みどり公園への行き方を教えていただけませんか。

マキ：いいですよ。その公園は若葉博物館の近くです。若葉博物館に向かうバスに乗るといいと思います。

女性：では，どのバスが博物館へ行きますか。

マキ：次のバスに乗って下さい。でも心配しないてください。私は同じバスに乗るつもりです。

女性：どうもありがとうございます。

マキ：どういたしまして。

6 (1) 主節の動詞が過去形の thought なので，that 節内の動詞も過去形の wanted にする(時制の一致)。

(2)「もっと多くの質問」は more questions「質問をする」は，ask を用いる。

(3)「5,000 以上」は more than 5,000〔five thousand〕

(4)「A を B と名付ける」＝〈name ＋ A ＋ B〉

Step C 解答　　本冊 ▶ pp. 28～29

1 (1) エ　(2) イ　(3) イ

2 (1) May〔Can〕, speak　(2) to, with
(3) without, saying　(4) keeps, clean

3 (1) Tom can run faster than any other student in the class.
(2) What day of the week is it today?
(3) Would you tell me the way to the museum?
(4) You had better come home at once.

4 (1) There, are　(2) better, than
(3) enjoyed, running

5 ① The other day I read a book on〔about〕
② Yakushima Island is the fifth largest〔biggest〕island in Japan
③ there are a lot of〔many〕things to see
④ How long does it usually take
⑤ you going to go alone

解説

1 (1) 過去進行形の文。

12

(2) have to do「〜しなければならない」

(3)「父の兄〔弟〕はおじになります」：cousin「いとこ」，nephew「甥（おい）」

2 (1) 電話口での表現。

(2) 不定詞の形容詞的用法。「ペンで書く」は write with a pen となるので，前置詞の with が必要になる。

(3)「〜することなしに」= without 〜ing

(4)「O を C に保つ」=〈keep + O + C〉

3 (1)「どの〜よりも…」=〈比較（かく）級 + than + any other + 単数名詞〉の形。

(2) What day of the <u>month</u> is it today ?「今日は何月何日ですか」とすると日付を問うことになる。

(3)「〜してくれませんか」= Would〔Could, Will, Can〕you 〜 ?，tell は 2 つ目的語をとることができる動詞。

(4)「〜したほうがいい」=〈had better + 動詞の原形〉，「すぐに」= at once

> **⚠ ここに注意** (2)「今日は何曜日ですか」は What day is it today ? と of the week を省略した形で使うことが多い。

4 (1)「1 日は 24 時間です」

(2)「ジャックはマイクほどテニスを上手にしません」→「マイクはジャックより上手にテニスをします」

(3) enjoy 〜ing「〜することを楽しむ」

5 ①「先日」= the other day，read は現在形と過去形が同じ形。

②「何番目に〜な」=〈the + 序数 + 最上級〉の形。

③「〜がある」は there is〔are〕の文を使う。

④「どのくらい（の時間）」= how long

⑤ 予定（未来）の表現。are が与（あた）えられているので，be going to の文で表す。「ひとりで」= alone

3年 —————

1. 受け身形 (1)

Step A 解答　　　　　本冊 ▶ pp.30〜31

1 (1) found, found　(2) knew, known
(3) put, put　(4) saw, seen　(5) ate, eaten
(6) began, begun

2 (1) him　(2) loved　(3) were　(4) wasn't
(5) Was

3 (1) ウ　(2) カ　(3) ア　(4) エ　(5) ク

4 (1) Was John invited to Emi's birthday party ?

(2) The temple isn't visited by many students.

(3) How many old books are sold on the website ?

(4) Is the song loved by many people ?

(5) Yuji washed the car yesterday.

5 (1) アンはおじに腕時計（うでどけい）をもらいました。

(2) ケンタロウはみんなに「ケン」と呼ばれています。

6 (1) This picture was taken by my mother last week.

(2) The game is always played in the morning.

7 (1) The concert wasn't held last year.

(2) Is Japanese used in many countries ?

解説

1 (1)〜(6) 全て不規則動詞。

2 (1) by は受け身の文の行為者を示す。前置詞の後なので代名詞は目的格になる。

(2)「音楽」は「愛される」ので，受け身形の文。〈be 動詞 + 過去分詞〉の形。

(3) 受け身形の時制は be 動詞で表す。過去の文で主語が複数なので were が適切。

(4) 受け身形の否定文は〈be 動詞 + not + 過去分詞〉の形。

(5) 受け身形の疑問文。主語が単数なので Was が適切。

3 (1), (2), (4) いずれも受け身形の Yes / No で答える疑問文。主語と be 動詞が対応するものを選ぶ。

(3), (5) いずれも疑問詞が主語の文。一般動詞のふつうの文では do〔does, did〕で，受け身形の文では be 動詞を使って答える。

> **⚠ ここに注意** (5) 答えの文は，English is spoken there. の spoken 以下が省略された形になっている。

4 (1) 受け身形の疑問文は be 動詞を主語の前に置く。

(2) 否定文は be 動詞のあとに not を置く。

(3) 数を問う〈how many + 名詞の複数形〉が主語になる疑問文。

(4) the song を主語にして「その歌は多くの人に愛されていますか」という意味の文にする。

13

(5) Yuji を主語にして「ユウジは昨日，その車を洗いました」という意味の文にする。

5 (1) Ann's uncle gave her a watch. が受け身形になった文。

(2) Everyone calls Kentaro "Ken". が受け身形になった文。

6 (1)〈be 動詞＋過去分詞＋ by ＋行為者〉の語順。

(2) 頻度を表す副詞 always は be 動詞のあとに置く。

❗ ここに注意 (2) always は一般動詞の文では動詞の前に置く。したがって，ふつうの文に書きかえた場合，They always play the game in the morning. となる。

7 (1) hold「（会などを）開く」は不規則動詞で，hold － held － held の語形変化。

(2) 受け身形の疑問文は〈be 動詞＋主語＋過去分詞〜 ?〉の形。

Step B 　**解答**　　本冊 ▶ pp.32〜33

1 (1) written　(2) was spoken　(3) standing
(4) kept

2 (1) encouraged　(2) held　(3) known
(4) broken

3 (1) are, seen, along
(2) How, was, made〔created〕
(3) was, given, to　(4) What, was, called

4 (1) A *furoshiki* was put on the table by my host mother.
(2) They sell beautiful medals at that store.
(3) When was this ship built (by them) ?
(4) Why was Mr. Smith invited to dinner by the family ?

5 (1) were, taken
(2) good, speech, was, made

6 (1) *Harry Potter* is read by many people all over the world.
(2) Is the bird made of a piece of paper ?
(3) You felt you were needed by other people, didn't you ?
(4) We were not taught music by him last year.

7 (解答例) For me, reading books is more important than doing sports. I'm interested in novels. I like Natsume Soseki the best. I want to be a novelist in the future. I think that it is necessary to read many books to learn a lot of things.

解説

1 (1) 受け身形の文は〈be 動詞＋過去分詞〉の形。「この本は私のおじによって書かれました」

(2) the other day は「先日」という意味で，過去を表す言葉。「先日，私は知らない人に話しかけられました」

(3) この by は「〜のそばに」という意味。「背の高い男性が門のそばに立っています」（現在進行形）

(4) keep 〜 clean「〜をきれいに保つ」が受け身形になった文。「市役所はいつもきれいに保たれています」

2 (1) 規則動詞，(2)〜(4) 不規則動詞。
(1)「私は彼らに励まされました」
(2)「2018 年のワールドカップはロシアで開催されました」
(3)「この歌は世界中で知られています」
(4)「その窓はケンシロウによって割られました」

3 (1) 受け身形は〈be 動詞＋過去分詞〉の形。
(2) 疑問詞 how の後に受け身形の疑問文を続ける。
(3)〈give ＋もの＋ to ＋人〉の受け身形。
(4) SVOC を構成する call の文では疑問詞は what を使う。

❗ ここに注意 (3) 受け身形で迷ったときは能動態に直すとよい。「（Aが）私に時計をくれた」は (A) gave a watch to me. となることから，前置詞の to を確認できる。

4 (1) put に s がついていないので，過去形の文とわかる。目的語(a *furoshiki*)を主語に，行為者(my host mother)は by で示す。

(2) 行為者が示されていない。店の人をさす they を主語として補う。

(3) まずは肯定文の受け身形 This ship was built by them. をつくり，これを疑問文(be 動詞を主語の前に置く)にして疑問詞の when を文頭に置けばよい。なお，they が一般的な人々をさす場合は by them を省略することが多い。

(4) 目的語の Mr. Smith を主語にして受け身形の疑問文をつくる。

5 (1)「これらの写真はどこで撮られましたか」とい

14

う意味の受け身形の文にする。

⑵ make a good speech で「よいスピーチをする」という意味。a good speech を主語にした受け身形の文にする。

6 ⑴〈be 動詞＋過去分詞＋ by ＋行為(い)者〉の形。

⑵ be made of ～で「～でできている」という意味。疑問文なので be 動詞を主語の前に置く。

⑶ felt のあとに接続詞の that を補って考えるとよい。

⑷ He didn't teach us music. の受け身形。not は be 動詞の後に置く。

7「本を読むこととスポーツをすることでは，どちらがあなたにとってより重要ですか」に答える。「なぜ重要なのか」「将来なりたいもの」「今，頑張(がん)っていること」などを書くとよい。

2. 受け身形 ⑵

Step A　**解答**　本冊 ▶ pp. 34〜35

1 ⑴ at　⑵ with　⑶ in　⑷ to　⑸ from
⑹ of

2 ⑴ killed　⑵ are taught　⑶ be
⑷ be sent for　⑸ is　⑹ will be

3 ⑴ When was Himeji Castle built ?
⑵ He is usually called Mike (by people).
⑶ I was born on July 5.
⑷ What is he interested in ?
⑸ The dog was looked after by the chirdren.
⑹ A lot of people from all over the world visit Horyu Temple.

4 ⑴ あなたのかばんはすぐに見つかるでしょう。
⑵ 2名の選手がけがをして保健室に連れて行かれました。
⑶ その橋は今，建設されているところです。

5 ⑴ Was the kitchen filled with smoke then ?
⑵ We were not surprised at the news.
⑶ A lot of stars can be seen there.

6 ⑴ Everything is written in English in the country.
⑵ Who was invited to the party ?

解説

1 ⑴ be excited at ～「～にわくわくする」
⑵ be covered with ～「～におおわれている」

⑶ be interested in ～「～に興味を持つ」
⑷ be known to ～「～に知られている」
⑸〈be made from ＋原料〉「～でできている」
⑹〈be made of ＋材料〉「～でできている」

> **⚠ ここに注意**　⑸⑹ 日本語では「～でできている〔つくられている〕」でも，原料を言いたいときは from，材料を言いたいときは of になる。

2 ⑴ be killed で「亡くなる」の意味。
⑵ Mr. Wada teaches us music. が受け身形になった文。
⑶ 助動詞(どうし)を含む受け身形の文は〈助動詞＋ be ＋過去分詞〉の形。
⑷「(医者など)を呼びにやる」は send for という連語。受け身形にも前置詞が必要で be sent for となる。
⑸ 疑問詞を含む Which language「どの言語」が主語になっている。単数形なので be 動詞は is が適切。
⑹ 受け身形の未来の文。〈will be ＋過去分詞〉の形を使う。

3 ⑴ in 1346 は時を表す。時をたずねる場合は when を用いる。
⑵ 頻度(ひんど)を表す副詞の usually は be 動詞と過去分詞の間に置く。
⑶ born は bear「産む」の過去分詞。「生まれる」＝ be born
⑷「何に興味があるのか」とたずねる文にする。
⑸ look after で「世話をする」という連語なので，受け身形の文でも after が必要。
⑹「ふつうの文(能動態)」にするので，by で示される行為者 a lot of people を主語にして，Horyu Temple を目的語にする。

4 ⑴ 助動詞 will を含む受け身形の文。
⑵ be injured「けがをする」
⑶ 進行形の受け身形の文。

5 ⑴ 受け身形の疑問文は，be 動詞を主語の前に置く。「～でいっぱいである」＝ be filled with ～
⑵ 受け身形の否定文は be 動詞のあとに not を置く。「～に驚(おどろ)く」＝ be surprised at ～
⑶ 助動詞 can を含む受け身形の文。〈助動詞＋ be ＋過去分詞〉の形になる。

6 ⑴「英語で」＝ in English，write − wrote − written

(2) 疑問詞の who が主語になる疑問文。「~をパーティーに招く」は invite ~ to the party となるので,受け身形で書くときも前置詞の to を書き忘れないように注意する。

1 (1) been used　(2) be　(3) spoken
　　(4) laughed at　(5) in
2 (1) will, be, held　(2) is, married, to
　　(3) were, killed, in　(4) isn't, interested, in
3 (1) A dog was run over by a car.
　　(2) You will be shown〔showed〕 the way by the guide.
　　(3) Your room is always kept clean.
　　(4) The car was being washed by Tom.
　　(5) Who was the picture painted by?
　　(6) This work must be done at any cost.
4 (1) The rabbit may be found in this park.
　　(2) Mike was born and raised in Australia.
　　(3) The game will not be put off.
　　(4) Was classical music being played at that time?
5 (1) ア　My money was stolen in a crowded train, so I made a call to the police station.
　　(2) ウ　Ken is so healthy that he has not caught a cold this winter.
　　(3) イ　He doesn't want anyone to know that he is going to the place.
6 (解答例) Hello, everyone. Welcome to our school. We are very glad to meet you. Tennis is popular in your country. It is also popular in Japan. Let's play tennis together. Japanese food is delicious. We'll take you to a famous restaurant.

解説
1 (1) 現在完了の受け身形は,〈have〔has〕been +過去分詞〉の形。「その車は数年間使われています」
(2) 助動詞を含む受け身形は,〈助動詞+ be +過去分詞〉の形。「5冊の本が市立図書館から借りられます」
(3) a woman spoke to me が受け身形になった文。「この前の日曜日,家に帰るとき,私は女性に話しかけられました」

(4) laugh at ~ で「~を笑う」なので,受け身形でも at が必要。「彼は友だちに笑われました」
(5) in ink で「インクで」の意味。by のあとに続くのは動作主。「その手紙は美しい金のインクで書かれました」
2 (1)「次のオリンピックはどこで開催されますか」と考える。疑問文は〈will +主語+ be +過去分詞〉の語順になる。
(2)「~と結婚している」= be married to ~
(3)「事故で亡くなる」は,be killed in the accident と覚えておこう。
(4)「~に興味がある」= be interested in ~
3 (1) run over で「(車で)ひく」という意味なので,受け身形にしても over を忘れないこと。run － ran － run
(2) 未来の文の受け身形は〈will be +過去分詞〉の形になる。show － showed － shown〔showed〕
(3) SVOC の文を受け身形にするとき,目的語を主語にする(補語は主語にできない)。頻度を表す副詞の always の位置にも注意する。keep － kept － kept
(4) 受け身の進行形は〈be 動詞+ being +過去分詞〉の形。
(5) 行為者をたずねる場合,who を使い by を文末に残す。
(6) must は助動詞なので,〈must be +過去分詞〉の形にする。

🛡 ここに注意　(2)(6) will, can, must, may, should などの助動詞のあとには動詞の原形が来るので,be 動詞なら be になることを覚えておく。

4 (1) 助動詞 may の後ろに〈be +過去分詞〉を続ける。
(2)「オーストラリアで生まれて育てられた」と考える。raise「育てる」
(3) will を含む受け身形の否定文。will の後に not を置き,〈be +過去分詞〉を続ける。put off ~「~を延期する」
(4) 受け身の進行形は〈be 動詞+ being +過去分詞〉の語順。
5 (1)「(誰かが)お金を盗んだ」という文を元に考えると,someone stole my money → my money was stolen(by someone)なので,アのように主語が I にはならない。

(2) ウは現在完了の受け身形になっている。「かぜをひ<ruby>く<rt>りょう</rt></ruby>」＝ catch (a) cold なので，受け身形にする必要がない。

(3) to 不定詞の後ろが受け身形になっている。〈want ＋人＋ to know〉で「(人)に知ってほしい」という意味なので，ふつうの know という形で良い。

6 相手の国で関心のあること，日本のことで知ってほしいことや試してほしいこと，いっしょにしたいことなどを述べるとよい。

3. 現 在 分 詞

Step A **解答**　　　　　本冊 ▶ pp. 38〜39

1 (1) taking　(2) singing　(3) dancing
　　(4) boiling　(5) staying
2 (1) running, student
　　(2) person, talking, to　(3) am, going, to
　　(4) What, doing　(5) went, fishing
3 (1) The baby kept crying all night.
　　(2) The girl playing the piano on the stage is my sister.
　　(3) Do you know the boy riding a bike?
4 (1) あの燃えている家の中には<ruby>誰<rt>だれ</rt></ruby>もいませんでした。
　　(2) <ruby>彼<rt>かれ</rt></ruby>は生き字引です。〔彼は歩く辞典です。〕
　　(3) 湖へスケートをしに行こう。
　　(4) 地上に生きている最も大きな動物は象です。
　　(5) 向こうに立っている少年は誰ですか。
　　(6) <ruby>彼女<rt>かのじょ</rt></ruby>は<ruby>眠<rt>ねむ</rt></ruby>っている<ruby>猫<rt>ねこ</rt></ruby>の絵を<ruby>描<rt>か</rt></ruby>いています。
5 (1) dog, lying, mine　(2) went, shopping
6 (1) Look at the girl standing in front of the station.
　　(2) He was talking on the phone a few minutes ago.

解説
1 (1) 現在進行形〈be 動詞＋〜ing〉の文にすると意味が通る。
(2)(3)(5) それぞれ現在分詞の singing「さえずっている」，dancing「<ruby>踊<rt>おど</rt></ruby>っている」，staying「<ruby>滞<rt>たい</rt></ruby>在している」が語句を<ruby>伴<rt>ともな</rt></ruby>って，名詞を後ろから<ruby>修飾<rt>しゅうしょく</rt></ruby>する形になる。
(4) boiling water「熱湯」(boil「<ruby>煮<rt>に</rt></ruby>える」)

2 (1)「走っている」は running 1 語で表せる。現在分詞が単独で名詞を修飾するときは〈現在分詞＋名詞〉の語順。
(2)「彼に話しかけている」は talking to him になる。現在分詞が語句を伴って名詞を修飾するときは〈名詞＋現在分詞＋語句〉の語順。
(3)「〜するつもりです」＝〈be going to ＋動詞の原形〉
(4) 現在進行形〈be 動詞＋〜ing〉の文。
(5)「<ruby>釣<rt>つ</rt></ruby>りに行く」＝ go fishing

❗ ここに注意　(1)(2) person talking to him のように現在分詞が語句を伴うときは名詞を後ろから修飾するが，running student のように現在分詞 1 語で修飾するときは，ふつう名詞の前に置く。

3 (1)「〜し続ける」＝〈keep ＋〜ing〉，「一晩中」＝ all night
(2) the girl を playing で始まる現在分詞句で後置修飾する。
(3) the boy を riding で始まる現在分詞句で後置修飾する。
4 (1) no one「誰も〜ない」，burn「燃える」
(2) walking dictionary「歩く辞典」とは「生き字引(もの知り)」のこと。
(3) go skating「スケートに行く」
(4) The largest animal が主語で，それを現在分詞句の living on earth が後ろから修飾している。
(5) standing over there が前の the boy を修飾している。
(6) 現在進行形の文。sleep「眠る」
5 (1)「私の犬はソファに横たわっています」→「ソファに横たわっている犬は私のです」
(2)「私たちは昨日，買い物をするために市場に行きました」→「私たちは昨日，市場に買い物に行きました」
6 (1)「駅前」＝ in front of the station
(2)「電話で話をする」＝ talk on the phone

Step B **解答**　　　　　本冊 ▶ pp. 40〜41
1 (1) looking　(2) developing　(3) leaving
　　(4) running　(5) lying
2 (1) working　(2) to go
3 ① April　② August

17

4 (1) woman, speaking (2) living, in
　(3) saw, crossing (4) with, on

5 (1) People working in the building turned off the lights to see the stars.
　(2) We have reading time before class from 8:20 to 8:30.
　(3) This year, she's planning to go on a trip in October.
　(4) You must not leave the water running.

6 (1) Why don't you go shopping with me?
　(2) Who is that girl waiting for the bus?
　(3) My grandfather often enjoys seeing the rising sun〔sunrise〕.

7 (解答例) Sure. Just a minute, Dad. I will stop washing Rocky. I'll help you to carry the boxes with Sam soon.

解説

1 (1) 現在進行形の文にする。なお，to の後ろの meeting は動名詞である。「私はあなたに会うことを楽しみにしています」
(2) developing country で「発展途上国」の意味。「発展途上国では，女性は男性よりもたくさん食べ物を生産します」
(3) 現在進行形は近い未来のことを言う場合にも使う。「私は 30 分後に出発する予定です」
(4) 主語が The vehicle「車両」で後ろから現在分詞句が修飾する形にする。「あの幹線道路を走っている車両は別の車と衝突しました」
(5)〈see ＋人＋現在分詞〉で「(人が)～しているのを見る」の意味。「私たちはジロウが庭の木の下に横たわっているのを見ました」

2 (1)「働いている」という意味の working(現在分詞)にかえる。「レストランのスタッフとして働いている友人が何人かいました」
(2)「行くための」という意味の to go(不定詞)にかえる。「岩手で行くのにいい場所はどこですか」

3 〔全訳〕 先生：March(3月)と May(5月)，「M」で始まる月は2つあります。「A」で始まる月は何でしょうか。
生徒：April(4月)と August(8月)です。
先生：そうですね。April と August では，あなたはどちらが好きですか。
生徒：私は August が好きです。日本ではこの月にた

くさんの夏祭りが催されます。

4 (1)「あの女性はフランス語を話しています。私は以前，彼女と会ったことがあります」→「私は以前，フランス語を話しているあの女性と会ったことがあります」
(2)「そうした人々はこの地域に住んでいます。彼らは野菜を育てます」→「この地域に住むそうした人々は野菜を育てます」
(3)「私がその少年を見たとき，彼は道を横断していました」→「私はその少年が道を横断しているところを見ました」
(4)「～を身につけている」の wearing は〈with ＋衣服＋ on〉で言い換えられる。「向こうの厚いコートを着ている男性が見えますか」

5 (1)「建物の中で働いている人々が，星を見るために明かりを消しました」
(2) reading time で「読書時間」の意味。なお time for reading のことなので文法上 reading は動名詞になる。「授業前の 8 時 20 分から 8 時 30 分に読書時間があります」
(3)「今年の 10 月に，彼女は旅行に行く計画を立てています」
(4)「水を出したままにしてはいけません」

🛡 ここに注意　(4) SVOC の文型をとる leave や keep は補語に現在分詞をとることができる。I'm sorry to keep you waiting.「お待たせしてすみません」

6 (1)「～しませんか」＝ Why don't you ～?
(2)「～を待つ」＝ wait for ～
(3)「～して楽しむ」＝ enjoy ～ing.「日の出」＝ the rising sun〔sunrise〕

7 ジャックが犬のロッキーの体を洗っている。あとで手伝うのか，それとも今は手伝えないと言うのかを考えて，やさしい英語で返事するとよい。

4. 過 去 分 詞

Step A　解答　本冊 ▶ pp. 42～43

1 (1) walking (2) broken (3) holding
　(4) published (5) boiled
2 (1) written, by (2) Are, interested, in
　(3) language, spoken (4) sent, from
　(5) the〔a〕, bag, found

18

3 (1) 父はイギリス製の車を持っています。

(2) 10 分前にケビンという名前の人から電話がありましたよ。

(3) 彼の兄〔弟〕は昨日，中古車を買いました。

(4) その子どもに割られた花びんは高価でした。

(5) ローマは 1 日にして成らず。

4 (1) That mountain covered with snow is Mt. Fuji.

(2) This *yukata* was given to me by my aunt.

(3) *Karate* is a sport practiced with bare hands and feet.

(4) My grandfather is a great doctor known to everyone in the village.

5 (1) This is a picture painted by Picasso.

(2) We gathered a lot of fallen leaves.

(3) The cakes baked by Yumi were sold out.

(4) The vegetables planted by my father are growing well.

解説

1 (1)「男の人」「歩く」という能動の関係なので現在分詞の walking が適切。「屋根の上を歩いている男の人を見てください」

(2)「自転車」「壊された」という受け身の関係なので過去分詞の broken が適切。「ユージは壊れた自転車を修理屋に持って行きました」

(3) 現在進行形の文。「サラは腕に猫を抱いています」

(4)「本」「出版された」という受け身の関係なので過去分詞の published が適切。「私は先週出版されたその本を読みたいです」

(5) boiled egg で「ゆで卵」の意味。「私は朝食にゆで卵を食べました」

! ここに注意 (1)(2)(4)(5) 現在分詞にするか過去分詞にするかは，「自らするか」あるいは「されるのか」によって決める。日本語があるときも，その訳にまどわされないこと。

2 (1) write「書く」− wrote − written

(2)「～に興味がある」= be interested in ～

(3) speak「話す」− spoke − spoken

(4) send「送る」− sent − sent

(5) find「見つける」− found − found

3 (1) 目的語の a car を過去分詞句の made in England が後ろから修飾している。

(2) 主語の A man を過去分詞句の named Kevin が後ろから修飾している。

(3) used car で「中古車」の意味。過去分詞の used「使われた」が 1 語だけで修飾するので名詞の前に置かれている。

(4) 主語の The vase を過去分詞句の broken by the child が後ろから修飾している。

(5) ことわざ。直訳すると「ローマは 1 日では作られませんでした」となる。

4 (1) 主語を That mountain にして，過去分詞の covered with 以下で修飾する。

(2) ふつうの文だと My aunt gave this *yukata* to me.「おばが私にこの浴衣をくれた」になる。これを受け身形にすればいい。

(3) a sport を過去分詞の practiced 以下で修飾する。「素手」= bare hands，「素足」= bare feet

(4) great「偉大な」は形容詞なので名詞 doctor の前に置く。known to 以下の過去分詞句は doctor の後ろに置くことに注意。

5 (1)「(絵具などで) 描く」= paint

(2)「落ち葉」は fallen leaf という。leaf「葉」の複数形は leaves となるので注意。

(3)「焼く」= bake，「売り切れる」= be sold out

(4)「植える」= plant，「立派に〔よく〕育つ」= grow well

! ここに注意 (1)(3)(4) それぞれ語句を伴う過去分詞句が名詞を後ろから修飾する形にする。一方，(2)の fallen は 1 語なので前から名詞を修飾する。

Step B 解答 本冊 ▶ pp. 44〜45

1 (1) excited (2) was built (3) waiting
(4) living (5) given

2 (1) park, called (2) were, moved
(3) made, by (4) taken, to, by
(5) filled, with〔full, of〕

3 (1) taken, by (2) made
(3) what, is, called (4) were, drawn
(5) had, stolen

4 (1) Keiko gave Tom some flowers made of Japanese paper yesterday.

(2) The scenery seen from the top of the

mountain is changing every hour.
- (3) You had better not eat the fish caught in the river.
- (4) I want to be called Ann.

5 (1) This shop is famous for selling bikes made in France.
- (2) He was sitting with his legs crossed.

6 (解答例) It's my diary. It is filled with all kinds of memories. I'm sure I will continue to keep it until I die.

【解説】

1 (1) 人が「興奮している」は excited を使う。「私はたくさんの興奮しているファンを見ました」
- (2) 受け身形の文。「この橋はおよそ100年前に架けられました」
- (3) waiting room で「待合室」の意味。なお room for waiting のことなので，この waiting は動名詞になる。「待合室に数人の人がいます」
- (4) 「人々」「生活する」という能動の関係なので現在分詞の living が適切。この文は修飾語を取り除くと Were the people happy ? となる。「この簡素なライフスタイルで生活している人々は幸せでしたか」
- (5) 「人形」「おじに与えられた」という受け身の関係になるので過去分詞の given が適切。「あれは3回目の誕生日にジムおじさんによって彼女に与えられたお気に入りの人形です」

！ ここに注意 (1) excite は「興奮させる」の意味。したがって「(人が) 興奮している〔興奮させられる〕」は過去分詞の excited，「(ことが) わくわくする〔興奮させるような〕」は現在分詞の exciting を使う。

2 (1) 「呼ばれる」= called
- (2) 「感動する」= be moved (move は「感動させる」の意味)
- (3) 「～が作ったケーキ」は，「～によって作られたケーキ」と考える。
- (4) 「A を～に持っていく」は take A to ～で表す。したがって，A taken to ～とすれば「～に持っていかれた A」となる。
- (5) 「～で満たされた」=(be) filled with〔full of〕～

3 (1) 「ケンはイングランドでこれらの写真を撮影しました」→「これらはケンによってイングランドで撮

影された写真です」
- (2) 「鉄の橋を見てください」→「鉄でできている橋を見てください」
- (3) 「この野菜の名前を知っていますか」→「この野菜が何と呼ばれているか知っていますか」
- (4) 「マサオは2年前にこれらのヨウコの絵を描きました」→「これらのヨウコの絵は2年前にマサオによって描かれました」
- (5) 「彼女のかばんは電車の中で盗まれました」→「彼女は電車の中でかばんを盗まれました」

！ ここに注意 (5) 〈have ＋もの＋過去分詞〉は「(主語は) …を～される〔してもらう〕」の意味になる。
I had my hair cut. 「私は髪を切ってもらった」

4 (1) some flowers を made of で始まる過去分詞句で後置修飾する。
- (2) 「山頂から見える景色」を「山頂から見られる景色」と過去分詞の文に置きかえて考える。
- (3) 「川で捕まえられた魚」と考える。「～しないほうがよい」= had better not
- (4) 受け身形を含む不定詞は〈to be ＋過去分詞〉になる。「～されたい」=〈want to be ＋過去分詞〉

5 (1) 「～で有名である」= be famous for ～，「フランス製の自転車」= bikes made in France
- (2) 「脚を組んで」を「脚が組まれた状態で」と考える。

！ ここに注意 (2) 〈with ＋もの＋過去分詞〉で「…が～される状態で」の意味になる。
Stand straight with your eyes closed. 「目をとじた状態でまっすぐ立ってください」

6 「その宝物がなぜ大切なのか」とか「どういうふうにして手に入れたのか」「今後どうするつもりか」などを書くとよい。

Step C **解答** 本冊 ▶ pp.46～47

1 (1) ア (2) ウ (3) エ
2 (1) born, on (2) taken (3) reason, for
3 (1) Who is that boy playing baseball over there ?
- (2) Do you know what language is spoken in Canada ?
- (3) The rising sun seen from the top of Mt.

Fuji is beautiful.

4 (1) France is a country lying〔located〕 between Germany and Spain.

(2) Ken was told to go on a business trip to Kobe tomorrow.

5 (1) want to eat something new and

(2) looking for

(3) They wanted Makemake to send more birds to eat.

(4) ア

(5) 鳥を増やすには卵がかえって大きくなるのを待たなければならない。

(6) ① egg〔bird〕 ② bird〔egg〕

解説

1 (1) be made from / of を問う設問。「牛乳」→「チーズ」は素材が変質する(原料)ので前置詞は from が適切。「チーズは牛乳からできると知っていますか」

(2) 「寺院」「建てられる」という受け身の関係なので過去分詞の built が適切。「金閣寺は 14 世紀に建立された寺院です」

(3) 「ケンはアメリカ人の少女に話しかけられた」という受け身形の文にする。「～に話しかける」は speak to ～なので,前置詞の to を忘れないこと。

2 (1) 「生まれる」= be born,日付を示す前置詞は on を使う。

(2) 「～の世話をしなければならない」を受け身形にすると考えると「～の世話がされなければならない」となる。

(3) reason for ～ing「～する理由」(この ing 形は前置詞の後ろなので動名詞である)

3 (1) that boy を現在分詞句の playing 以下が後ろから修飾する形にする。

(2) 疑問詞を含む what language が主語の受け身形の文にする。

(3) rising は 1 語なので前から,seen は語句をともなうので後ろから sun を修飾する。

4 (1) 「位置する」は lie または be located となる。前者なら現在分詞の lying,後者なら過去分詞の located で表現する。

(2) 「～するように言われる」= be told to do,「出張で～に行く」= go on a business trip to ～

⚠ ここに注意 (2) ⟨tell + 人 + to do⟩「(人に)～するように言う」の受け身形である。

5 (1) want something to eat「何か食べる物がほしい」だと new と and の処理ができなくなる。文末をヒントに something new and delicious「新しくておいしいもの」とするとすべての語句が使える。

(2) look for ～「～をさがす」

(3) 「(人)に～してもらいたい」=⟨want +人+ to do⟩

(4) how「どのように」が適切。

(5) 下線部の前にその内容が書かれている。島民は産卵までは待ったが,ひなが孵化するまでは待てなかった点をうまく表現すること。

(6) 下線部の前の they ate them all. の them は鳥と卵をさす。ただし,every の後ろはふつう単数形なので注意すること。

〔全訳〕 昔,マテベリという島がありました。それは海に浮かぶ小さな島で,食べ物はほとんどありませんでした。人々は魚を食べましたが,十分ではありませんでした。彼らはもっと多くの食べ物を得ようとよくお互いに争いました。人々はいつも考えていました。「新鮮でおいしいものを食べたい!」

マテベリ島では,1 人の女性が海の近くの洞窟に住んでいました。名前をラローナといいました。彼女は古い頭がい骨を持っていました。彼女はいつも言っていました。「私はこの頭がい骨が大好きです。これはいつか人々に幸せをもたらすと思います」

ある日,大嵐になりました。波はどんどん高くなり洞窟の中に入ってきました。頭がい骨は流れていってしまいました。「待って!行かないで!」ラローナも海に入っていきました。彼女は速く泳いで,それをつかまえようとしました。頭がい骨を追って,泳ぎ続けました。しかし,頭がい骨も速く動きました。長時間の後,マティロヒバという別の島の海岸に到着しました。ラローナはとても疲れていたので,海岸の頭がい骨から数メートル離れたところに倒れてしまいました。

彼女は目が覚めたとき,頭がい骨を見つけようとあたりを見回しました。しかし,背の高い男を見かけただけでした。彼はたずねました。「誰だ?ここマティロヒバで何をしているのだ」「頭がい骨をさがしています」と彼女は答えました。彼はほほえみながら言いました。「私こそが頭がい骨だったのだ。この島の神,マケマケだ。昨日の嵐が私をここまで連れてきたのだ。そして,私は神に戻ることができたのだ」

マケマケはマティロヒバ島でよく猟に出かけました。マケマケは特に鳥が好きでした。しばしば，ラローナに食べ物を分け与えました。ある日，ラローナはマケマケに言いました。「我々の島のマテベリには，食料となる鳥がいません。食べ物がほとんどないのです。だからよく争うのです」マケマケはしばらく考えて言いました。「わかった。マテベリに鳥を送ろう。人々は喜んでそれらを食べるようになるだろう」

マケマケは，マテベリにたくさんの鳥を送りました。人々はとても幸せになり，彼に感謝しました。彼らは鳥をつかまえ食べました。1年後，彼らはすべての鳥を食べてしまいました。また，魚だけを食べなければなりませんでした。彼らはマケマケに，食べるための鳥をもっと送ってほしいと思いました。

2，3年後，マケマケは鳥たちがどのようにしているかを見るためにマテベリにやってきました。島には鳥は全くいなかったので驚きました。マケマケはまた，大量の鳥をマテベリに送りました。今度は彼は人々に言いました。「私はあなた方が鳥をとても食べたいと思っていることを知っている。しかし待たなければならない。鳥たちは巣を作って，卵を産むだろう。しばらくするとあなた方はもっと鳥を食べることができる」人々は注意深く聞いていましたが，本当は理解していませんでした。間もなく，鳥は巣を作り，たくさんの卵を産みました。ある日，1人の男が鳥が産んだ卵を食べました。おいしかった！人々は2つのすばらしいものを持ってきてくれたのでマケマケに感謝しました。しばらくして，彼らはみんな食べてしまいました。すべての卵とすべての鳥を。それから彼らは再び，マケマケが来ることを待ちました。

長文問題（1）

解答

本冊 ▶ pp. 48～49

1 (1) famous　(2) エ
　(3) books written in Dutch
　(4) a：オ　b：ウ
　(5) 昔の人々がどのようにしてそのような大きな石を運ぶことができたのかということ。
　(6)（解答例）I think that visiting those places is also important.

解説

(1)「有名な」＝ famous

(2) to study「学ぶために」：不定詞の副詞的用法

(3)「それら」とは「オランダ語で書かれた本」のこと。

(4) a：大阪について学ぶ方法は，いろいろな場所を訪れることだと谷先生が提案している。
　b：智子は城壁の大きな石を見たと言っている。

(5) 直前の疑問文 How could people 以下を指す。

(6) 解答例は that 節内の主語を動名詞にしている。形式主語を使って次のように答えてもよい：I think (that) it is also important to visit those places.

【全訳】

谷先生　：智子，ルーシー，こんにちは。何について話をしているのかな。

ルーシー：谷先生，こんにちは。大阪についての試験のことを話しています。試験は大阪の歴史や文化についてです。今年，智子は試験を受けます。

谷先生　：なるほど。2人は大阪検定のことを話しているのだね。

智子　　：はい。

谷先生　：私の友だちもその試験を受けたよ。試験にはどんな問題が出るの。

智子　　：ええと，大阪の有名な人についての問題がその試験によく出されます。たとえば，何年か前には，緒方洪庵についての問題がありました。

ルーシー：緒方洪庵って誰なの。

智子　　：医者だったのよ。何冊か本を書いたわ。それに，1838 年に大阪で学校を開いたのよ。彼の学校の名前は適塾というの。多くの若者が医学を学ぶためにそこにやってきたの。彼らはオランダ語で書かれた本を読んで，それから多くのことを学んだの。

ルーシー：なるほど。智子，あなたは彼のことをとてもよく知っているのね。

智子　　：ありがとう。試験に備えて，大阪について書かれた本をたくさん読んだの。だけど，もっと勉強しなければならないわ。大阪についてもっと勉強するいい方法はありますか。

谷先生　：もちろん。大阪のいろいろな場所を訪れるべきだね。そうすると，新鮮でおもしろいことを発見するよ。

ルーシー：私も，大阪のことをもっと知りたいわ。智子，今度の日曜日，大阪のいくつかの場所へ一緒に行きましょう。

智子　　：ええ，そうしましょう。大阪城はどう？

ルーシー：いいわ。

（1週間後）

谷先生：大阪城へ行って楽しかったかい。

ルーシー：はい。大阪城には博物館があります。そこで多くのおもしろいものを見ました。博物館にはきれいな茶室があります。

智子とも：ルーシーはその茶室がとても気に入りました。

谷先生：それはいいね。智子，君は？何かおもしろいものを発見したかい。

智子：はい。お城の門付近の壁かべにあるとても大きな石を見ました。それは，大阪城で一番大きな石です。覚えている？

ルーシー：ええ，それを見て，本当にびっくりしました。

谷先生：蛸石たこいしのことを言っているのだね。130トンくらいの重さがあると聞いたよ。

ルーシー：そのような大きな石を，昔の人はどういうふうに運んだのでしょうね。知りたいわ。

谷先生：確かじゃないけど，大きな石を運ぶのにそりが使われたとある人たちは言っている。

智子：そりの一種ですか。本当ですか。もっと知りたいです。

ルーシー：智子，試験に向けて勉強することがたくさんあるわね。

智子：ええ。私は読書することで多くのことを学びました。そして，城を訪問したあとに，大阪の歴史や文化にさらに興味を持つようになりました。大阪にある他の多くのおもしろい場所を訪れたいです。それらの場所を訪れることもまた大切だと私は思います。

谷先生：その通りだね。

智子：そして，大阪について学んだことを，大阪にやってくる人々に伝えたいと思います。

5. 現在完了（1）

Step A 解答　　本冊 ▶ pp.50〜51

1 (1) lived　(2) has　(3) have　(4) since
(5) has

2 (1) have, read, before　(2) I've, used, for
(3) hasn't, changed, since　(4) She's, never
(5) long, waited

3 (1) She has been in the hospital for a month.

(2) They have climbed the mountain once.

(3) I have practiced *karate* since I was an elementary school student.

(4) How often〔How many times〕 have you played chess ?

4 (1) I have been busy since yesterday.

(2) How long have you been a nurse ?

(3) We have not seen Emi for a few days.

(4) How often have you been to the park ?

(5) Mike has never eaten raw fish.

5 (1) Have you ever driven (a car) ?
　－ No, I haven't〔No, I never have〕.

(2) My father has been to Canada twice.

(3) My uncle has lived in London since 2019.

(4) Has he been interested in Japanese culture for a long time ? － Yes, he has.

解説

1 (1) since「以来」があるので継続の現在完了〈have〔has〕＋過去分詞〉にする。「私は昨年から名古屋に住んでいます」

(2) 現在完了（経験）の文。主語が My father なので has が適切。「父は数回オーストラリアを訪れたことがあります」

(3) 現在完了の疑問文には have〔has〕を使って答える。「あなたは英語を3年間勉強しているのですか」「はい，そうです」

(4) since には従属接続詞の用法もある。「トムと私は子どものころからずっとよい友だちです」

(5) ふつうの疑問文なら動詞は原形のはずだが，stayed となっていることから現在完了の文だとわかる。「ジョージはどれくらいニューヨークのおじのところに滞在していますか」

2 (1) 現在完了は〈have〔has〕＋過去分詞〉の形。read － read[red] － read[red]

(2)〜(4) 空所の数からそれぞれ短縮形を使う。I have → I've，has not → hasn't，she has → she's

(5) how があることに注目する。「いつから」は「どれくらいの間」と考えて，how long を使う。

❶ ここに注意
(2)(3) 継続用法の文で「〜の間」は for，「〜から」は since を使う。日本語に惑まどわされて from を使わないようにする。

23

3 (1) be 動詞の過去分詞は been，「〜の間」＝ for

(2)「1 度」を意味する once はふつう文末に置く。

(3) since には接続詞の用法がある。「小学生」＝ an elementary school student

(4)「何回（〜ですか）」は how often または how many times を使う。

4 (1) have のあとに been（過去分詞）を続ける。

(2) How long のあとに疑問文〈have ＋主語＋過去分詞〉を続ける。

(3) 否定文は〈have not ＋過去分詞〉の形。「2，3 日」＝ a few days

(4)「何回」＝ how often，「〜に行ったことがある」＝ have been to 〜

(5)「1 度も〜ない」＝ never，「生魚」＝ raw fish

5 (1) 疑問文で「今までに」は ever を使う。経験用法の場合，never を使って答えることもできるが，位置に注意すること。drive － drove － driven

(2)「2 回」＝ twice

(3) 継続用法で「〜から」は since を使う。

(4)「〜に関心がある」は be interested in だが，現在完了（継続）にするので be 動詞を has been にする。

Step B　解答　本冊 ▶ pp.52〜53

1 (1) dead　(2) been　(3) Have　(4) since
　(5) found

2 (1) I, never　(2) many, For
　(3) How, long

3 (1) has, been　(2) have, passed
　(3) first, visit　(4) How, often

4 (1) 私の祖父母は飛行機で旅行をしたことが1度もありません。
　(2) 私の父は大学生の頃からコンピューター科学を研究しています。

5 (1) Takao met that woman yesterday.
　(2) Has Mr. Kato worked in Canada since 2018 ?
　(3) How have you been for a long time ?

6 (1) I have never read such an exciting story.
　(2) He has been sick in bed since last Saturday.
　(3) Have you ever been to a foreign country ?
　(4) How many years have you lived in this city ?

7 （解答例）I have played the *koto* since I was

6 years old.　My grandmother teaches me how to play it.　I've learned the beauty of Japanese music through the *koto* lesson.

解説

1 (1) be 動詞と結びつくのは形容詞の dead で，直訳すると「ずっと死んだ状態だ」の意味。「彼女の祖母は 10 年前に亡くなりました」

(2) have と結びつくのは過去分詞の been のみ。「どこに行っていたのですか」

(3) 後ろが visited なので現在完了の疑問文にする。「あなたは今までに京都に行ったことがありますか」「はい，3 回あります」

(4)「〜から（ずっと）」を表す前置詞は since を使う。「私の姉〔妹〕は 5 月の末からロンドンにいます」

(5) Last week は過去の一時点を表す語句なので現在完了は使えない。「先週，私は甲府で買い物をしているときに，このかばんを見つけました」

2 (1)「マイク，納豆を食べたことはありますか」「いいえ，一度もありません」

(2)「こんにちは，私はユミです。日本出身です」「こんにちは，私はビンです。私は韓国出身です。ここには何日滞在していますか」「5 日間です。この町はすばらしいですね」

(3)「彼らは知りあってどれくらいですか」「小学校からだと聞きました」

> **ここに注意**　(1) 完了形の疑問文には No, I haven't. などと答えるが，経験用法のときは No, I never have. と答えることもできる。後者の場合は never の位置に注意する。

3 (1)「彼は 10 年前に日本に来ました。彼はまだ日本にいます」→「彼は 10 年間ずっと日本にいます」

(2)「トムは 10 年間ナンシーに会っていません」→「トムがナンシーと最後に会ってから 10 年が過ぎました」

(3)「彼女は以前この博物館を訪れたことが一度もありません」→「これが彼女のこの博物館への初めての訪問です」

(4)「あなたは何回将棋を指したことがありますか」（how many times ＝ how often）

4 (1) by plane「飛行機で」

(2) a college student「大学生」

5 (1) yesterday は現在完了では使えないので，動詞を過去形にする。

(2) since は現在完了（継続）で使う。

(3) 久しぶりに会ったときのあいさつ。

6 (1)「こんなに～な…」＝〈such a〔an〕＋形容詞＋名詞〉の語順。

(2)「病気で寝ている」＝ be sick in bed

(3)「～に行ったことがある」＝ have been to ～

(4)「何年間」＝ how many years

7 語数が不足するようであれば，始めるきっかけやどのように行っているか，また今後どのようにしたいかなどを付け加えればよいだろう。

6. 現在完了（2）

本冊 ▶ pp. 54～55

Step A　解答

1 (1) come　(2) eaten　(3) bought　(4) cleaned
　　(5) did

2 (1) already, finished〔done〕
　　(2) just, run　(3) Has, yet, has
　　(4) hasn't, left, yet

3 (1) Have you washed the dishes yet?
　　(2) I haven't〔have not〕 seen that movie yet.

4 (1) ウ　(2) イ

5 (1) 彼女は成長して医者になりました。
　　(2) 最近，私は彼に会っていません。
　　(3) 彼らはすでに横浜に引っ越しました。
　　(4) 彼女はもう家を出ましたか。－いいえ，まだです。
　　(5) ジロウはたった今，郵便局に行って来たところです。

6 (1) My brother has already walked the dog.
　　(2) This year, Aki's team hasn't lost any games yet.
　　(3) We have known each other for three years.
　　(4) Have you decided to study abroad?

7 (1) I have just finished reading the book.
　　(2) Have you drawn〔painted〕 the picture of the horse yet? － Yes, I have.

解説

1 (1)「彼はちょうど学校から帰ったところです」

(2)「もう昼食を食べましたか」

(3) ～ ago は過去形で使う。「弟は3日前にその本を買いました」

(4)「彼らはすでに部屋をそうじしました」

(5) 疑問詞 when は現在完了の文で使えない。「あなたはいつ庭の木を切りましたか」

2 (1)「すでに」＝ already

(2)「ちょうど」＝ just，「逃げる」＝ run away

(3) 疑問文で「もう」は yet を使う。

(4) 否定文で「まだ（～ない）」は yet を使う。

3 (1) 現在完了の文の疑問文は Have〔Has〕を主語の前に置く。ふつう already「すでに」は疑問文では使わないので，かわりに yet「もう」を文末に置く。

(2) 否定文では already を yet に置きかえるが，yet は文末に置く。

4 (1) 完了用法。アは継続，イは経験。

(2) 継続用法。アは経験，ウは結果。

5 (1) grow up「成長する，大人になる」，この文の不定詞は結果を表す。

(2) lately「最近」は現在形・現在完了形とともに用いる。

(3) recently「最近」は過去形・現在完了形とともに用いる。

(4) 完了用法では，No, not yet.「いいえ，まだです」と答えることもできる。

(5) have been to「～に行ったことがある」（経験）の意味でよく使われるが，just が付くと「～に行って来たばかりだ」（完了）の意味になる。

6 (1)〈has ＋ already ＋過去分詞〉の語順にする。

(2) yet は文末に置く。「試合に負ける」＝ lose a game

(3) 継続用法の現在完了。「3年間お互いを知っている」と考える。

(4) 動詞が原形でない（decided）ので，did を使った疑問文ではないとわかる。

7 (1)「ちょうど」は現在完了の文では just を使う。

(2)「描く」は have drawn〔painted〕を使うとよい。また，応答の文は have を使う。

ここに注意

(2) 現在完了では過去の動作の完了を示すものがあり，「現在までに～してしまった」という意味である。従って，have drawn〔painted〕で「描いた」を表すことができる。

1 (1) cleaned　(2) been　(3) needed
　　(4) become　(5) saw　(6) flown

2 (1) has, gone
　　(2) just, come, back, from
　　(3) He, was　(4) hasn't, she
　　(5) become〔got〕, more, interested
　　(6) haven't, heard, yet

3 (1) lost　(2) have, had　(3) has, gone
　　(4) been, to

4 (1) He has never used a fork to eat rice.
　　(2) I have wanted to learn English since then.
　　(3) Have you written New Year's cards yet ?
　　(4) My mother has gone shopping at that new
　　store.

5 (1) The basketball game has already
　　finished〔ended〕.
　　(2) Your favorite movie hasn't started〔begun〕
　　yet.

6 (解答例) We are a family of five.　I'm on
　　the basketball team at school.　I've never
　　been to a foreign country. I've wanted to
　　study Australian history.　I'm looking
　　forward to seeing you.

解説

1 (1) have があるので，現在完了の文にする。「部屋
をそうじしていないですね」
(2) 継続用法の文。「私たちはそのときから親友です」
(3) ～ ago は過去の文で使う。「1万年以上前，人々は
家を必要としていませんでした」
(4)「場所もまた名字になっている」，family name ＝
「名字，姓」
(5) 接続詞の when は過去の一時点を表すので，現在完
了は使えない。「あなたが自転車に乗っているとき，
近所の人があなたを見ました」
(6) 主語の They've は They have の短縮形。「彼らは東
京からローマに飛行機で行ったばかりです」

2 (1)「～に行ってしまった」＝ have gone to ～
(2)「～から帰る」＝ come back from
(3)「ついさっき」の just now があるときは現在完了が
使えない。
(4) 現在完了の肯定文につける付加疑問は，haven't
〔hasn't〕を使う。

(5)「～に興味を持つようになる」＝ become〔get〕
interested in ～
(6)「～から便りがある」＝ hear from

> **❗ ここに注意**　(3) just「たった今，ちょう
> ど」は現在完了で使えるが，just now「ついさっ
> き」となると，ふつう過去の一時点を表すと認
> 識される。

3 (1)「なくしたままになっている」にするには have
lost と現在完了形(結果用法)にする。
(2) 上の文の rain は動詞として，下の文では名詞とし
て使われている。have no rain「雨が降らない」
(3)「外国に行って日本にいない」は have〔has〕gone
abroad で表すことができる。
(4) have just been to ～ で「ちょうど～に行って来た
ところだ」となる。

4 (1) 経験用法の文。never は have〔has〕と過去分
詞の間に置く。
(2) 継続用法の文。「そのときから」＝ since then
(3) 疑問文では yet「もう」を文末に置く。肯定文で用
いる already が不要。
(4)「出かけてしまった」は has gone で表す。

> **❗ ここに注意**　(4)「店に買い物に行く」は
> go shopping at the store という。go shopping
> to the store はまちがい。

5 (1)「終わる」＝ finish〔end〕
(2)「好きな」＝ favorite，「始まる」＝ start〔begin〕

6 ①「5人家族」＝ a family of five
②「チームに所属している」は be on the team または
belong to the team
③「海外へ」は副詞の abroad や overseas も使える
が，その場合は have been abroad〔overseas〕とな
り，to が不要になる。
④ want to を現在完了(継続)の文で表す。
⑤「～を楽しみにしている」＝ look forward to ～

> **❗ ここに注意**　⑤ look forward to のあとは
> 名詞または動名詞が続く。動詞の原形は来ない
> ので注意。

7. 現在完了進行形

1 (1) has been watching　(2) was cooking
　　(3) studying

2 (1) using　(2) known　(3) done　(4) seen
　　(5) playing　(6) been

3 (1) has, listening　(2) been, waiting
　　(3) has, been, lying　(4) been, visited

4 (1) The girls have been talking on the
　　　bench for two hours.
　　(2) How long has he been practicing the
　　　guitar?
　　(3) The work has been finished by Tom.

5 (1) has, snowing　(2) been, driving

6 (1) The baby has been crying for ten
　　　minutes.
　　(2) How long has it been raining?
　　(3) He has been working since last night.
　　(4) We've been doing some research to write
　　　a report.
　　(5) The old tree has been cut down.
　　(6) I hear he's been sick in bed since last week.

解説

1 (1) 現在完了進行形〈have〔has〕+ been +〜ing〉は
過去に始まった動作が現在も進行中である事を示
す。「マキは3時間以上テレビをずっと見ています」
(2) when があるので現在完了(進行)形は使えない。
「私が帰宅したとき，母は料理をしていました」
(3) 「私は朝の9時からずっと勉強をしています」

2 (1)(5) 現在完了進行形。
(2)(3)(4)(6) 現在完了形。

> ⚠ **ここに注意**　(2) 現在完了進行形は継続用
> 法の一種だが，know は状態動詞なのでふつう現
> 在完了進行形にはしない。

3 (1)〜(3) 現在完了進行形〈have〔has〕+ been +〜
ing〉の文。
(4) 受け身形の現在完了の文は〈have〔has〕+ been +
過去分詞〉の形で表す。

4 (1) have talked → have been talking
(2) 期間を問うので how long を使う。疑問文は have
〔has〕だけを主語の前に置く。

(3) has finished → has been finished，動作主は by で
表す。

5 (1)「昨夜に雪が降り始めました。今もまだ雪は降
っています」→「昨夜からずっと雪が降っていま
す」：been があるのでふつうの継続用法(けい)ではなく，
現在完了進行形にする。
(2)「彼はバスの運転手として10年の経験があるのです
か」→「彼(かれ)は10年間バスを運転しているのですか」：
空欄(らん)の数から，ふつうの継続用法ではなく現在完了
進行形にする。

6 (1)「泣きっぱなし」→「ずっと泣いている」
(2)「いつから」→「どれくらいの間」と考える。
(3) been があるので現在完了進行形で表す。working
が不足している。
(4) 現在完了進行形を構成する been が不足している。
(5) 受け身形の現在完了は〈have〔has〕+ been + 過去
分詞〉の形。cut は現在形・過去形・過去分詞がす
べて同じ形。
(6)「病気で寝(ね)ている」= be sick in bed　be 動詞の文
なので進行形にはしない。

1 (1) ウ　(2) ア　(3) イ　(4) ア　(5) ウ

2 (1) been, dead, for　(2) been, playing
　　(3) has, gone　(4) bought, yet, not

3 (1) He went to America two years ago.
　　(2) I have read a book about〔on〕the history
　　　of basketball before.

4 Ⓐ I've〔I have〕never been there〔to
　　　Nagano〕before.
　　Ⓑ What would you like to enjoy (there)?

5 (1) seen, twice　(2) have, lost
　　(3) haven't, been

6 (解答例) ① If it is sunny on Sunday, I want
　　　to go to Kyoto.
　　② I have never been there.
　　③ There are some old temples there. I'm
　　　interested in them. I would like to walk
　　　around there with my family.

解説

1 (1) have と been があるので，現在完了進行形に
すると意味が通る。「ここカナダではどのようにお
過ごしですか」。

27

(2) 疑問詞の when があるので現在完了は使えない。

(3) sent(send「送る」の過去分詞)があるので，現在完了の疑問文。主語が3人称単数なので Has を選ぶ。

(4) 現在完了の文で「〜以来ずっと」を表すには since を使う。

(5) 後ろに since があるので，現在完了形を選ぶ。

2 (1)「5年間，亡くなった状態である」という現在完了の文にする。

(2)「ずっと〜している」は継続用法でも表せるが，空欄の数から現在完了進行形にする。

(3)「出張する」= go on a business trip を現在完了で表す。

(4) 疑問文での「もう」は yet を使う。「いいえ，まだです」は No, not yet. になる。

3 (1)「行ったことがある」は経験を表す文になるように思われるが，「2年前」という過去の一時点を表す語句があるので，過去の文にする。

(2) 経験用法の現在完了で表す。「以前に」= before

! ここに注意 (2) read [ri:d]「読む」の過去形も過去分詞もつづりが同じだが，変化形の発音は [red] になるので注意。

---

4 Ⓐ 与えられた語から，「一度もそこへ〔長野へ〕行ったことがない」という文が考えられる。

Ⓑ この質問にビリーが「温泉」と具体的なことを考えていることに着目。would like to は want to をていねいにした表現。

〔全訳〕

ナミ ：こんにちは，ビリー。今日は楽しそうね。何かあるの？

ビリー：えーと，ホストファミリーが来週，僕を長野に連れて行ってくれるんだ。僕はそこへ一度も行ったことがないんだ。

ナミ ：それはいいわね。長野ではたくさんのことを楽しめるわ。何をして楽しみたいの？

ビリー：温泉だよ！僕のホストペアレンツは日本中の温泉を旅するのが好きなんだ。

ナミ ：それから，美しい山々，きれいな空気，おいしい食べ物も楽しめるね。

ビリー：待ちきれないよ！

5 (1)「ケンタは先月，この映画を見ました。今日，それをまた見ました」→「ケンタはその映画を2回見たことがあります」

(2)「私はラケットを失くして，いまそれを持っていません」→「私はラケットを失くしてしまいました」：現在完了の結果用法を使えば，「失くしている」状態が今も続いていることを示唆できる。

(3)「私が最後に外国に行って以来，ずいぶん年月が経ちました」→「私は長年外国に行っていません」：副詞の abroad を使った have been abroad は have been to a foreign country と同意になる。

6 ① 天気などは主語に it を使う。「もし」= if

② 「〜に行ったことがある」= have been to，「〜に行ったことがない」= have never been to

③ その場所で関心のある事物，その場所でしたいことなどを書くとよい。

長文問題 (2)

解答 本冊 ▶ pp. 62〜63

1 (1) ⓐ practicing
ⓑ brought

(2) エ

(3) ① Her teacher did.
② (She went there) By bus.

(4) お母さんは，私が今どんな気持ちでいるかわかっていない。お母さんには陸上大会に来てほしくない。

(5) 事柄：母親は1か月前から少し具合が悪かったということ。
理由：涼子には，もうすぐ大切な陸上大会があるから。

(6) イ，エ

解説

(1) ⓐ keep 〜ing =「〜し続ける」 ⓑ「病院に運ばれた」は受け身形〈be動詞＋過去分詞〉にする。bring「運ぶ」− brought − brought と変化する。

(2) 空所のあとの涼子が思ったことを参考にする。

(3) ①「母親が病院にいることを誰が涼子に伝えましたか」
②「涼子は母親に会うために病院にどうやって行きましたか」

(4) 母親の励ましがプレッシャーになったことや，母親に返した言葉をさがす。第3段落始めの涼子の言葉を日本語にするとよい。

(5) 最後から2つ目の段落の父親の言葉を参考にする。

(6)ア「涼子の部屋で，母親は夕食の前に宿題を終わらせることはよりよいことだと言いました」：夕食後に宿題をするように言ったので不一致。

イ「涼子が母親に悪いことを言った次の朝，涼子は朝食のときに母親に何も言いませんでした」（一致）

ウ「病院で，涼子の母親は自分は涼子を応援するために陸上大会に行くつもりだと涼子の父親に言いました」：病院で応援するつもりと言っているので不一致。

エ「陸上大会の1週間前に涼子の母親が見た夢の中で，涼子はレースで1着でした」（一致）

オ「涼子が病院で『本当に勝てるかな』と母親に聞いたとき，彼女は笑顔で『もちろん，勝てるわ』と言いました」：実際には返事をしていないので不一致。

〔全訳〕 私は陸上部に所属しています。まもなく最後の陸上大会があるので，毎日，放課後，走る練習をしています。100メートル競走で勝ちたいと思っています。

陸上大会の1週間前，きつい練習のため非常に疲れていました。その日は，あまり速く走れなかったので，気分はよくありませんでした。「どうしてランニングのタイムがよくならないのだろう。毎日，一生けん命，練習しているのに」と思いました。そのとき，母が私の部屋にやってきて，「夕食の時間よ。夕食が終わったら，お風呂に入って，宿題をしなさい。疲れているのはわかるけど，今度は最後の陸上大会だから，練習を続けなさい。お父さんと一緒に見に行くわ。あなたのレースを見るのを待ちきれない。優勝してね」と言いました。

「お母さんは，私が今どんな気持ちでいるかわかっていない。陸上大会には来てほしくない」と母に言いました。母はそれを聞いてびっくりしたように見えました。私はそのような悪いことを母に言いたくありませんでした。しかし，言葉が口から出てしまいました。母は言いました。「わかった。行かないわ。だけど，冷めないうちに夕食を食べてちょうだい」そう言って，母は部屋を出て行きました。その夜，私は夕食を食べないで早く寝ました。

次の朝，母と私は朝食のとき，ひとことも話しませんでした。父はたずねました。「昨日の夜，お母さんとけんかをしたのかい」私は返事もせず，すぐに家を出ました。

その日，練習をしているとき，先生がやってきて言いました。「お母さんがたった今，病院に運ばれた。病院に行きなさい」

病院へ行くバスの中で，母のことばかり考えていました。雨が激しく降り始めました。そして，同時に目には涙があふれました。「私が悪いことを言ったから，お母さんが病気になったんだ」と思いました。

病院では，母は部屋で眠っていました。父は母の隣にいました。父は言いました。「お母さんは，1か月ほど体調があまりよくなかったんだ。まもなく大切な陸上大会があるから，涼子にはそのことを話してほしくないと思っていた。今は大丈夫だよ」「知らなかった」と言ったとき，父は母の気持ちを私に話してくれました。私が病院に着く前に，母は父に言っていました。「昨日の夜，涼子と話したとき，プレッシャーをいっぱい与えてしまったわ。涼子がどう感じているかわからなかったの。陸上大会には行けないけど，病院で応援するって言ってね」父がこのことを私に告げたあと，私は目に涙をためて母を見ました。そのとき，父は言いました。「お母さんは，昨日の夜，夢を見た。夢の中で，涼子がレースで1位になった」私はしばらく母の顔を見て，それからたずねました。「本当に優勝できる？」母はまだ眠っていましたが，返事をしたように感じました。「もちろん，できるわよ」

それから窓から外を見ました。美しく晴れた空に太陽が沈みかけていました。

8. 不定詞を扱った表現 (1)

Step A　解答　　本冊 ▶ pp.64～65

1 (1) to visit　(2) smoking　(3) It　(4) for
(5) write with

2 (1) something, cold, to, drink
(2) when, to　(3) gym, to, play
(4) to, live, in　(5) to, seeing

3 (1) what, buy　(2) stop, talking
(3) how, to　(4) impossible, to
(5) It, to, master　(6) It, for, to

4 (1) 私にとって辞書なしでこの本を読むことは簡単ではありません。
(2) 私は切符の入手の仕方がわかりません。
(3) 私たちは，彼が勝ったと聞いてびっくりしました。

5 (1) Takako wants a friend to play with.
(2) Could you tell me which bus to take?
(3) He must be a fool to do such a thing.

6 (1) It is difficult to learn 〔master〕 a foreign language.

(2) Please give us another chance to explain.

解説

1 (1) 〈would like to ＋動詞の原形〉「～がしたい」

(2) give up ～ing「～するのをやめる，あきらめる」

(3) 〈It takes ＋時間＋ to ＋動詞の原形～.〉「～するのに(時間が)かかる」

(4) 〈It is ... for ＋人＋ to ＋動詞の原形～.〉「(人)にとって～することは…だ」

(5) 「書くための鉛筆がない」の意味の文にする。

> **⚠ ここに注意**　(5)「鉛筆で書く」は write with a pencil となるので，「書くための鉛筆」と不定詞で表現するときも前置詞の with が必要になる。

2 (1) 〈something ＋形容詞＋ to ＋動詞の原形〉の語順になる。

(2)「いつ～したらいいか」＝〈when to ＋動詞の原形〉

(3) 不定詞の副詞的用法。

(4)「家に住む」＝ live in a house なので，不定詞で表現するときも in が必要になる。

(5) look forward to ～ing「～するのを楽しみに待つ」

3 (1) what to buy「何を買うべきか」

(2) stop talking「話すのをやめる」と stop to talk「話すために立ち止まる」の違いに注意する。

(3) how to get to ～「～への行き方」

(4) impossible「不可能な」

(5)(6) 不定詞が主語の文を，形式主語を使った文に書きかえる。

4 (1) for me が to read ～ の意味上の主語になる。

(2) how to ～ が know の目的語になる。

(3) 〈be surprised to ＋動詞の原形〉＝「…して驚く」は感情の原因を表す副詞的用法。

5 (1)「遊び友だち」＝ a friend to play with

(2)「どのバス」＝ which bus

(3) 不定詞の副詞的用法には判断の根拠を示す用法がある。must「～に違いない」

6 (1) it が与えられているので，形式主語の文を使う。

(2)「説明する(ための)機会」は形容詞的用法を使う。

1 (1) to do　(2) of　(3) where

2 (1) how, to　(2) It, to　(3) nothing, to

(4) Getting up

3 (1) I have nothing interesting to tell you.

(2) It is not good for your eyes to watch TV for a long time.

(3) Could you tell me where to go?

(4) How wonderful it is to be with you!

4 C

5 (1) I had no time to go.

(2) I don't want to read this English story.

(3) How long did it take to make it?

6 (1) Could〔Would, Can, Will〕 you tell me how to get to the station?

(2) Is it difficult for you to use this computer?

7 (解答例) Thank you for showing me a wonderful thing. Please come to our house next time. There is a good museum in our city. I'd like to go there together.

解説

1 (1) what to do「何をすればよいか」

(2) kind「親切な」は人の性質を表す形容詞。

(3) Ａの２つ目のセリフで「ミドリ中学の校門で」と答えているので，質問では会う場所をたずねていることになる。

> **⚠ ここに注意**　(2) kind「親切な」，stupid「愚かな」，wise「賢明な」，careless「不注意な」など，人の性質を表す場合，不定詞の意味上の主語を示すときには of を使う。

2 (1) how to get to ～「～への行き方」

(2) 〈It takes ＋時間＋ to ＋動詞の原形〉「～するには…かかる」

(3)「ひまである」→「することがない」

(4) 形式主語の文からの書きかえ。制限が無ければ不定詞を主語にしても良いが，空所が２つなので，動名詞を使う。

3 (1) 〈nothing ＋形容詞＋ to ＋動詞の原形〉の語順。

(2) not good for your eyes を不定詞 to watch のすぐ前に置く。

(3)「目的地」を「どこに行くべきか」(where to go)と考える。

(4)〈How ＋ 形容詞 ＋ 主語 ＋ 動詞 ～！〉の形。It is wonderful to be with you. の下線部分を強調する how の感嘆文である。

4 見出しの文は「この前の日曜日，私はフットボールの試合を見る機会がありました」の意味で，不定詞は形容詞的用法になる。a. は目的を表す副詞的用法，b. は名詞的用法で不定詞が主語になっている。c. は形容詞的用法で不定詞が名詞 places を修飾している。

5 (1)「私には行く時間がありませんでした」
(2)「私はこの英語の物語を読みたくありません」
(3)「それをつくるのにどれくらいの時間がかかりましたか」

6 (1)「～ を教えていただけませんか」＝ Could〔Would〕you tell me ～ ?
(2)疑問文なので，Is it で始める。

7 1．Thank you for ～.「～をありがとう」を使うとよい。
2．「来てください(Please come to ～.)」や「訪ねてください(Please visit ～.)」と考えればよい。
3．I'd like to ～ together〔with you〕. で「いっしょに〔あなたと〕～がしたいです」の意味。簡単に Let's ～. の文にしてもよい。

9. 不定詞を扱った表現 (2)

Step A 解答 本冊 ▶ pp. 68～69

1 (1) エ (2) オ (3) ア (4) イ (5) ウ
2 (1) enough, to (2) What, to, learn
(3) too, to (4) her, to, come
(5) show, how, to, cook〔make〕
3 (1) told, to (2) so, that (3) enough, to
(4) too, to
4 (1) その絵はあまりに高すぎて買えません。
(2) 彼にあなたへ電話をかけなおさせましょうか。
(3) その家は 3 人が住むだけの十分な広さがあります。
5 (1) ア．He is rich enough to buy a new car.
(2) イ．Please remember to call me as soon as you get to the station.
(3) ウ．Those three books are difficult to read.
6 (1) How about going to see sumo ?

(2) The pot is too hot to touch.
(3) I would like you to check my English.

解説
1 (1)「彼女はそのメールを読んでうれしかった」
(2)「その子どもは鳥を捕まえようとしました」
(3)「この水は十分きれいなので飲むことができます」
(4)「彼女はピアノをひくために部屋に入りました」
(5)「雨が大降りでした。海で泳ぐには寒すぎました」
2 (1)「十分～なので…できる」＝〈～ enough to ＋動詞の原形〉
(2) to learn は不定詞の形容詞的用法。
(3)「～すぎて…できない」＝〈too ～ to ＋動詞の原形〉
(4)「(人)に～するように言う」＝〈tell ＋人＋ to ＋動詞の原形〉，人の位置に人称代名詞が来るときは目的格にする。
(5)「～のしかた」＝〈how to ＋動詞の原形〉
3 (1)「『すぐに勉強しなさい』と言った」を tell を使って「すぐに勉強するように言った」に書きかえる。
(2)「その箱は大きすぎて動かせません」→「その箱はとても大きいので，私にはそれを動かすことができません」: so ～ that … 「とても～なので…だ」を使った書きかえ。that の後ろは〈主語＋動詞〉の形になることに注意。
(3)「とても暑かったので，私たちは川で泳ぐことができました」→「十分暑かったので，川で泳ぐことができました」: enough の文にもし意味上の主語をつけるとすれば，It was hot enough for us to swim in the river. となる。
(4)「その土地は乾燥しすぎて，植物がよく育たない」
4 (1)〈too ～ to ＋動詞の原形〉「あまりに～すぎて…できない」
(2)電話口でよく使う表現。直訳すると「あなたは彼にあなたに電話をかけ直してほしいですか」になる。
(3) for three people は to live in の意味上の主語。
5 (1)〈形容詞＋ enough to ＋動詞の原形〉の語順。
(2)〈remember to ＋動詞の原形〉「忘れずに～する」と remember ～ing「～したことを覚えている」のちがいに注意。
(3)この形では read の目的語(them)は不要。

本冊 ▶ pp. 70～71

！ ここに注意 (1) enough は形容詞・副詞を後ろから修飾する。enough rich to buy とは言わない。

6 (1)「～するのはどうですか」= How about ～ing ? 前置詞(about)のあとに不定詞は使えない。

(2) too が与えられているので，too ～ to ... を使う。

Step B ｜ **解答**

1 (1) ア (2) ウ (3) エ (4) イ

2 (1) to, understand (2) enough, for
(3) too, to (4) not, to, go

3 (1) to, hear (2) enough, to (3) so, could
(4) too, to (5) old, enough
(6) that, couldn't (7) asked, to

4 (1) He worked hard enough to buy a nice car.
(2) I think he should be older to travel alone.
(3) I have been too busy to cook dinner.

5 Please tell him to call me later.

6 (1) At the party, we did our best to make communication.
(2) My father wanted me to cook with him.

7 (解答例) (My wish is to) be a doctor. There are many poor and sick people in the world. I want to help them as a doctor. So, I study hard every day for my wish.

解説

1 (1)「彼女はとてもお腹が空いていたのでケーキを丸ごと食べました」

(2)「私はとても具合が悪いので何も食べられませんでした」

(3)「私はとても遅く起きたので始発電車に乗ることができませんでした」

(4)「彼らの息子は自分で決断できるくらいの十分な年齢です」

2 (1) すぐ前の hard を修飾する不定詞。

(2) 意味上の主語は〈for ＋人〉を不定詞の前に置く。

(3) 空所の数から too ～ to ... を使う。

(4)「～しないように言う」=〈tell ＋人＋ not ＋ to ＋動詞の原形〉

3 (1) 感情の原因を示す副詞的用法の不定詞。

(2)「親切にも～する」=〈be kind enough to ＋動詞の原形〉

(3)〈so that ＋主語＋動詞〉「～するように」

(4) 2つ目の空所のあとが動詞の原形なので，too ～ to ... を使う。

(5)「外国で暮らすには若すぎます」→「外国で暮らすには十分な年齢ではない」

(6) 過去の文なので couldn't が入る。

(7)〈ask ＋人＋ to ＋動詞の原形〉「人に～するように頼む」

！ ここに注意 (7) say の文を書きかえるとき，引用符内が命令口調の場合は tell を，依頼している場合は ask を使う。

4 (1)〈副詞＋ enough to ＋動詞の原形〉の語順。

(2)「1人で旅行する(ため)には」= to travel alone

(3)「非常に～なので…できない」は〈too ～ to ＋動詞の原形〉の形にする。

5 「あとで私に電話するように彼に言ってください」という意味の文にする。

6 (1)「ベストを尽くす」= do one's best，「～するために」は不定詞を用いる。

(2)「(人)に～してほしい」=〈want ＋人＋ to ＋動詞の原形〉

7 My wish is to の次には動詞の原形が続く。将来，したいことやなりたいものを書くとよい。説明や理由などのあとに，そのために何をしているのかなどを書くと文がまとまる。

10. 原形不定詞

Step A ｜ **解答**

本冊 ▶ pp. 72～73

1 (1) go (2) move (3) to play (4) us

2 (1) helped, wash
(2) keep, you, waiting (3) heard, knock
(4) him, read

3 (1) イ (2) エ (3) ア

4 (1) その大きな犬を私に近づけないでください。
(2) 私はビルがソファで寝ているのを見ました。
(3) その知らせが，私たち全員を驚かせました。

5 (1) I helped my brother do his homework.
(2) She made her son clean his room.
(3) I smelt something burning in the kitchen.
(4) We saw him come out of the church.
(5) They expect me to win the game.

1 (1)〈let＋O＋do〉「Oに〜させる，〜するのを許す」

(2)〈see＋O＋do〉「Oが〜するのを見る」

(3)〈would like＋O＋to do〉「Oに〜してほしい」

(4)〈make＋O＋do〉「Oに〜させる」

> **⚠ ここに注意**　(1)(4) make，let，have は〈目的語＋動詞の原形〉の形を続けることができる。これらは「Oに〜させる」の意味を持ち，使役動詞と呼ばれる。

2 (1)「Oが〜するのを手伝う」＝〈help＋O＋(to) do〉

(2)「Oを〜の状態に保つ」＝〈keep＋O＋〜ing〉

(3)「Oが〜するのを聞く」＝〈hear＋O＋do〉

(4)「Oに〜してもらう」＝〈have＋O＋do〉

> **⚠ ここに注意**　(3) hear，see，feel などは〈目的語＋動詞の原形〉の形を続けることができ，知覚動詞と呼ばれる。一時的な状況を知覚している場合は，原形ではなく現在分詞(〜ing)が続く。

3 (1)A「いつ会えますか」B「ええと。水曜日はどうですか」A「わかりました」：Let me see. は，即答できずに少し間をとるときに使う。

(2)A「スージーは今日のパーティーに来ないかもしれませんね」B「どうしてそう思うのですか」A「今朝，頭痛がすると言っていたのです」

(3)A「君は冷静になる必要がある」B「もうほっといて。あなたをもう見たくないの」

4 (1)使役動詞の文。

(2)一時的な状況を見るときは，動詞の原形ではなく現在分詞になる。

(3)〈make＋O＋C〉「OをCにする」

5 (1) helped の後に〈目的語＋動詞の原形〉を続ける。

(2) made の後に〈目的語＋動詞の原形〉を続ける。make はやや強制的な使役動詞。

(3)「Oが〜する臭いがする」＝〈smell＋O＋〜ing〉：知覚に関する動詞でも smell の後に動詞の原形は続かない。

(4) saw の後に〈目的語＋動詞の原形〉を続ける。

(5)「Oが〜するのを期待する」＝〈expect＋O＋to do〉：expect の後に動詞の原形は続かない。動詞によって後ろに続く形が決まっている。

Step B　**解答**　本冊 ▶ pp. 74〜75

1 (1) Let, think, for　(2) prevented〔kept〕

(3) safe, made　(4) invention, enabled

2 (1) help, make　(2) allow

(3) made, me, go　(4) couldn't, it, dark

3 (1) Did you feel your house shake ?

(2) His mother told him to study English harder.

(3) What made you change your idea ?

(4) I hear Jim has his mother cut his hair.

4 She was just in time to see him go down a big rabbit hole.

5 (1) I heard someone call my name.

(2) Let me introduce Mr. Brown to you.

(3) When Tom comes here, (please) let me know.

6 (1)(解答例) I want to be a cook.

(2)(解答例) I'm interested in Japanese dishes. I often watch cooking programs on TV. I read books on cooking and make dinner every day.

1 (1)「考えるのを許して」ということなので，使役動詞の let を使う。「少しの間」＝ for a while

(2)「Oが〜するのを妨げる」＝〈prevent〔keep〕＋O＋from＋〜ing〉

(3)「彼の無事な帰還が，私に安堵を感じさせた」が直訳。

(4)「Oが〜できるようにする」＝〈enable＋O＋to do〉

2 (1)「私は，今夜トムが夕食を作るのを手伝うつもりです」

(2)〈allow＋O＋to do〉「Oが〜するのを許す」

(3)使役動詞の make を使って「母が私を寝させた」とする。

(4)「暗闇が，私たちがあなたを見るのを妨げた」→「暗かったので，私たちはあなたが見えなかった」

3 (1)「Oが〜するのを感じる」＝〈feel＋O＋do〉

(2)「Oに〜するように言う」＝〈tell＋O＋to do〉

(3)「何が，あなたに考えを変えさせたのか」という文をつくる。

(4)「Oに〜してもらう」＝〈have＋O＋do〉

33

❗ ここに注意 (3) Why did you change your idea? と同様の意味になる。単純な why の疑問文と what makes〔made〕の書きかえも確認しておこう。

4 下線部は「彼女は，彼（＝白ウサギ）が大きなウサギの穴に飛び降りるのをちょうど見ることができた」の意味。in time to do「〜するのに間に合う」

5 (1)〈hear ＋ O ＋ do〉を使う。

(2)(3) Let me introduce 〜.「紹介させてください」や Let me know.「知らせてください」は会話でよく使う表現なので，そのまま覚えてしまうのがよい。

6 (1) I want to be 〜. や My dream is to 〜. などの表現を活用するとよい。

(2) 現在，続けてやっていることやこれからしようと思っていることを書くとよい。

Step C 　**解答** 　　　本冊 ▶ pp. 76〜77

1 (1) イ　(2) ウ　(3) カ　(4) オ　(5) キ

2 (1) Let, buy　(2) what, to　(3) too, for, to

3 (1) kind, enough　(2) impossible, to
(3) first, for

4 (1) Will〔Can, Could, Would〕you tell me the way to the station ?
(2) I went to the park to take (some) pictures.

5 (1)① It's Thursday.
② He likes English better.
(2) 日本文化について英語でヒロシたちの話を聞けると聞いてうれしい。

［解説］

1 (1)「これは祖母が私に買ってくれたセーターです」

(2)「あなたとお話しする機会が持てることを楽しみにしています」

(3)「その問題は難しすぎて，私には解けませんでした」

(4)「父は，私に翌日までにこの仕事を終えるように望んでいました」

(5)「おじは，アメリカに滞在中に，車の運転のしかたを学びました」

2 (1)「私に〜させてください」＝〈let me ＋動詞の原形〉

(2)「何を〜すべきか」＝ what to 〜

(3)「〜すぎて（人）には…できない」＝〈too 〜 for ＋人＋to ＋動詞の原形〉

---

3 (1) be kind enough to show 〜「親切にも〜を教える」

(2)「だれも 1 週間でこの仕事をすることはできない」→「1 週間でこの仕事をすることは不可能だ」：impossible「不可能な」

(3)「私は以前にこんなすばらしい絵を見たことがありません」→「私はこんなすばらしい絵を見るのは初めてです」

4 (1)「〜に行く道」＝ the way to 〜，不定詞を使って how to get to the station「駅への行き方」としてもよい。

(2)「写真を撮るために」＝ to take (some) pictures，写真は複数枚撮影することが自然なため a picture より (some) pictures のほうがよいだろう。

5 (1)①「明日は何曜日ですか」　②「〜のほうが好きです」＝ like 〜 better

(2) 下線部は「私はそれを聞いてうれしい」の意味。that は直前の浩の発言をさす。

［全訳］

ヒロシ ：一番好きな教科は何なの？

スティーブ：体育だね。スポーツが大好きなんだ。

ヒロシ ：僕も体育が好きだよ。今，剣道をやっているよ。

スティーブ：本当？僕は剣道をしたことがない。やってみたいな。体育の授業はいつあるの？

ヒロシ ：1 週間に 3 時間あるよ。明日の午後にあるね。僕たちの体育の先生はすごい剣道の選手だよ。一緒にやろうよ。

スティーブ：おもしろいだろうね。

ヒロシ ：僕は英語が一番好きさ。今日は特別な英語の授業がある。

スティーブ：いいね。

ヒロシ ：日本文化について英語で君に話すよ。

スティーブ：すごい。それを聞いてうれしいよ。

ヒロシ ：その後，50 分間の昼食の時間だよ。

スティーブ：今日は，昼食後に何を勉強するの？

ヒロシ ：国語と美術。放課後には，クラブ活動を案内するね。

スティーブ：やった。待ちきれないや。

長文問題 (3)

解答 　　　本冊 ▶ pp. 78〜79

1 (1) イ→ア→ウ　(2) Ⓐ エ　Ⓑ ウ

(3) ウ　(4) Can〔May〕I help you
(5) イ
(6) 車から出て来た男性が自分を助けてくれた
男性であり，さらに彼が自分が助けた女性
の夫だとわかったから。
(7)（解答例）When I see people who need
help, I will help them.

解説

(1) イ「メアリーの自転車のチェーンがはずれた」
ア「高齢の女性の荷物を運んてあげた」
ウ「自転車のチェーンを直してくれたのは，その女性
の夫だった」
(2) Ⓐ エ「メアリーの母親は，メアリーに早く学校に
行ってほしかった」
Ⓑ ウ「メアリーはその女性の荷物を運んであげた」
(3) ウ problem（問題）とは，チェーンがはずれて困っ
ていたこと。
(4)「お手伝いしましょうか」
(5) イ「私たちは，誰かを手助けするとき，うれしいも
のだ」
(6)「自転車を直してくれた人であった」のが１回目の
驚き。「その男性が女性の夫であった」のが２回目
の驚き。
(7) 次が Oh, will you ～？となっているので，I will
～．「～するつもりだ」という文を考える。解答例
は，「助けを必要とする人を見たら，その人を助け
てあげようと思う」の意味。
〔全訳〕　メアリーは中学生でした。ある月曜日の朝，彼
女は遅く起きました。彼女の母は「メアリー，8 時よ。
もう学校へ行く時間よ」と言いました。「わかっている
わ」と彼女は返事をして，急いで家を出ました。
　普通なら，家から学校までは自転車で 20 分ほどでし
た。彼女は，一生けん命ペダルをこぎました。雨が降り
そうでした。それて，もっと速くペダルをこぎ始めまし
た。ちょうどそのとき，自転車のチェーンがはずれまし
た。「だめだわ，どうしよう。学校に遅れちゃう」と彼
女は思いました。彼女はチェーンをはめようとしました
が，できませんでした。
　2，3 分後，青い車が止まりました。老人が車から降
りてきて，メアリーに「どうしたのかな」と言いまし
た。やがて彼は，彼女が何て困っているのかがわかり，
「すぐにチェーンをはめることができるよ」と言いまし
た。彼は直したあとて，「学校に行くのてしょう。よい

1 日を」と言いました。メアリーは喜びました。そし
て，「ありがとうございました。お名前と電話番号を教
えていただけませんか。後日，改めてお礼を申しあげた
いと思います」と言いました。その男の人はほほえみな
がら，「その必要はないよ。私こそ，君の助けがてきて
うれしいんだ。助けを必要な人を助けるのは当たり前の
ことだよ。助けが必要な人を見かけたときは，その人を
助けてあげるんだよ」と言いました。
　2 日後，メアリーが学校から帰る途中，たくさんの荷
物を持っている高齢の女性を見かけました。とても疲れ
ているように見えました。メアリーは「彼女は助けを必
要としている」と思い，自転車を降りました。最初，恥
ずかしくて，その女性に話しかけられませんでしたが，
彼女はあの月曜日の朝の男性の言葉を思い出しました。
そして，「私の番だわ」と心の中で思いました。メアリ
ーはその女性に，「お手伝いしましょうか」と話しかけ
ました。その女性は，「まあ，ありがとう。ものをたく
さん買いすぎたわ。私の家はこの近くなの」と答えまし
た。メアリーは女性の荷物を自転車に乗せました。メア
リーと女性は楽しく話しながら，彼女の家まで一緒に歩
いていきました。「もうすぐ着くわ。お手伝いしていた
だいてありがとう」と女性は言いました。メアリーはそ
れを聞いてうれしく思いました。彼女は「あの朝，男性
がどう感じたか，今，私はわかる」と思いました。
　「ここが私の家よ。メアリー，何かあなたにあげたい
わね」と女性は言いました。メアリーは「いいえ，けっ
こうです。助けを必要としている人を助けるのは当たり
前てすから」と答えました。
　ちょうどそのとき，青い車がその家の前て止まり，1
人の男性が降りてきました。メアリーは彼を見てびっく
りしました。女性が「ジョージ，こちらはメアリーよ。
とても親切な人で，私のために荷物を運んでくれたの。
メアリー，夫のジョージよ」と言いました。メアリーは
また驚きました。ジョージは大きく笑いながら「またお
会いできてうれしいよ。妻を助けてくれてありがとう」
と言いました。メアリーは「こちらこそ，お会いできて
うれしいです。助けが必要な人を助けるのは当たり前で
すよね」と言いました。

11. 関係代名詞 (1)

Step A　　解答　　　　　本冊 ▶ pp.80～81
1 (1) who　(2) which　(3) were　(4) who
(5) that　(6) is

2 (1) girl, gave
(2) Winter, which〔that〕, comes
(3) who〔that〕, is

3 (1) The girl who is reading a book is cute.
(2) That is the bus which leaves at twelve.
(3) I know a boy who can speak both English and Japanese well.
(4) This is the book which tells us about America.

4 (1) 窓を壊した男の子を知っていますか。
(2) ボブはマックスと呼ばれる犬を飼っていました。
(3) これは人々を幸福にするドラマです。
(4) 彼はその質問に答えた最初の生徒でした。
(5) これは動物園行きのバスですか。
(6) 私はこれよりずっと大きいかばんが欲しいです。

5 (1) What is the language which is spoken in Australia?
(2) The hospital that stands across from the park is very famous.
(3) I've seen the man who helped the child.
(4) The library has a lot of books that are interesting to me.
(5) Have you met the family who lives next door?
(6) This is the bag that arrived yesterday.

解説

1 (1)(4) 先行詞が人の場合, 主格の関係代名詞は who を使う。
(2) 先行詞が動物やものの場合, 主格の関係代名詞は which を使う。
(3) 過去の文なので, 過去形を選ぶ。人称や単数複数は先行詞に合わせる。
(5) has の主語の働きをするので, 関係代名詞(that)を選ぶ。
(6) The woman (who is talking with her friends) が主語なので, be動詞は is になる。

2 (1) この that は関係代名詞。
(2) 先行詞の season「季節」は人ではないので which〔that〕を使う。
(3) 先行詞が the boy なので who〔that〕を使う。

3 (1)(3) 先行詞が人なので who を使う。

(2)(4) 先行詞がものなので which を使う。

> **!** **ここに注意** 関係代名詞の that は, 先行詞が人であっても, 動物やものであっても使えるが,「that 以外を用いること」, という形で出されることがあるので, who, which の使い方をきちんと理解しておこう。

4 (1) the boy who broke the window =「窓を壊した男の子」
(2) a dog which was called Max =「マックスと呼ばれた犬」
(3) a drama that makes people happy =「人々を幸せにするドラマ」
(4) the first student that answered the question =「その質問に答えた最初の生徒」
(5) the bus which goes to the zoo =「動物園行きのバス」
(6) a bag that is much bigger than this =「これよりずっと大きいかばん」

5 (1) 先行詞の the language を which is spoken 以下で修飾する。
(2) 先行詞の The hospital を that stands 以下で修飾する。「～の向かいに」= across from ～
(3) 先行詞の the man を who helped the child で修飾する。
(4) 先行詞の a lot of books を that are interesting 以下で修飾する。
(5) the family を who lives 以下で修飾する。「隣に」= next door
(6) the bag を that arrived yesterday で修飾する。

Step **B** 解答 本冊 ▶ pp.82～83

1 (1) who (2) that were (3) who isn't
(4) who live

2 ウ

3 (1) The little girl who〔that〕couldn't find her mother was crying.
(2) Do you know that lady who〔that〕is running along the river?
(3) This is a very good story which〔that〕makes everyone happy.

4 (1) homework (2) forest (3) museum
(4) physics

5 (1) ワールド・マラソン・チャレンジは多くの国で開催されている子どもたちのランニング競技です。

(2) 日本語を話すアメリカ人があなたに会いたがっています。

(3) 大阪をつらぬいて流れている川は淀川です。

6 (1) Do you know anyone who plays the guitar well?

(2) My father's freinds who lived near our house took care of me.

(3) There were many people who looked happy in the park.

7 (解答例)（my electronic dictionary）: My father gave it to me for my birthday. This is a useful dictionary which has a lot of words in it. And it is very easy to use. My English has improved since I started to use it. Now I enjoy studying English with the dictionary.

解説
1 (1) in the world today は修飾語で，先行詞は people になる。「世界にはアジア出身の有名人がたくさんいます」

(2) 先行詞は the animals（動物で複数形）である。「畑さんは森にいる動物を愛していました」

(3) 先行詞の someone「誰か」は単数扱いになる。「それは取り決めに注意を払わない人にとっては困難であるかもしれません」

(4) Westerners は「西洋の人々」という意味。「日本に住むたいていの西洋人は日本語をとても上手に話します」

ここに注意 (4) Westerner の意味がわからなくても，関係詞節内の動詞が live(s) で，述部が Japanese speakers とあることから「人」であることが推測できる。

2 見出しの文は「団体旅行を宣伝している看板がありました」の意味。that は主格の関係代名詞なので，that は訳に出てこない。ア「私はあの本を書いた男性を知っています」（形容詞），イ「私は彼が正しいことを信じています」（接続詞），ウ「そこに立っていた少年は私の兄〔弟〕です」（関係代名詞），エ「これはあれよりもずっとよい」（代名詞）

3 (1)(2) 先行詞が人なので，関係代名詞は who または that を用いる。

(3) 先行詞がものなので，関係代名詞は which または that を用いる。

4 (1) homework「宿題」:「教師によって生徒へ与えられる課題」

(2) forest「森」:「木でおおわれている陸地の広い地域」

(3) museum「博物館」:「歴史的なもの，価値のあるもの，もしくは興味深いものを展示する建物」

(4) physics「物理(学)」:「熱，光，運動など，世界で自然に生じるものごとに関する学問」

5 (1) 先行詞 a children's running event を，which is held 以下が修飾している。

(2) 文の構造は An American が主語で，wants が動詞である。

(3) The river that flows through Osaka までが主語。

6 (1)「ギターが上手な人」→「ギターを上手に弾く人」

(2) まず My father's friends took care of me.「父の友人たちが私の世話をしてくれた」という文をつくり，下線部を関係代名詞節で修飾する。

(3) There were many people in the park.「公園にはたくさんの人びとがいました」という文を基にして，下線部を関係代名詞節で修飾する。

7 解答例では「もの」を選んでいるが，イベントやボランティア活動などの「こと」を題材にしても良い。このような自由作文では，あまり難しく考えないで，身近な内容をわかりやすい英語を使って書こう。

12. 関係代名詞 (2)

Step A 解答　本冊 ▶ pp.84〜85

1 (1) that (2) that (3) I took (4) who (5) are

2 ア，エ，オ

3 (1) that〔which〕, I, am
(2) Where, you, looking, for
(3) that〔which〕, you, gave
(4) he, was, talking〔speaking〕

4 (1) This is the adventure story that I finished reading yesterday.
(2) The dogs that Mike has in his house are very cute.

37

(3) Picasso is a famous painter that everyone knows.

5 (1) 私たちが滞在したホテルはとても古かったです。

(2) 私があなたのためにできることは何もありません。

(3) 私がついさっき会った女性は，ピアニストです。

6 (1) This is a letter that they have waited for.

(2) The doctor that we saw is very friendly.

(3) Whose is the computer you're using now?

7 (1) Is that the picture (that〔which〕) your father bought last year?

(2) He is a researcher (that) we respect very much.

(3) The comic book (that〔which〕) you lent (to) me was very interesting.

解説

1 (1) 目的格の関係代名詞。story「物語」は人ではないので，who は選べない。

(2) 目的格の関係代名詞。girl「女の子」は人なので，which は選べない。

(3) the photo を〈主語＋動詞〉が修飾する形にする。the photo I took「私が撮った写真」

(4) 主格の関係代名詞。boy「男の子」なので，who が適切。

(5) 主語は The movies と複数なので be 動詞は are が適切。「彼がつくる映画はとてもわくわくします」

2 関係代名詞が省略できるのは目的格である。ア「これは私が毎日使う(that I use every day)自転車です」，イ「京都は寺をたくさん有する(that has a lot of temples)都市です」，ウ「向こうで野球をしている(that are playing baseball over there)少年たちはあなたのクラスメートですか」，エ「これは，あなたのお父さんが読みたかった(that your father wanted to read)小説ですか」，オ「これは，ジョンが図書館で見つけた(that John found in the library)奇妙な本です」，カ「私たちの助けを必要とする(that need our help)人々がたくさんいます」：それぞれ下線部が関係代名詞節の部分で，主語の有無で判断できる。

3 (1)(3) 目的格の関係代名詞 that〔which〕を使い，その後に〈主語＋動詞〉が続く。

(2)(4) 空所の数から関係代名詞を省略する。したがって，〈名詞（先行詞）＋主語＋動詞〉の形になる。

4 (1) the adventure story を先行詞にする。

(2) The dogs を先行詞にする。

(3) a famous painter を先行詞にする。

⚠ ここに注意 目的格の関係代名詞節の中は目的語が欠ける形になる。(1)は it，(2)は them，(3)は him を書かないように注意する。
×(3) Picasso is a famous painter that everyone knows him.

5 (1)(2) 目的格の関係代名詞の文。それぞれ先行詞は The hotel と nothing である。

(3) The woman (that) I saw just now が主語の文。目的格の関係代名詞 that が省略されている。

6 (1) a letter を先行詞にして，that they have 以下で修飾する。who が不要。

(2) The doctor を先行詞にして，that we saw で修飾する。which が不要。

(3) 関係代名詞がないので，the computer のあとに〈主語＋動詞〉を続ける。目的格の関係代名詞が省略された表現なので，目的語の it が不要。

7 (1) the picture のあとに〈(that〔which〕)＋主語＋動詞〉を置く。

(2)「研究者」＝ researcher，「尊敬する」＝ respect

(3) The comic book was very interesting.「そのマンガ本はとてもおもしろかった」が文の骨格になる。

Step B　**解答**　本冊 ▶ pp.86〜87

1 (1) that　(2) that　(3) we met

2 (1) favorite　(2) she, took　(3) I, wrote
(4) founded, by

3 (1) This is the CD I was looking for.

(2) The drama that I watched was very interesting.

4 (1) The new camera I bought last month has already broken.

(2) This is the book that my father gave me.

5 (1) その本で読んだことについてお話しします。

(2) それは，先月，私たちが見た映画ほどはおもしろくありませんでした。

6 (1) There are a lot of〔many〕things (that〔which〕) I don't know about water.

(2) Have you read the e-mail (that〔which〕) I sent (to) you yesterday yet?

(3) I like the picture(s)〔photo(s)〕 (that〔which〕) you showed (to) us.

(4) This mountain is not as〔so〕 high as the last one (that) we climbed.

7 (解答例)(1) Where are you from?

(2) What Japanese food do you like?

(3) There are a lot of places that〔which〕 tourists should visit in my town.

解説

1 (1) 関係代名詞は that のみ。

(2) 先行詞 house のあとに my grandfather lived in があるので，関係代名詞の目的格(that)を選ぶ。

(3) the girl を〈主語＋動詞〉が修飾する形にする。the girl we met last month「私たちが先月会った少女」

2 (1) favorite「お気に入りの」

(2) the pictures taken by her「彼女によって撮られた写真」→ the pictures she took「彼女が撮った写真」

(3) the report ＝ it の関係を利用して，〈名詞＋主語＋動詞〉の形で2文をまとめる。

(4)「慶應義塾は福沢諭吉が設立した学校です」→「慶應義塾は福沢諭吉によって設立された学校です」

🛡 ここに注意 (4) この found は規則動詞で「設立する」の意味。find「発見する」− found − found と混同しないようにする。

3 (1)「私が探していた CD」を〈名詞＋主語＋動詞〉の形で表す。

(2)「私が見たそのドラマ」を関係代名詞(目的格)の that を使って表す。

4 (1) まず The new camera has already broken.「その新しいカメラはすでに壊れてしまいました」という文をつくり，下線部を〈主語＋動詞〉で修飾する。

(2) the book を関係代名詞節の that my father gave me で修飾する。

5 (1) the things (that) I read「私が読んだこと」

(2) not as〔so〕 ～ as …「…ほど～ではない」，the movie (that) we saw「私たちが見た映画」

6 (1) まずは単純に「水について私が知らないこと」＝ things (that〔which〕) I don't know about water から文を組み立てるとよい。

(2)「もう読みましたか」は現在完了の文に，that 節内は過去形 sent「送った」にする。

(3)「見せる」＝ show

(4)「私たちが登った最後の山」と考える。

7 (1)「あなたはどこの出身ですか」＝ Where are you from?

(2)「好きな食べ物」＝ favorite food を用いて What is your favorite Japanese food? としてもよい。

(3) places を関係代名詞節の that〔which〕 tourists should visit で修飾する。「旅行者」＝ tourists

13. 関係代名詞 (3)

Step A 解答 本冊 ▶ pp. 88～89

1 (1) They are the musicians who are from India.

(2) The bike which stands by the tree is mine.

(3) This is the only prize that she won in the past.

(4) I know the boy and the dog that are walking in the park.

2 (1) ② (2) ① (3) ○

(4) ③ (5) ②

3 (1) living (2) having〔with〕

(3) painted, by (4) never, such

4 (1) それは今までに私が読んだ中で最もよい本です。

(2) 彼はその仕事ができる唯一の人です。

(3) あなたはそこに行くだけでよいのです。

5 (1) This is the biggest rock that I've ever seen.

(2) She was the first woman that crossed the finish line.

(3) All that you have to do is to click to reserve a hotel room.

6 (1) This was the only question (that) I could answer.

(2) I want a small dog which has short hair.

(3) This is the most interesting story (that) I've ever heard.

解説

1 (1) the musicians ＝ They:「彼らはインド出身のミュージシャンです」

(2) The bike ＝ It：「木のそばに立ててある自転車は私のものです」

(3) the only prize ＝ it：「これは彼女が過去に獲得した唯一の賞です」

(4) the boy and the dog ＝ They：「私は公園を歩いている少年と犬を知っています」

2 (1) someone「だれか」は人なので，関係代名詞の which が誤り。主格なので who または that が適切。

(2)「おばにもらったかばん」は the bag (that was) given to me by my aunt となる。

(3)「多くの人々が夏にその川で泳ぎます」は Many people swim in the river in summer. なので，下線部が関係代名詞で欠落すると in が連続することになる。

(4) 主語は The students と複数なので，本文の述部は have to come ～ になる。

(5) 先行詞が「人」と「動物」の場合，ふつう関係代名詞は that を用いる。

3 (1) living overseas「海外に住んでいる」(現在分詞句)

(2) having long hair「長い髪をしている」(現在分詞句)または with long hair(前置詞句)

(3)「私のおじが描いた絵」→「私のおじによって描かれた絵」

(4)「これは私が今まで見た中でいちばん興奮する映画です」→「私はこのような興奮する映画を一度も見たことがありません」

4 (1) that は目的格の関係代名詞。that I've ever read「私が今までに読んだ」

(2) that は主格の関係代名詞。

(3) All you have to do is ～.「あなたがしなければならない(ことの)すべては～だ」→「～するだけでよい」：この文は下線部が主部である。

5 (1)「これまでに見た」＝ that I've ever seen

(2)「最初にゴールインした女性」→「ゴールインした最初の女性」

(3) All that you have to do is to ～.「あなたがしなければならないすべては～することです」→「あなたは～するだけでよい」

6 (1) the only question を先行詞にする。目的格の関係代名詞は省略してもよい。

(2)「毛の短い小型犬」＝ a small dog which has short hair

(3)「いちばん興味深い話」＝ the most interesting story

⚠ ここに注意 (1)(3) 先行詞に only, first, 最上級などがついているときは，ふつう関係代名詞は that を使う。

Step B **解答** 本冊 ▶ pp.90〜91

1 (1) that (2) that (3) which

2 (1) color, liked (2) that〔who〕, belongs
(3) All, have (4) that〔which〕, said

3 (1) spoken, to, by
(2) nothing, else〔more〕
(3) that, ever (4) whose (5) what, been

4 (1) パーティーに出席した人たちは素晴らしい時間を過ごしました。
(2) 人間は火を使うことのできる唯一の動物です。
(3) 聞こえるのは鳥のさえずりだけです。

5 (1) This restaurant is for those who have small children.
(2) All they had to do was to plant the potatoes.
(3) I lent him all the money that was in my pocket.

6 (解答例)(a) I like to play *shogi* in my free time.
(b) *Shogi* is very interesting because you can find something if you lose the game. I hope there will be more people who play *shogi*.

解説
1 (1) 先行詞の cities が visit の目的語になっているので，関係代名詞 that(目的格)を選ぶ。
(2) 主格の関係代名詞だが，先行詞が最上級で修飾されている場合は，that を使う傾向にある。
(3) 先行詞が provides「供給する」の主語になっているので関係代名詞 which(主格)を選ぶ。
2 (1) 空欄の数から関係代名詞を省略して，〈名詞＋主語＋動詞〉の形で表す。
(2)「～に所属する」＝ belong to ～。先行詞に only が付く場合は that が使われる傾向にあるが，人の場合は who を使っても問題ない。

(3)「～しさえすればいい」は You have only to ～. または All (that) you have to do is to ～. の表現方法がある。本問は後者を用いる。

(4) 先行詞が everything, something, anything などの場合は，that が好んで用いられる。

3 (1)「警察官はピンクのシャツを着ている男性に話しかけました」→「警察官に話しかけられていた男性はピンクのシャツを着ていました」

(2)「それが私が言うべきことのすべてです」→「私には言うべきことがほかに〔これ以上〕何もありません」

(3)「私はこのような美しい山を見たことがありません」→「これは，私がこれまでに見た中でいちばん美しい山です」

(4)「あの男の子は僕の兄〔弟〕です。彼のセーターは緑色です」「セーターが緑色のあの男の子は僕の兄〔弟〕です」

(5)「覆水盆に返らず〔こぼれたミルクを嘆いても無駄です〕」→「やってしまったことは，元に戻すことはできない」

> **⚠ ここに注意** (4) His のような所有格を関係代名詞で表すときは whose を使う。
> (5) what「～こと」は the thing (s) which〔that〕と同意で，先行詞を含む関係代名詞。

4 (1) those who は people who と同意で「～する人々」の意味。

(2) 先行詞に only が含まれているので，that が使われている。

(3) All that is heard is ～.「聞こえるすべては～だ」→「聞こえるのは～だけだ」：この文は下線部が主部である。

5 (1)「～する人々」= those who ～

(2)「彼らがしなければならなかったすべてのことは，じゃがいもを植えることでした」と考える。

(3)「(人)に～を貸す」=〈lend +人+～〉

6 (a) 5 語以上という指定があるので，行動が動詞 1 語になるときは，I like to run in my free time. などと語句を加えればよい。

(b) 好きな理由，好きになったきっかけなどを書くとよい。

14. 仮 定 法

1 (1) had (2) were, could (3) wish
(4) wish, had

2 (1) もし天気が良ければ，私たちはピクニックに行けるのに。
(2) もし 100 万ドルあれば，あなたは何をしますか。
(3) レーシングカーを運転できればいいのに。
(4) 彼女の電話番号を知っていればいいのに。

3 (1) were, would (2) rains, will
(3) were (4) will
(5) would, had

4 (1) イ (2) ウ (3) ア (4) エ

5 (1) I wish he were here.
(2) I wish I could ski as well as you do.
(3) I wouldn't do such a thing if I were you.
(4) What would she say if she knew this?

解説

1 (1) 仮定法は「もし～なら，…であろうに」と現在の事実と異なることを示す表現で，条件節(if 節)では過去時制を使う。「もし十分なお金があれば，そのかばんを買えるのに」

(2) 仮定法では be 動詞は主語の人称・数に関係なく were を用いる。帰結節(主節)においては，〈助動詞の過去形＋動詞の原形〉になる。「病気でなければ，彼女はパーティーに来られるのに」

(3) この I'm sorry は「～は残念だ」の意味。〈I wish ＋過去時制の文〉で「～であればいいのに」となる。「英語が上手に話せればいいのに」

(4)「することがなければいいのに」

> **⚠ ここに注意** (2) 仮定法の be 動詞は口語では was を使うこともあるが，一般的には were を用いる。

2 (1)〜(4) すべて仮定法の文。過去形になっているが現在について述べていることに注意する。

3 (1) 主語が I だが，仮定法の文ではふつう be 動詞は were を使う。帰結節は〈助動詞の過去形＋動詞の原形〉になる。

(2) 未来の条件の文。if 節内は現在形で，主節の助動詞も過去形にする必要はない。

(3) wish の文なので，be 動詞を過去形（were）にする。

(4) hope の文では仮定法は使えないので，助動詞は will でよい。

(5) 仮定法を含む疑問文。条件節（if 節）が後ろに配置されている。

4 (1)「雨が激しく降っています。傘を持っていればなあ」

(2)「私の助けが必要なら，どうぞ知らせてください」

(3)「晴れていれば，川に釣りに行くのに」

(4)「これはあなたへのプレゼントです。気に入ってくれるといいのですが」

5 (1) wish の後ろの文の主語は he だが，be 動詞は were になる。

(2)「…と同じくらい～」= as ～ as ...

(3) 条件節（if 節）が後ろに配置される。

(4) 助動詞の過去形 would の疑問文。

Step B 解答 本冊 ▶ pp. 94～95

1 (1) were (2) knew (3) snows

2 (1) エ (2) イ

3 (1) If, had, could (2) wish, were
(3) With

4 (1) 彼女はまるで幽霊を見たかのようだ。
(2) 太陽が無ければ，地球は凍った惑星になるだろうに。

5 (1) weren't, could (2) Without, could
(3) as, knew

6 (1) What would you do if you were in my position ?
(2) I could not live a single day without you.
(3) Naoto speaks English as if he were an American.

7 (1) I wish I could ski as well as he (does).
(2) If I were you, I would tell him the truth.

8 (解答例) A I was happiest when I saw little children smiling at a nursery school. I often go there to work as a volunteer. At first children there were too shy to talk to me, but we are good friends now.

B I really want to work at a hospital. There are many sick people who need our help. I think it is a wonderful job to work for them.

解説

1 (1) 仮定法なので動詞は過去形にする。「もっと若ければ，君より速く走れるのに」

(2)「もし彼のメールアドレスを知っていれば，彼にメッセージを送れるのに」

(3) 未来の条件文なので現在形でよい。「明日雪が降れば，私たちは何をしましょうか」

2 (1)「マキは水泳が上手です。彼女のように泳げればなあ」

(2)「もし道で大金を見つけたら，あなたはどうしますか」

3 (1)「私は運転免許を持っていないので，車を運転することができません」→「もし運転免許を持っていれば，車を運転することができるのに」

(2)「ジャックが今ここにいないのが残念です」→「ジャックが今ここにいればなあ」

(3)「もっと時間があれば，その仕事をすることができるのに」: with は「～があれば」という意味で，条件節の代用になる。

4 (1)〈as if ＋過去の文〉「まるで～のように」

(2) without「～がなければ」が if 節を代用している。

5 (1) 空欄の数から短縮形の weren't にする。

(2)「～がなければ」= without

(3)「まるで～のように」=〈as if ＋過去の文〉

6 (1)「～の立場にいる」= be in one's position

(2) 条件を示す without 以下を後半に配置する。

(3) as if の後ろは過去形になる。

7 (1) I wish の文。「…と同じくらい～」= as ～ as ...

(2) if を使った仮定法の文。「～に真実を話す」=〈tell ＋人＋ the truth〉

8 「人や社会とのかかわりの中で」という条件が付く。個人的な趣味や関心事を書いてもいいが，必ず「人」や「社会」と結びつく内容になるように注意すること。

Step C 解答 本冊 ▶ pp. 96～97

1 (1) エ (2) イ (3) イ

2 (1) dictionary (2) volunteer (3) library
(4) calendar (5) map

3 (1) The bus that I am waiting for is now ten minutes late.
(2) I have met few Japanese who are fond of expressing their own opinions.

4 (1)ウ (2)イ (3)エ (4)ア

解説

1 (1) The old man I saw yesterday「私が昨日会った老人」。目的格の関係代名詞が省略されている形。

(2)「もっと若ければ」は現実に反することなので，仮定法を使う。if 節内の be 動詞は主語に関わらず were を使う。「もし私がもっと若ければ，もっと早く走れるのに」

(3) 主格の who のあとには，動詞が続く。「彼らはテニス部に所属する私の友人です」

2 (1)（定義）：単語が載っており，その意味を説明している本　（例文）：英語を勉強するときに，（　　）を使う必要がある。

(2)（定義）：お金を受け取ることなしに仕事をする人（例文）：（　　）として仕事をするために彼女は岩手に行きました。

(3)（定義）：借りられる本がたくさんある部屋あるいは建物　（例文）：私は家で一生懸命勉強できません，だから私はよく市立（　　）に行ってそこで勉強します。

(4)（定義）：1 年の日や週や月が載っている単一の，もしくは一連のページ　（例文）：美しい山の絵が描かれた（　　）が，壁にかけられています。

(5)（定義）：山や川や道路といったものを示す町や国や世界の線画　（例文）：私はこの場所は不案内です。この（　　）では，私はどこにいますか。

3 (1) that を目的格の関係代名詞として使う。「～を待つ」= wait for ～

(2) who を主格の関係代名詞として使う。「ほとんど～ない」= few，「表現する」= express

4 (1) sick「気分が悪い」

(2) B の 3 文目と 4 文目を参照。

(3) A の最終文を参照。

(4) 全訳参照。

〔全訳〕 A 長時間，飛行機に乗ると疲れを感じる人々もいます。もしある時間帯から別の時間帯まで飛ぶと，より疲れを感じます。これは時差ぼけと呼ばれます。また，ときに気分が悪くなります。頭痛がしたり，ときには食事や睡眠に関する問題が起きたりします。

B あなたはどの程度の時差ぼけになるでしょうか。さまざまな場合があります。西から東へ飛ぶよりも，東から西へ飛んだあとのほうが時差ぼけは克服しやすくなります。夜ふかしをする人は，早寝をする人より早く通常の

生活に戻ることができます。年配の人のほうが若い人よりもよく時差ぼけを感じます。

C 時差ぼけでつらい時間を過ごしたくなければ，飛行機の中でたくさんの水を飲み，着ごこちのよい衣服を着るのがいいでしょう。

長文問題 (4)

解答　　　　　　　　　　　　　本冊▶ pp. 98〜99

1 (1)エ (2)ア

(3) ある店でハンドバッグにしてもらった。

(4) 友子に祖母のことを忘れてほしくなかったから。

(5) そのハンドバッグは自分よりも，母親にとって意味のあるものだと考えたから。

(6)（解答例）Sure. / Of coure, you can.

(7)ウ，オ

解説

(1) 下線部①の直後に，It was her mother's purse. と書かれている。

(2)「お母さんの古いハンドバッグは嫌い」と言われたのだから，sad「悲しい」が適切。

(3) 2 文後の I went to a store 〜 from the *kimono*. を日本語で説明する。

(4) 2 文後の Please don't forget your grandmother. を参考にして考える。

(5) 直前の I think the purse is more meaningful to you, を参考にして考える。

(6)「もちろん（使っていいわ）」などの意味を持つ英語を入れる。

(7)ア「友子は着物を着ている母と買い物に行くのは好きではありません」（不一致）

イ「友子は，誕生日に母からもらった花が好きです」（不一致）

ウ「友子の祖母は花柄の付いた着物が好きでした」

エ「友子の祖母は，古いハンドバッグがとても好きだったので，それを使いました」（不一致）

オ「友子の母は友子の誕生日に自分の古いハンドバッグについて話をしました」

カ「友子は，母に誕生日プレゼントとして，着物をあげたいと思っていました」（不一致）

〔全訳〕 友子は母親がとても好きです。しかし，嫌いなものが 1 つありました。それは彼女の母のハンドバッグ

でした。それはあまりにも古かったのですが，彼女の母はとても気に入っていて，外出するときはいつもそれを使いました。

　ある日，彼女の母がその古いハンドバッグを持って，買い物に行こうとしていたとき，友子は彼女に「私はお母さんのその古いハンドバッグが好きではないわ」と言いました。友子の母は悲しそうな顔をして，「古いけれど，お母さんにとっては大切なものなのよ。この花の模様をもう忘れてしまったの？」と言いました。友子が答える前に，電話がなり，彼女の母は家を出ました。

　次の日は，友子の15回目の誕生日でした。彼女の母は，「誕生日おめでとう，友子」と言いました。そして，プレゼントを渡しました。「ありがとう」と友子は言いました。そのとき，友子は母がたずねたことを思い出し，「お母さん，古いハンドバッグのことを話してちょうだい」と言いました。彼女の母は彼女にハンドバッグを見せて，「おばあちゃんが大好きな着物を覚えている？その着物を見つけたときは，古すぎて着られなかったわ。だけど私の母が大好きだったものを使いたいと思ったの。だから，ハンドバッグを作る店に行ったのよ，すると店の人が着物からこのハンドバッグを作ってくれたのよ」と言いました。

　「ああ…それはおばあちゃんの着物で作ったのね」友子は祖母がその着物をよく着ていたことを思い出しました。友子は「ごめんなさい，お母さん。昨日，そのハンドバッグは好きじゃないと言ったけど，わかっていなかった」と言いました。すると友子の母は「あなたにもう1つ誕生日プレゼントがあるのよ。このハンドバッグをあげるわ。おばあちゃんのことを忘れないでちょうだいね」と言いました。友子はしばらく考えて，母に次のように言いました。「ありがとう，お母さん。もちろん，おばあちゃんのことは覚えていたいと思うわ。だけど，おばあちゃんは，お母さんのお母さんよ。お母さんはおばあちゃんをとても愛していた。そのハンドバッグはお母さんにとって，より意味のあるものだと思うわ。だから，持っておいて。だけど，ときどきは，私も使っていい？」友子の母は幸せそうな顔で，「もちろんよ」と笑いながら言いました。

15. 文構造 (1)

Step A　　解答　　本冊 ▶ pp.100〜101

1　(1) like fun　(2) sweet　(3) hope
　　(4) they come　(5) will go　(6) well

2　(1) look, different　(2) answered, politely
　　(3) come, true　(4) know, that
　　(5) Nobody, why

3　(1) what, should　(2) how, old
　　(3) solved, easily　(4) how, we
　　(5) that, is

4　(1) ① マイクは朝食の前に走ります。
　　② 私の母は美容院を経営しています。
　　(2) ① 父は私に怒りました。
　　② ケイトは誕生日に自転車をもらいました。

5　(1) This soup tastes really good.
　　(2) Can you tell how many people will come to the party ?
　　(3) Do you know how tall this tower is ?
　　(4) I am sure he will come again.

6　(1) I can't understand why she said such a thing.
　　(2) I want to know who wrote this novel.

解説

1　(1)〈sound like ＋名詞〉「〜のように思われる，聞こえる」，fun「楽しみ」は名詞である。
(2)〈smell ＋形容詞〉「〜のにおいがする」
(3) want は that 節を目的語にとることはできない。
(4) 間接疑問文では，疑問詞のあとは平叙文と同じ語順。
(5) 間接疑問文では，when のあとに will を使うことができる。
(6) good「上手な」（形容詞），well「上手に」（副詞）

2　(1)「〜に見える」＝〈look ＋形容詞〉
(2)「ていねいに」＝ politely（副詞），「ていねいな」＝ polite（形容詞）
(3)「実現する」＝ come true
(4)「〜であることを知っている」＝〈know（that）＋主語＋動詞〜〉
(5) know の目的語に why の間接疑問文が入る。「だれも〜ない」＝ nobody

3　(1) what to do「何をすべきか」を間接疑問文に書きかえる。
(2) his age「彼の年齢」を how old を使った間接疑問文にする。
(3)「私にとってその問題を解決することは簡単でした」→「私はその問題を簡単に解決した」：easy「簡単な」（形容詞），easily「簡単に」（副詞）

(4)「郵便局までの道」→「私たちはどのようにして郵便局に着けるか」

(5) be proud of 〜「〜を誇<ruby>り<rt>ほこ</rt></ruby>に思う」の of 以下を that 節で<ruby>書<rt>か</rt></ruby>き換える。接続詞の後なので〈主語＋動詞〉が必要になる。

⚠ ここに注意 (1)(2)(4) 間接疑問文では疑問詞のあとは平叙文と同じように，〈主語＋動詞〜〉の語順になる。

4 (1)① SV の文。run は「走る」の意味。
② SVO の文。この run は「〜を経営する」という意味。
(2)① SVC の文。〈get ＋形容詞〉は「〜になる」の意味。
② SVO の文。この get は「〜を得る，もらう」。

5 (1)「〜な味がする」＝〈taste ＋形容詞〉
(2) how many people が間接疑問文の主語になる。
(3) how tall のあとは〈主語＋動詞〉の語順。
(4)「きっと〜だと思う」＝〈I am sure (that)＋主語＋動詞〜.〉

6 (1) 間接疑問文。why のあとは〈主語＋動詞〉の語順になる。「そんなこと」＝ such a thing
(2) 疑問詞 who が間接疑問文の主語になる。

Step B 解答 本冊 ▶ pp. 102〜103

1 (1) エ (2) ア (3) イ
2 (1) what, should (2) wondering, why
(3) I'm, sure, will (4) what
3 (1) will, return, safely (2) It, rains
(3) idea, to (4) It, for (5) early, riser
(6) he, had, his
4 (1) I think baseball is as exciting as basketball.
(2) Do you know what they are talking about ?
(3) I'm afraid I don't agree with you.
(4) I don't know what kind of sweater she bought.
(5) I was surprised to hear that there were many clubs in this school.
5 (解答例)① (I) would like to play basketball with them.
② (Because) basketball is one of the most popular sports in America.

③ (I) will make mixed group of American and Japanese students.

解説
1 (1) How do you say 〜 in English ?「〜を英語でどのように言いますか」
(2) 間接疑問は〈疑問詞＋主語＋動詞〉の語順。
(3)「カギはポケットの中にあったのですが，私はそこに入れたことを覚えていません」
remember 〜ing「（過去に）〜したことを覚えている」，remember to do「（これから）〜することを覚えている」

⚠ ここに注意 (1) 似た表現の What do you call 〜 in English ?「〜を英語で何と呼びますか」との<ruby>違<rt>ちが</rt></ruby>いに注意。

2 (1) should ＝「〜すべき」
(2)「どうして〜なのかと思う」＝ wonder why 〜
(3)「きっと〜だと思う」＝〈I'm sure (that)＋主語＋動詞〜.〉
(4) この表現では what を使う。

⚠ ここに注意 (4) where は「どこに」の意味。Where is the capital of 〜 ? とすると，首都の地理的な位置をたずねる質問になる。

3 (1) your safe return「あなたの安全な帰宅」を，that you will return safely「あなたが安全に帰宅するだろうこと」と書きかえる。
(2) a lot of rain「たくさんの雨」→ rain a lot「たくさん雨が降る」：前者の rain は名詞，後者は動詞として使われている。
(3) 間接疑問文と〈疑問詞＋ to do〉との書きかえ。have no idea で「わからない」の意味。
(4) necessary「必要な」，〈It 〜 for ＋人＋ to do...〉「（人）が…するのは〜だ」
(5) an early riser「早起きする人」
(6) 直接話法から間接話法への書きかえ。伝える人の立場に立って，引用<ruby>符<rt>ふ</rt></ruby>内の人<ruby>称<rt>しょう</rt></ruby>や時制を変<ruby>更<rt>こう</rt></ruby>する。
I → he，have → had，my → his
4 (1)「〜だと思う」＝〈think (that)＋主語＋動詞〜〉
(2) 間接疑問文。what のあとは平叙文と同じ語順にする。
(3)「残念ながら〜だと思う」＝〈I'm afraid (that)＋主語＋動詞〜.〉

(4)「どんな種類の〜」= what kind of 〜

(5)「〜して驚く」= be surprised to 〜，hear のあとに that 節が続く。

5 ①「アメリカの生徒たちが私たちの学校に来たとき，あなたは何がしたいですか」

②「なぜそれをしたいのですか」

③「その活動をより興味深くするためにあなたは何をしますか」

16. 文構造 (2)

本冊 ▶ pp. 104〜105

Step A 解答

1 (1) me (2) warm (3) it to him (4) of
(5) name

2 (1) find, interesting (2) for, me
(3) told, me, that (4) want, to, call
(5) leave, open

3 (1) fond, of (2) sent〔wrote〕, me
(3) asked, to (4) call (5) What, makes

4 (1) Which〔What〕, favorite
(2) How, reading, written
(3) the, highest, higher, than

5 (1) I'll have my bike fixed.
(2) Tell me what you want to be, please.
(3) We have to keep this beach clean.

6 (1) What do you call this food ?
(2) Don't be afraid of making a mistake.
(3) My father taught me how to read and write.

解説

1 (1)「(人)に(もの)を買う」は〈buy ＋人＋もの〉または〈buy ＋もの＋ for ＋人〉の形。

(2)〈keep ＋O＋C〉「O を C に保つ」：C には形容詞。

(3)「もの」が代名詞(it や them)のときは，〈動詞＋代名詞＋ to〔for〕＋人〉の形を使う。〈動詞＋人＋もの〉の形は使えない。

(4) ask は例外的に〈ask ＋もの＋ of ＋人〉の形になる。

(5)〈name ＋ A ＋ B〉「A を B と名づける」

2 (1)「O が C だとわかる」=〈find ＋ O ＋ C〉

(2)「(人)に(料理)をつくる」は〈cook ＋人＋料理〉または〈cook ＋料理＋ for ＋人〉の形。

(3)「(人)に〜だと言う」=〈tell ＋人＋ that 〜〉

(4)「(人)に〜してほしい」=〈want ＋人＋ to do〉

(5)「O を C のままにしておく」=〈leave ＋ O ＋ C〉

3 (1) like = be fond of 〜

(2)「私は彼女から手紙をもらいました」→「彼女は私に手紙を送り〔書き〕ました」：send も write も SVOO の形が可能。

(3)〈ask ＋人＋ to do〉「(人)に〜するように頼む」

(4)「その山の名前は何ですか」→「その山を何と呼びますか」

(5)「なぜあなたはそんなに怒っているのですか」→「何があなたをそんなに怒らせていますか」

> **⚠ ここに注意** (5) make がこの文型をとるとき，和訳を工夫するとよい。
> He made me happy.「彼のおかげで私は幸せでした」
> The news made us sad.「その知らせを聞いて，私たちは悲しくなりました」

4 (1) トム「どの〔何の〕教科が一番好きですか」
ジョン「英語が私の一番好きな教科です」

(2) シンジ「あなたは英語の語彙が豊富ですね。どうやってそうした単語を覚えたのですか」
ミホ「英語で書かれた本を読むことによってです」：by 〜ing「〜することによって」

(3) ケン「富士山が日本でいちばん高い山です」
マイク「その通りです。でも世界には，富士山よりも高い山がたくさんあります」

5 (1)「O を〜してもらう」は〈have ＋ O ＋過去分詞〉の形。fix「修理する」

(2)〈tell ＋人＋もの〉の順に置く。本問では「もの」の位置に間接疑問文が入る。

(3)「O を C に保つ」=〈keep ＋ O ＋ C〉

6 (1)〈call ＋ A ＋ B〉「A を B と呼ぶ」の B をたずねる文。B は名詞なので疑問詞は what を用いる。

(2) 否定の命令文は文頭に Don't を置き，そのあとに動詞の原形を続ける。「〜することを恐れる」= be afraid of 〜ing，「まちがう」= make a mistake

(3)「(人)に(もの)を教える」=〈teach ＋人＋もの〉の形。「読み書き」は「読み方と書き方」と考えれば，how to read and write と表現できる。

Step B 解答 本冊 ▶ pp. 106〜107

1 (1) let, know (2) named, daughter, Ann
(3) me, of (4) us, that

2 (1) it, rule (2) half, number

(3) Nothing, more, important

(4) if〔whether〕, today

3 (1) イ (2) エ (3) エ

(4) ア (5) イ

4 (1) He made me so happy.

(2) Your dictionary tells you what words mean.

(3) Why don't you ask your teacher what you should do ?

(4) After reading only a few pages, I found this novel very difficult to read.

5 (1) イ (2) ウ

6 (解答例) "Failure is the mother of success." means that making mistakes gives us an opportunity to learn and to improve ourselves. I play *shogi*, but I often lose. In that case, I make it a rule to think carefully about why I have lost the game. I'm sure that analyzing the reason makes me a better player.

解説

1 (1) 「～に知らせる」＝ let ～ know

(2) 「A を B と名付ける」＝〈name ＋ A ＋ B〉

(3) 「A に B を思い出させる」＝〈remind＋A＋of＋B〉

(4) 「(人) に～を約束する」＝〈promise ＋人＋ that ＋主語＋動詞～〉

2 (1) make it a rule to do 「～することに決めている」：it は to do を指し，形式目的語と呼ばれる。

(2) half the number of ～「～の半分の数」

(3) 最上級を比較級で書きかえる。〈Nothing is ＋比較級＋ than ～.〉「～より…なものは何もない」

(4) 引用符内が Yes，No で答えられる疑問文の場合，if または whether を使う。〈ask ＋人＋ if〔whether〕～〉「(人) に～かどうかたずねる」

⚠ ここに注意 (4) この if〔whether〕は「～かどうか」の意味で名詞節を導く。したがって，文中では目的語として機能する。

3 (1) 「彼は夜に働くのに慣れることができません」：get used to doing 「～することに慣れる」

(2) 「私は空港でパスポートを盗まれました」：〈have ＋ O ＋過去分詞〉「O を～される〔～してもらう〕」

(3) 「若かったときに私は外国に旅行しておくべきでした」：〈should have ＋過去分詞〉「～すべきだった」

(4) 「コーヒーをもう一杯いかがですか」：another cup of ～「～をもう1杯」

(5) 「ナンシーは，昨日，そのビルに入るのを見られました」：原形不定詞を含む〈see ＋ O ＋ do〉「O が～するのを見る」の受け身形は，to 不定詞を使った be seen to do 「～するのを見られる」となる。

4 (1) 〈make ＋ O ＋ C〉の順。「彼が私をとても幸せにしました」が直訳。

(2) 〈tell ＋人＋もの〉の順。「もの」の位置に間接疑問が入る。直訳すると，「辞書はあなたに単語が何を意味するか教えてくれます」となる。

(3) 〈ask ＋人＋もの〉の形。「もの」を表す目的語を〈疑問詞＋主語＋助動詞＋動詞〉で作る。

(4) 「O が C だとわかる」＝〈find ＋ O ＋ C〉，不定詞の to read は difficult の後に置いて「読むのが難しい」となる。

5 (1) A「ここからその映画館へはどのように行くのがいちばんいいですか」

B「タクシーに乗るのがいちばんいいですね」

(2) A「このケーキはとてもおいしいです。いただいてもいいですか」

B「もちろん。どうぞご自由にお取りください」：help yourself は頻出の会話表現。

6 〔問題文の和訳〕「失敗は成功の母である」これはどういう意味なのかを説明しなさい。あなた自身の経験から例を出しなさい。英語で書き，約50語の単語を使いなさい。

17. 名詞・冠詞・代名詞

Step A 解答 本冊 ▶ pp. 108～109

1 (1) teeth (2) visitor (3) death

(4) happiness (5) peace

2 (1) a (2) the (3) the (4) a (5) the (6) an

3 (1) both (2) bus (3) a glass of (4) family

(5) one (6) mine

4 (1) these, days (2) pieces, cake

(3) of, yourself (4) friends, countries

5 (1) 私は宿題をするのに1時間かかりました。

(2) 私は通りで友人に会いました。

(3) どうぞ気楽になさってください。

(4) 次の駅で列車を乗りかえなければならない。

6 (1) time　(2) light

7 (1) How many people were there in the room?

(2) Most of us agree to this plan.

(3) Mary and I have known each other for a long time.

解説

1 (1) 単数形と複数形の関係。tooth「歯」－ teeth

(2) write「書く」－ writer「筆者〔書く人〕」，visit「訪問する」－ visitor「訪問者」

(3) 動詞とその名詞形の関係。die「死ぬ」－ death「死」（dead「死んでいる」は形容詞）

(4) 形容詞とその名詞形の関係。happy「幸せな」－ happiness「幸福」（happily「幸せに」は副詞）

(5) meat「肉」[miːt] と meet「会う」[miːt] は発音が同じ。piece「一片」[piːs] － peace「平和」[piːs]

2 (1) uniform「制服」[júːnəfɔːrm] の最初の文字(u)は母音のように思えるが，発音は子音。従って不定冠詞は a を使う。

(2) Pass me the salt, please.「塩を取ってください」：salt は数えられない名詞だが，目の前の「その塩」を指しているので定冠詞の the が付く。

(3) in the morning「午前中に」

(4) the moon「月」のように1つしかない天体はふつう定冠詞の the を付けるが，a new moon〔crecent, half, full〕moon「新月〔三日月，半月，満月〕」のように月の一形態を示すときは不定冠詞。

(5) 1つしかないと考えられるもの（ここでは north）には，the をつける。

(6) 11(eleven [ilévn])は母音で始まるので，不定冠詞は an が正しい。

> **⚠ ここに注意**　(1)(6) 不定冠詞の a / an の使い分けは，名詞やその前の形容詞の最初の文字の発音が子音か母音かによって判断する。

3 (1) They（複数）で受けるので both「2つとも」。

(2) by ～ で手段や方法を表す場合は無冠詞の単数形。

(3) water は数えられない名詞なので，a glass of water「1杯の水」のように数える。「2杯の水」であれば two glasses of water となる。

(4) 動詞（ここでは lives）に s がついているので，主語（ここでは My family）は単数であることになる。

(5) one はすでに述べられた数えられる名詞の代わりに

使って，同種類の別のものを表す。この場合，one は cap をさす。

(6) mine ＝「私のもの」

4 (1)「最近」＝ these days

(2) 切り分ける cake を数えるときは a piece of cake, two pieces of cake。

(3)「からだに気をつけてください」＝ Take care of yourself. とこのまま覚えておくこと。

(4)「～と友だちになる」＝ make friends with ～

5 (1) take「（時間が）かかる」

(2) a friend of mine「（何人かいる）友だちの1人」

(3) Please make yourself at home.「どうぞ気楽になさってください」とこのまま覚えておくこと。

(4) change trains「電車を乗りかえる」

6 (1)「楽しいときを過ごしているとき，時が飛んでいくようにいつも感じる」「寝る時間ですが，私はまだ宿題をしていません」

(2)「この箱は私が運べるくらい軽いです」「明かりをつけてください」：light「軽い」（形容詞）と「明かり」（名詞）

7 (1)「何人」と人数をたずねるときは How many people を用いる。

(2)「～のほとんど」＝ most of ～，「（計画などに）賛成する」＝ agree to ～

(3)「長い間の知り合い」は「長い間お互いをずっと知っている」と考える。「お互い」＝ each other

Step B　解答　　本冊 ▶ pp.110～111

1 (1)イ　(2)イ　(3)ア　(4)ア

2 (1) our　(2) It　(3) little

(4) with each other　(5) another　(6) its

(7) a few　(8) race

3 (1) on, way　(2) theirs　(3) minutes

(4) much〔far〕, ones〔cars〕

4 (1)イ　(2)ア

5 (1) call　(2) change　(3) hard　(4) stop

6 (解答例) We have five English classes in a week.　We want to talk with foreign students in English.　All of us are really looking forward to seeing you.

解説

1 (1) peas [z]：イは [z]，ほかは [s]

(2) pleasure [e]：イは [e]，ほかは [iː]

(3) allowed [au]：アは [au]，イとウは [uː]，
エは [ou]

(4) recently [iː]：アは [iː]，イとウは [i]，
エは [e]

2 (1) families のすぐ前なので，所有格の our。

(2) 形式主語の文。

(3) money は数えられない名詞なので，「ほとんど（〜ない）」は little で表す。

(4) fall in love with 〜「〜と恋に落ちる」，each other「お互い」

(5) another cup of coffee「もう 1 杯のコーヒー」

(6) すぐあとに color があるので，it の所有格(its「それの」)を選ぶ。

(7) 文脈からあまり釣れなかったことがわかる。a few 〜「いくらかの〜，少しの〜」

(8) a new school record「校内新記録」があるので，today's race「今日のレース」であることがわかる。

3 (1)「〜へ行く途中で」= on one's〔the〕way to 〜

(2) they の所有代名詞は theirs「彼らのもの」

(3)「分」= minute

(4) 比較級を強めるには much〔far〕を比較級の前に置く。than の後ろには比較対象が入るが，複数形の used cars に合わせて ones(= cars)にする。

4 (1) マリア「ユキ，今ペンを持っていますか？」
ユキ「はい，持っています」
マリア「あなたのペンを使ってもいいですか？」
ユキ「もちろんです。はい，どうぞ」

(2) カズオ「明日は日曜日だね」
ジャック「何か予定はあるの？」
カズオ「うん，野球の試合を見に行く予定なんだ。そのチケットが 2 枚あるよ。ぼくといっしょに行かない？」
ジャック「行くよ，やったね！」

5 (1) call：「電話」（名詞）と「〜を呼ぶ」（動詞）

(2) change：「(電車)を乗りかえる」（動詞）と「小銭」（名詞）

(3) hard：「難しい」（形容詞）と「一生懸命に」（副詞）

(4) stop：「〜をやめる」（動詞）と「停留所」（名詞）

6 〔電子メールの内容〕「まもなく君の学校へ行って，2 週間，一緒に勉強します。君の学校について知りたいです。そのことについて教えてくれませんか。家族とそのことについて話すつもりです」

---

18. 時制の一致

Step A　解答　　本冊 ▶ pp.112〜113

1 (1) spoke　(2) lives　(3) was　(4) would
(5) visited

2 (1) As　(2) If　(3) before　(4) When

3 (1) 彼は暇だと私は思いました。

(2) 私はあなたがその仕事をする必要はないと思います。

(3) 私は，地球は太陽の周りを回ると習いました。

(4) 暗くなる前に，あなた（たち）はそこに到着するでしょう。

(5) 私の先生は，毎日，英語の本を読んでいると言いました。

4 (1) She said (that) she was washing dishes then.

(2) She told me (that) she would wait for me there.

(3) Ted asked me if〔whether〕I knew the song.

5 (1) or　(2) asked, do　(3) how, was
(4) tells, he, my

6 (1) ア．If it <u>rains</u> tomorrow, I will stay at home.

(2) イ．I knew that Mr. Kato <u>was</u> about thirty years old then.

(3) ウ．Three years have passed since my father <u>died</u>.

│解説│

1 (1)(3)(4) 主節の動詞が過去形の場合，ふつう that 節内（名詞節）の動詞も過去形にする（時制の一致）。

(2) now があるので，現在形を使う。

(5) 過去を表す last winter「この前の冬」があるので，you の後に続く動詞は過去形(visited)を選ぶ。

2 (1)「とても疲れていたので，私はすぐに寝ました」：as「〜なので」

(2)「もし明日晴れなら，私たちは泳ぎに行くつもりです」：if「もし〜ならば」

(3)「寝る前に，あなたは宿題をしなければなりません」：before「〜前に」

(4)「私が彼を見たとき，彼は友だちに手紙を書いていました」：when「〜とき」

3 (1) 時制の一致が起こっているとき，that 節内を現在形で訳すと自然な日本語になる。

(2) ふつう「～ではないと思う」と訳す。

(3) 一般的な真理には時制の一致が適用されないので，that 節内が現在形になっている。

(4) before it gets dark「暗くなる前に，暗くならないうちに」

(5) 主節は過去形だが，現在の習慣を言う場合は時制の一致が適用されないこともあるので，動詞が reads になっている。

4 (1) now → then の変換に注意する。

(2)〈said to ＋人〉→〈told ＋人＋ that〉，here → there

(3) 引用符内が疑問文なので，ask を使う。〈ask ＋人 ＋ if〔whether〕 ～〉「(人)に～かどうかたずねる」

> 🛡 **ここに注意** (1)(2) 引用符内の部分を that 節で表す場合，that 以下の人称や形などは，伝える人の立場に立って変更しなければならない。

5 (1) 命令文のあとの or は「そうでなければ，さもないと」の意味。

(2)〈ask ＋人 ＋ to ＋動詞の原形〉「(人)に～するように頼む」

(3) 間接疑問文（名詞節）で表す。時制の一致のため how large のあとの be 動詞は was にする。

(4) 話法の転換。I → he，your → my

6 (1) 時や条件を表す副詞節（if や when など）の中は，未来のことも現在形で表す。

(2) knew に合わせて，that 節内の be 動詞も was に。

(3) since「～して以来」に続く文は過去形なので，died にする。

Step B ▶ **解答**　　　本冊 ▶ pp. 114〜115

1 (1) leave　(2) until　(3) so　(4) is　(5) since
(6) ended

2 (1) I thought that my brother could pass the test.
(2) I wondered when my mother was going to come back.
(3) They asked me what time I left.
(4) We said to him, "Close the door right away."

3 (1) was, his　(2) not, to　(3) asked, when
(4) catch

---

4 (1) エ．Why don't we start as soon as he comes？
(2) ア．They did not know that every person has basic human rights.

5 (1) Do you know how often the old man comes to this park？
(2) She was the last person I had expected to see during my stay in England.

6 (1) Most people think (that) cars are wonderful and necessary.
(2) I knew (that) Japan was one of the richest countries in the world.

7 (解答例) Winter is better than summer for visitors because they can ski and snowboard on the snowy mountains. And they can enjoy snow festivals, too.

解説

1 (1) 時や条件を表す副詞節内では未来のことを表すときにも現在形を使う。

(2) not ～ until ...「…してはじめて～する」

(3) あとに結果が続くので，so を選ぶ。あとに理由が続く because と混同してはいけない。

(4) 条件を表す if 節内なので，現在形の is を選ぶ。

(5) 現在完了形の文。過去のある時点からずっとという意味なので，since を選ぶ。

(6)「第二次世界大戦は 1945 年に終わった」という歴史的な事実なので，主節の時制に関わらず過去形を選ぶ。

> 🛡 **ここに注意** (6) 本来，主節よりも古い内容を示すときは過去完了〈had ＋過去分詞〉という時制を用いる。
> I know she was a teacher.「彼女が先生だったことは知っている」
> I knew she had been a teacher.「彼女が先生だったことは知っていた」

2 (1)(2) 時制の一致により名詞節内をそれぞれ過去形の could，was にする。

(3) asked を使って間接疑問文〈疑問詞＋主語＋動詞〉の語順にする。

(4) 引用符を使う場合，ふつう動詞は say を使う。伝える相手は〈to ＋人〉で示す。

3 (1) mine「私のもの」→ his「彼のもの」

(2) 〈promise ＋人＋ not to ＋動詞の原形〉「(人)に〜しないことを約束する」

(3) 引用符内が疑問文なので，ask を使う。

(4) won't miss「乗り遅れないだろう」→ will catch「間に合うだろう」

❗ ここに注意 (2) 不定詞の否定形は〈not to do〉の形。

Be careful not to make the same mistake.「同じ間違いをしないように注意しなさい」

4 (1) 副詞節の as soon as 〜 では，未来を表す場合も，動詞は現在形を使う。

(2) this「この」と every は一緒に使えない。this を接続詞 that にかえるか省略すれば英文として正しくなる。名詞節内の時制だが，「すべての人が基本的人権を持っている」のような過去も現在もかわらないことは，過去の文の中でも現在形で表してよい。

5 (1)「どのくらい」＝ how often

(2)「会うと予想していた最後の人」→「最も会わないだろうと思っていた人」と考える。「予想していた」のは彼女に会ったときよりも以前のことなので，過去完了〈had ＋過去分詞〉を使う。

6 (1)「たいていの人」＝ most people，「欠かせない」は indispensable，essential という単語もあるが難しい。necessary「必要な」を使うとよい。

(2) 主節の knew に合わせて，that 以下の be 動詞を was にする。「最も〜な…の1つ」＝〈one of the ＋最上級＋名詞の複数形〉

7 〔問題文の和訳〕「北海道を訪れる人にとって，夏と冬とではどちらの季節がよいでしょうか。彼らにとってどちらの季節がよいかということと，その理由を書いてください」

19. 重要表現・熟語

Step A 解答 本冊 ▶ pp. 116〜117

1 (1) a lot of (2) little (3) with (4) be able to (5) a kind of (6) during (7) but (8) of

2 (1) from (2) for (3) at (4) up (5) of (6) in (7) on (8) with

3 (1) ウ (2) ア (3) イ (4) オ (5) キ (6) エ (7) カ

4 (1) for, example〔instance〕 (2) take, care (3) In, opinion (4) tired, of

5 (1) いったいあなたは何を言っているのですか。

(2) 要するに，彼は私が好きではないのです。

6 (1) Excuse me. (2) How about you?

(3) Pardon me?〔I beg your pardon.〕

(4) May I help you?〔What can I do for you?〕

(5) No, thank you.〔No, thanks.〕

解説

1 (1)「たくさんの〜」＝ a lot of 〜

(2) milk は数えられない名詞なので，little を選ぶ。

(3) wrong with 〜「〜の調子が悪い」

(4) すぐ前に will があるので，be able to を選ぶ。

(5) a kind of 〜「一種の〜」

(6) two month に引っかからないように注意する。summer vacation のような特定の期間を表すときは during を使う。

(7) not only A but (also) B「A だけでなく B も」

(8) be afraid of 〜＝「〜を怖がる」

2 (1) be different from 〜「〜と異なる」

(2) for the first time「初めて」

(3) at least「少なくとも」

(4) grow up「大人になる，成長する」

(5) because of 〜「〜が原因で」

(6) in front of 〜「〜の正面に」

(7) on TV「テレビで」

(8) be familiar with 〜「〜に精通している」

❗ ここに注意 (5) because のあとには〈主語＋動詞〉が，because of のあとには名詞が続く。

3 (1) all right「大丈夫」

(2) Nice to meet you, too.「こちらこそはじめまして」

(3) Just a minute.「少し待ってください」

(4) No, thank you.「いいえ，けっこうです」

(5) You're welcome.「どういたしまして」

(6) That's too bad.「それはいけませんね」

(7) of course ＝「もちろん」

4 (1)「例えば」＝ for example〔instance〕

(2)「〜の世話をする」＝ take care of 〜

(3)「〜の意見では」＝ in one's opinion

(4)「〜に飽きている」＝ be tired of 〜

5 (1) 〈疑問詞＋ in the world〔on earth〕〉は疑問詞を強調する表現。

(2) in short「要するに」

6 (1) 人の前を通るときにも Excuse me. と言う。

(2) How about ～ ? は「～はどうですか」と提案する
ときにも使う。

(3) Pardon ? と 1 語で言うこともある。また Please
say it again. などと表現してもよい。

(4) May I help you ? や What can I do for you ? は会
話表現として覚えておこう。

(5) Thanks, but no thank you. などとも言う。

Step B　解答　本冊 ▶ pp. 118～119

1 (1) across　(2) to　(3) for　(4) away　(5) of
　(6) with

2 (1) neither　(2) for　(3) most

3 (1) ア　(2) ウ　(3) エ

4 (1) want, me　(2) as〔so〕, well, as
　(3) looked, after　(4) mind, sitting

5 (1) サ　(2) カ　(3) エ　(4) イ　(5) キ　(6) ア
　(7) オ

6 (1) bad　(2) How　(3) problem　(4) afraid

7 (解答例) B を選んだ場合：This is a light
cotton *kimono* called *yukata*. It is easy to
wear a *yukata*, so we can teach you how to
wear it. You feel cool when you wear it in
summer. (33 語)

解説

1 (1) across ～「～を横切って」

(2) be kind to ～「～に親切である」

(3) wait for ～「～を待つ」

(4) run away =「逃げる」

(5) be full of ～「～でいっぱいである」

(6)〈stay with + 人〉=「(人の)家に滞在する」

2 (1) neither「どちらも～でない」

(2) be famous for ～=「～で有名である」

(3) most =「ほとんどの」

3 (1) 選択肢はすべて see を使った表現。ア「さよう
なら」, イ「わかりました」, ウ「はじめまして」,
エ「ええと」の意味。

(2)「そのドレスはよく似合いますね」「ありがとう」

(3)「昼食のあとにコーヒーを飲みましょう」「いいです
ね」：イ「どうしたの」, ウ「気楽にしなさい」。

4 (1)〈want + 人 + to do〉「(人)に～してほしい」

(2) not as〔so〕～ as ...「…ほど～ではない」

(3) take care of ～「～の世話をする」は look after ～

を使って書きかえられる。ただし, 下の文は受け身
形になっていることに注意。

(4) mind me ～ing「私が～するのを気にしますか」→
「～してもよろしいですか」

> ⚠ **ここに注意**　(4) mind は「～をいやがる,
> 迷惑に思う」という意味なので, Do you mind
> me sitting next to you ? をそのまま訳すと,「あ
> なたの隣に座ると迷惑ですか」になる。「いい
> え, いいですよ〔気になりませんよ〕」と答える
> には, No, I don't. / No, not at all. などと否定表
> 現を使うことになる。

5 (1) I beg your pardon ? は上げ調子で読む。下げ
調子で読むと「ごめんなさい, 失礼ですが」。

(2) What's the matter ?「どうしたの」

(3) この miss は「～がいなくてさびしく思う」の意
味。

(4) この a hand は「助けの手」の意味。

(5) Go ahead.「話を始めてください, 話を続けてくだ
さい」

(6) Here we are.「さあ, 着いたよ」：物を手渡すとき
の Here you are.「はい, どうぞ」との違いに注
意。

(7) Watch out!「危ない, 気をつけなさい」

6 (1) A「かぜをひきました。頭痛がします」　B「そ
れはいけませんね」

(2) A「このペンはどうですか」　B「いいと思いま
す」：How do you like ～ ?「～はどうですか」は相
手に感想をたずねるときに使う。

(4) A「彼女はアメリカ出身です」B「違うのではない
でしょうか。彼女はカナダ出身です」：I'm afraid
は「(残念ながら)～ではないかと思う」の意味。I
think と異なり, 相手を気づかいながら意見を述べ
るときに使う。

7「うちわ」= a paper fan,「ゆかた」= a cotton
kimono,「ふろしき」= a wrapping cloth などの言
いかえ表現を押さえておこう。

Step C　解答　本冊 ▶ pp. 120～121

1 エ, コ

2 (1) teach　(2) borrow　(3) thirsty　(4) April
　(5) kitchen

3 (1) too　(2) time

4 (1) her, came　(2) size

5 (1) Which way do you think she went ?

(2) A girl who was wearing a big hat sat in front of us.

(3) We call the game they are playing cricket.

(4) Everything he says makes her mad.

(5) The label on the box doesn't say what kind of tea this is.

6 (1) オ　(2) イ　(3) エ

(4) ア

解説

1　ア understánd　イ néwspaper　ウ Japanése
エ enjóy　オ clássroom　カ hóliday　キ dífferent
ク populátion　ケ sómeone　コ guitár

2　(1)（例文）：ジョーンズ先生は，来年私たちに英語を教えるでしょう。　（定義）：生徒に特定の教科の授業をする

(2)（例文）：私の自転車は壊れています。あなたのを借りてもいいですか。　（定義）：あとで返却するものを持って行って使う

(3)（例文）：水をもらえますか。私は本当にのどがかわいています。　（定義）：何かを飲むことを欲する，または必要としている

(4)（例文）：日本では学校は４月に始まります。（定義）：１年の４番目の月

(5)（例文）：彼女は台所で夕食を作っています。（定義）：食べ物を準備したり調理したりするために使われる部屋

3　(1) too ～ to do「あまりに～すぎて…できない」，Me, too.「私もです」

(2) be in time for ～＝「～に間に合う」

4　(1) 直接話法から間接話法への転換。「あなたの姉〔妹〕」は「彼女の姉〔妹〕」になる。

(2) how large「どれくらい大きいか」→ the size of ～＝「～の大きさ」

5　(1) think に間接疑問文が続くときは，疑問詞が文頭に出る。

(2) まずは A girl sat in front of us.「少女が私たちの前にすわりました」という基礎になる文を作り，a girl を関係代名詞節 who 以下で修飾する。「～の正面に」＝ in front of ～

(3)〈call ＋ A ＋ B〉We call the game cricket.「私たちはその試合をクリケットと呼ぶ」が骨組み。

(4)〈make ＋ O ＋ C〉Everything makes her mad.「すべてのことが彼女を怒らせる」が骨組み。

(5) 間接疑問文にする。say の目的語を〈what kind of ＋名詞＋主語＋動詞〉の形で作る。

> 🛡 **ここに注意** (2)～(4) 修飾語が絡み複雑な文になるときは，まずは文型を意識して単純な形を組み立てると解きやすくなる。

6　(1)「時は偉大な癒し手（healer）」：夫が亡くなったとき，私はとても悲しかったのですが，今では幸せな想い出だけが残っています。

(2) まず私は仕事を失いました。それから妻が肺炎にかかり，彼女を病院に見舞いに行くと，私はこけて足の骨を折りました。今私は，人が「降れば土砂降り（「悪いことは重なる」の意味）」と言うとき，どういうことが言いたいのかわかります。

(3)「人の好みは説明できない（「蓼食う虫も好き好き」の訳が充てられることが多い）」：なぜマリアのような優美な女性があのような本を読むのか，私には全くわかりません。

(4) 真実に達する道はいくつかあります。どちらを選んでも違いはありません，「すべての道はローマに通じる」のです。他の選択肢は，ウ「ペンは剣より強し」，カ「早起きは三文の徳（直訳：早起きする鳥は虫を捕まえる）」

長文問題（5）

解答　本冊 ▶ pp. 122～123

1 (1) 最初の１語：No，最後の１語：said

(2) that〔the〕song

(3)① ごめんなさいと言う〔謝る〕
② ２人で伴奏〔演奏〕する

(4) イ　(5)① オ　② ア　③ イ

(6)（解答例）① How many songs
② I know you are

解説

(1) 下線部 a は「ほかに誰かピアノを弾けますか」という意味。それに対して１文を挟んで，「『ほかに誰もいません。あなたがもっと努力すべきです』と私は言いました」とある。

(2) 少し前にみんなで練習しているものが記されている。

(3) ① I will say 'I'm sorry,' to Mayumi. の文から考える。 ② Then I had a good idea. If two players play the song together, it may be easier. から答える。

(4) イ「問題があるときに気持ちをよりよくする方法」が表題として適切。

(5) ① 第3段落第1文を参考にする。

② 最後の段落の第3, 4文を参考にする。make a change という表現がある。

③ 最後の段落の第3文に, think only about the future という表現がある。

(6) ①「2曲歌いました」と答えているので「何曲, 歌いましたか」と質問しているはず。

②「私たちのために一生懸命練習していることを知っています」という文にするとよい。Everyone knows, All of us know などではじめても良い。

〔全訳〕 問題を抱えているとき, 寝つきにくいことがあります。しかし, 私はその問題から抜け出るよい方法を発見しました。今日は, それを皆さん方と分かち合いたいと思います。

昨年, 私たちのクラスは, 学校の文化祭で歌を2曲, 歌いました。親友のまゆみは私たちのためにピアノを弾いてくれました。文化祭の1週間前に問題が起こりました。歌のうち1曲がとても難しかったのです。まゆみは, いつも同じ所で止まりました。彼女は,「これ, できない。ほかに誰かピアノを弾ける人はいない？」と言いました。しかし, まゆみは最高の奏者でした。「ほかに誰もできないよ。あなたがもっと努力すべきよ」と私は言いました。「一生懸命練習しているわ！」とまゆみは大声を出して言いました。そして, 再び, ピアノを弾き始めました。その後は誰も練習を楽しめませんでした。

その夜, 私は眠れませんでした。ベッドでまゆみのことを考えました。彼女に優しくすべきときに, ひどいことを言ってしまいました。どうしたらよいのかわかりませんでした。

私は水を飲みに行きました。そのとき, 母が近づいてきて,「眠れないの？」と言いました。その日におかした間違いのことを, 母に話しました。そのときに戻って, 口を閉じたかったです。

母は言いました。「あなたが言った言葉は, 口に戻ることはないのよ。未来をかえるために, 今, 何ができるの？」

私はベッドに戻って, 考えました。「明日, 私は何ができるのだろうか。まず, まゆみに『ごめん』と言お

う。それから, その歌を歌う方法を私たちで考えなければいけない。みんな一生懸命練習した。だから, それを歌いたい。しかし, クラスの最高のピアノ奏者は, それを弾くことができないのだ」そのとき, いい考えが浮かびました。もし, 2人の奏者がその曲を一緒に弾いたら, もっと容易になるかもしれません。こう考えて気持ちが楽になりました。そして眠りました。

私の考えは, うまくいきました。そして, 合唱は会場の皆さんを感動させました。この経験から, 私は人生の大切なことを学びました。問題が起こって眠れないときは, 未来のことだけを考えようと, いつも自分に言いきかせています。もしみなさんが翌朝を変える方法がわかれば, 気持ちがよいほうにかわるでしょう。問題を抱えているときに, これが皆さんも助けることになると信じています。

総合実力テスト(第1回)

解答 本冊 ▶ pp. 124～125

1 (1)エ (2)ウ (3)イ

2 (1)ウ (2)エ (3)ウ

3 (1)I'd like to hear what you think of the book.

(2)Is that all you have to say about the film?

(3)What made you decide to start your own business?

(4)This problem is too difficult for me to solve.

(5)The population of China is about ten times as large as that of Japan.

4 (1)We have known each other since we were children.

(2)I can't remember who called you.

5 (1)ア (2)エ

6 (1)イ (2)ウ

解説

1 (1)冠詞の a に続くのは few のみ。a few「2, 3の」

(2)〈sound ＋形容詞〉は「～に聞こえる」,〈turn ＋形容詞〉は「～に変わる」の意味。文意から後者が適切。「彼女はその知らせを聞くと, 顔が赤くなりました」

(3)受け身形は〈be ＋過去分詞〉の形。「昨日僕は帽子を失くしましたが, 今朝だれかによって見つけられました」

2 (1) 不定詞(to see the famous singer「有名な歌手を見て」)の前で区切る。

(2) 長い主語(The hat my grandmother bought me last week「祖母が先週買ってくれた帽子」)で区切る。

(3) 接続詞(since he was six years old「6歳のときから」)の前で区切る。

3 (1) I'd like to hear「私は聞きたい」の後に間接疑問を使って「その本についてあなたがどう思うか」という文を組み立てる。

(2)「それがその映画について言わなければならないすべてのことか」と考える。all (that) you have to say ~ は目的格の関係代名詞が省略されている。

(3)「何がビジネスを始めることを決意させたのか」と考える。〈make + O + do〉「O に~させる」という使役動詞の表現を使う。

(4)「あまりに~すぎて…できない」= too ~ to do

(5) 倍数表現「…の(数)倍~だ」=〈数 + times + as ~ as ...〉

4 (1) 子どものころから現在まで面識があるので，現在完了形(have known：継続用法)で表す。「子どものころから」= since we were children

(2) 与えられた日本語から間接疑問文にする。「だれだったか」→「だれがあなたに電話したか」

5 (1) 交通手段をたずねるときは How を用いる。

(2) Who「誰」が主語になっている。動詞は一般動詞の過去形なので，〈主語 + did.〉で答える。

6 (1) Music makes us happy「音楽は私たちを幸せにしてくれる」から音楽には力があることがわかる。

〔全訳〕 世界中の人々が音楽を愛しています。ギターやピアノを弾けない人でさえ，音楽が好きかもしれません。あなたが仮に上手に歌えなくても，音楽を聞くことを楽しむかもしれません。音楽は常にそばにあり，私たちを幸せにしてくれます。それは生活の中で最も重要なものの1つです。

(2) ごみのことについて書かれている。「(　　)を知って悲しくなった」にあてはまるものをさがす。

〔全訳〕 先日，テレビで富士山についてのニュースを見ました。ニュースでは「富士山はごみに関する大きな問題をかかえています。そこに非常にたくさんのごみを捨てていく人がいます。自転車や車，コンピューターのような機械などを放置します。これは私たちが考えるべき深刻な問題です」と報じていました。そのニュースを見たとき，いろいろなものをそこに捨てる人がいることを

知って悲しくなりました。私はこの美しい山を救うために何かをしなければならないと思いました。

総合実力テスト(第2回)

解答　　　　　　　　　　　本冊 ▶ pp. 126~128

1 (1) ア　(2) エ　(3) ウ

2 (1) wives　(2) light　(3) happily　(4) choice
(5) zoo

3 (1) ウ　(2) イ

4 (1) How, about　(2) afraid　(3) In
(4) to, drink　(5) How, long　(6) about

5 (1) Judy gave me a letter written in Japanese.

(2) One of the books I found showed that Hokkaido is famous for good sweets.

6 (1) Do you know how many languages are spoken in India ?

(2) Although 〔Though〕 I have played〔been playing〕 the piano for six years, I cannot play it as well as you.

(3) Please tell me the name of the song (that 〔which〕) you're listening to.

(4) Remember〔Don't forget〕 to post this letter tomorrow, please.

(5) Men who〔that〕 can cook are very popular among women.

7 (1) ウ

(2) They were taking pictures of old houses.

(3) イ　(4) met　(5) first

(6) This sea is more beautiful than

(7) is an important language to study because

(8) エ

(9) I want to make Kagawa famous all over 〔around〕 the world

解説

1 相手に伝えなければならない語を強く読む。

(1)「いちばん人気のあるスポーツは何か」→「野球がいちばん人気がある」

(2)「どうやって学校へ行くのか」→「自転車で行く」

(3)「なぜ遅刻したのか」→「とても気分が悪かったから」

2 (1) 名詞の単数形と複数形。foot「足」- feet, wife「妻」- wives

(2) 反意語。right「正しい」⇔ wrong「間違って」, heavy「重い」⇔ light「軽い」

(3) 形容詞と副詞の関係。clear「明らかな」− clearly「明らかに」, happy「幸せな」− happily「幸せに」

(4) 動詞と名詞の関係。move「動く」− movement「動き」, choose「選ぶ」− choice「選択」

(5) picture(s)「絵画」は museum「美術館」で展示され, animal(s)「動物」は zoo「動物園」で飼育されている。

3 (1) A「今晩, 私は家族と花火祭りにいくつもりです。あなたも加わりますか」B「(ウ)もちろん, 行きます」A「よかった。では今晩に会いましょう」

(2) A「サッカーの試合開始まであと5分しかないけど, クミがまだ到着していない」B「門のところに立っている女の子はクミですか」A「(イ)残念だけど違います。あれはマリコです」

4 (1) How about 〜ing ?「〜するのはどうですか」にする。

(2) 文意から断りの表現を入れる。I'm afraid not.「残念ながらだめです」はやんわりと否定の見解を述べるときに使う。本問では, 前文を受けて I'm afraid we cannot meet tomorrow afternoon.「残念ながら明日の午後は会えません」の下線部が残った形。

(3)「次の電車はいつですか」→ In five minutes.「5分後です」

(4)「のどがかわいていません」と答えているので, 質問は「何か飲み物を飲んではどうですか」となる。

(5)「どのくらいここに滞在する予定ですか」「来月, 出発します」

(6)「それは何について(の本)でしたか」

5 (1) a letter「手紙」を written in Japanese「日本語で書かれた」で後ろから修飾する。

(2) the books「本」のあとに目的格の関係代名詞が省略された〈主語＋動詞〉I found「私が見つけた」を置く。

6 (1) 後半の間接疑問内は受け身形(are spoken「話されている」)になる。

(2) 前半は現在完了(have played：継続)または現在完了進行形(have been playing：動作の継続)で, 後半は not as 〜 as ...「…ほど〜ではない」で表す。

(3)「あなたはその曲を聞いている」は you're listening to the song なので, 関係代名詞節で表すときに前置詞の to を忘れないように注意すること。

(4)「忘れずに〜する」は remember to do または

don't forget to do でもよい。「投函する」= post

(5)「料理ができる男の人」は主格の関係代名詞(who〔that〕)を使って表す。「〜の間で人気がある」= be popular among 〜

7 (1) 継続の現在完了形の文。「〜以来」の since が適切。

(2) 過去進行形の文にする。解答例ではいろいろな古民家を複数枚撮ることを想定している。

(3)「〜に見える」=〈look ＋形容詞〉

(4) 不規則動詞 meet「会う」の過去形は met になる。

(5)「はじめて」= for the first time

(6) more beautiful を使った比較級の文。

(7) I think のあとは English が主語の文とする。接続詞の because 以下で理由を表す。

(8) 前文を受けて, 「だから私は一生懸命英語を勉強する」となる。

(9)「O を C にする」=〈make ＋ O ＋ C〉, 「世界中で」= all over〔around〕the world

〔全訳〕 私の夢についてお話をします。私は観光ガイドになって, 外国の人々に香川を紹介したいと思っています。

この前の夏からずっと観光ガイドになりたいと思っていました。先の8月に芸術祭を見るために友だちと直島を訪れました。そこには外国人がたくさんいました。彼らは古い家の写真を撮っていました。彼らはとても楽しそうに見えました。私は, 彼らを香川のほかの場所にも案内したいと思いました。

直島から帰る途中, フェリーで3人の外国人の学生に会いました。彼らは私の知らない言葉を話していましたが, 私は英語で「どちらから来られたのですか」とたずねました。すると, 1人が英語で答えてくれました。「フランスから来ました。はじめて日本にやってきました。東京と京都に行ったあと, 今日, 直島にやってきました」と。また別の学生は「すごい, 夕焼けと輝いている海を見てください。向こうの島や橋は美しい。この海は私たちの国の海より美しいです」と言いました。彼らが私たちの海を気に入ってくれてうれしかったです。私たちは彼らとの会話を楽しみました。

違った国の人々が英語を通して考えを分かち合うことができるので, 英語は勉強すべき重要な言葉だと思います。だから, 私は英語を一生懸命勉強します。香川の歴史や文化についても勉強します。将来, 観光ガイドとして働くことで, 私は香川を世界中で有名にしたいです。